エリア・スタディーズ 172

地中海を旅する62章

歴史と文化の都市探訪

松原康介（編著）

明石書店

まえがき

真っ青に晴れ渡った空、太陽の照りつける大地、鬱蒼とまとわりつく蔦の下にのぞく古建築、そして海。地中海という言葉を聞いて思い浮かべる光景は人それぞれであろう。本書は、まばゆい色彩と歴史の豊かさに満ち溢れた地中海世界の「都市探訪」、つまり街を歩くことの魅力に光を当てる。地中海を謳うからといって、なにも港湾部など海沿いの都市空間に限定することはなく、その後背地にあって海からの広域的な恩恵を受けてきた都市・地域も含めた。

編集にあたっては、都市や地域、あるいは建築を専門とされる若手中心の研究者の方々に、文系・理系、また旧知の有無を問わず執筆をお誘いした。経験上、研究者の多くは文献や現地調査を通じて地域への深い敬意と愛情をもっているものと思われるが、本業はいわゆる学術論文の執筆であるはずなので、なかなかそれを活字にする機会には恵まれない。そこで、「論文ではなくて歴史をふまえた街歩きのエッセイを」という条件の他は、内容はもっぱらそれぞれの執筆者にお任せし、普段は内に秘めているとっておきの情景を素描してもらうことにした。むしろそれが本書の特徴となっていよう。章立ては、アテネから始まって反時計回りにぐるりと地中海をめぐり、最後にイスタンブールに戻ってくるという、まさに一周旅行の旅程のような流れとした。もちろん、読者には、好きな都市から読んでもらって構わない。

街歩きは歴史や文化の舞台を自ら体験することである。地中海地域の魅力は、ヨーロッパ／中東、ないしキリスト教／イスラームといった、われわれがつい陥ってしまいがちな図式を超えて、様々な文化が交じりあって一つの世界を形成していることであろう。ギリシャ・ローマの遺跡を通り過ぎたと思えば、イスラームのモスクが突如目の前に現れたりする。それが都市を旅することのだいご味であり、本書を通じて読者に共有してもらいたい全てである。

ただ、まさにそれゆえに、今日の地中海は、様々な文化の歴史的な対立を目の当たりにさせるような、移民・難民が命がけで渡る海ともなってしまった。歴史と文化が織りなす調和と美しさは、それが崩れたときの過酷さと裏腹であった。明石書店編集部の兼子さんからの要望は、地中海といっても、海の北側つまりヨーロッパ側だけでなく、東側の中東（レヴァント）、南側の北アフリカ（マグリブ）にも重点を置いてほしいということであった。できるだけそれに応えようとしたつもりではあるが、内戦によって実際に旅することもできない国も多く、また特に建築分野で若手の執筆者は決して多くなかった。今後、若い人の参加に期待したい。

本書では地中海に関する学問的定義には必ずしもこだわらなかったが、それでも街歩きを続けていくうえで共通性を感じさせるいくつかのキーワードが、期せずして出てきているように思われる。ヨーロッパの都市に東や南の要素が、レヴァントやマグリブの都市に北の要素が見出されるのが地中海都市の魅力である。読者には、ぜひそのような都市のキーワード探しの楽しみを通じて、地中海という「世界観」を切り拓いてもらいたい。あるいはひょっとすると、そこから新しい研究の切り口が見えてくるかもしれない。

最後に、執筆者の皆さんと、兼子さんを始めとする明石書店編集部の皆さんには、編者の怠惰ゆえに出版まで大変にお待たせしてしまった。ただ、それだけに執筆陣は素晴らしいものとなったと確信している。なにより編者自身が、本書を携えて各地を旅するのを楽しみにしているのである。

松原康介

※編著にあたり、科研費新学術領域研究「西アジア地域の都市空間の重層性に関する計画論的研究」（18H05449）、およびSATREPS（JST-JICA）「エビデンスに基づく乾燥地生物資源シーズ開発による新産業育成研究」の助成を受けた。記して感謝申し上げます。

地中海を旅する62章——歴史と文化の都市探訪

目次

まえがき　3

第Ⅰ部　洋の東西を分かつ——エーゲ海

第Ⅱ部　東方への玄関口——アドリア海

第Ⅲ部　ローマからプロヴァンスへ

第Ⅶ部　中東の海――レヴァント

第Ⅷ部　遥かにアジアを望む――アナトリア

※本文中、特に出所の記載のない写真については、執筆者の撮影・提供による。

●地中海全体図

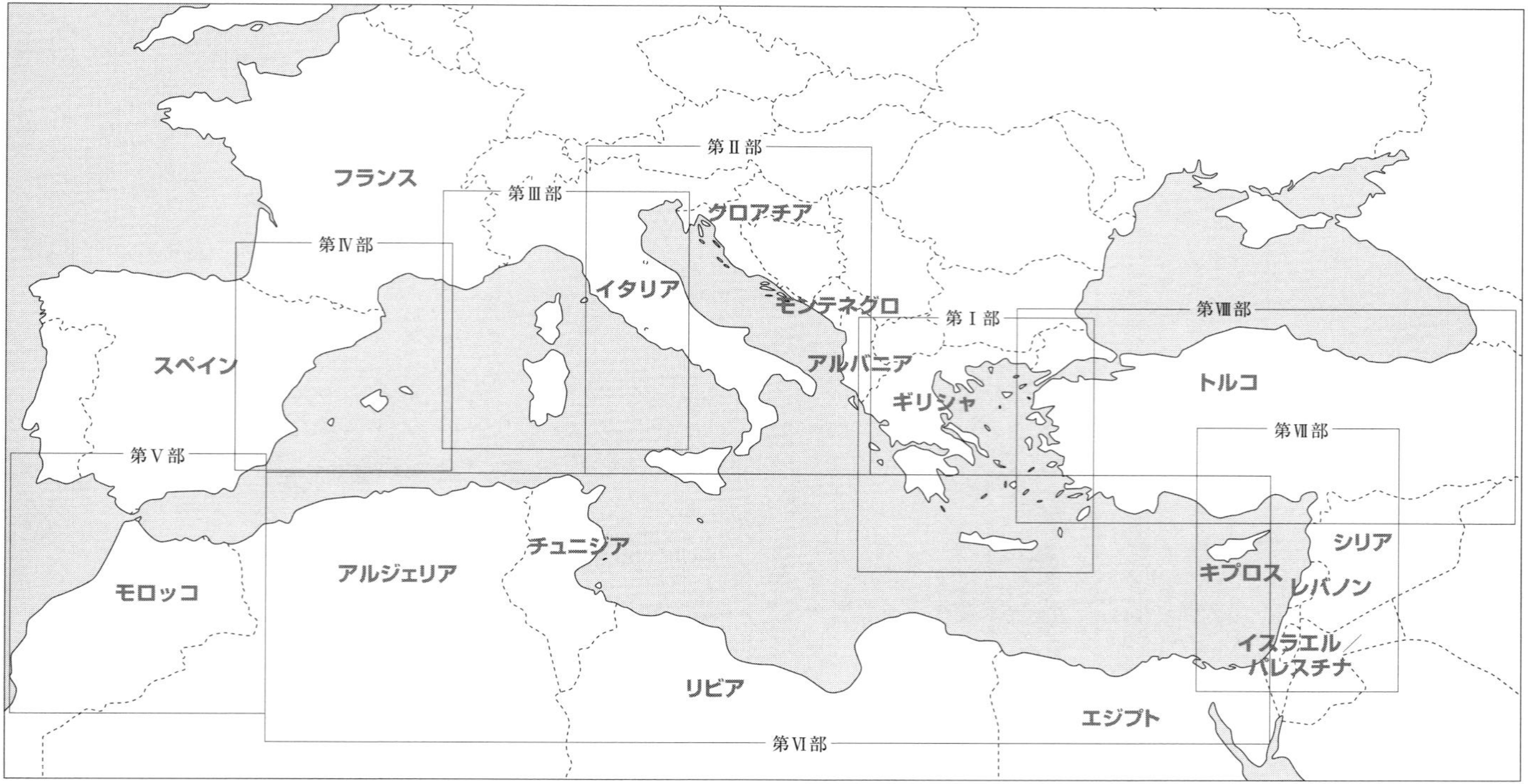
フランス
第Ⅱ部
第Ⅲ部
第Ⅳ部
クロアチア
イタリア
モンテネグロ
第Ⅰ部
第Ⅷ部
スペイン
アルバニア
トルコ
ギリシャ
第Ⅶ部
第Ⅴ部
チュニジア
シリア
アルジェリア
キプロス
レバノン
モロッコ
イスラエル／パレスチナ
リビア
エジプト
第Ⅵ部

第Ⅰ部

洋の東西を分かつ――エーゲ海

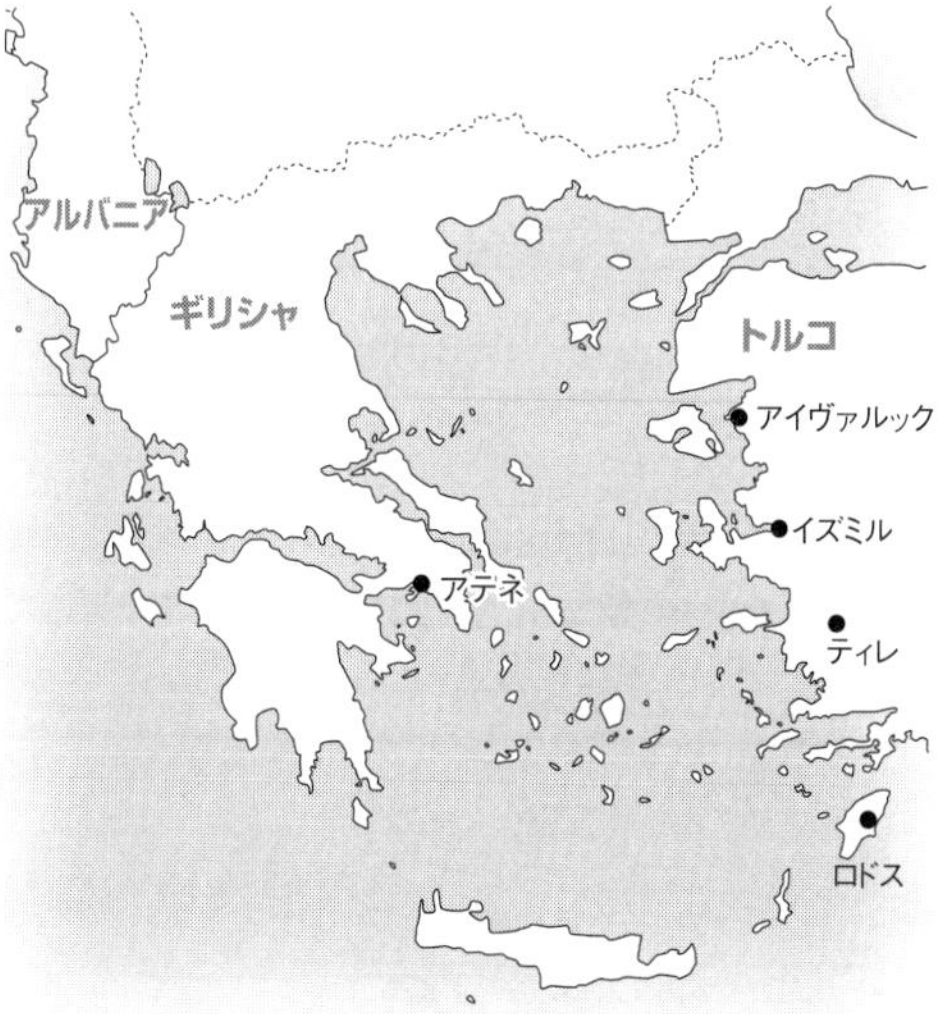

1 〈ギリシャ〉
アテネ
――光とかげの錯綜する都市

誰しもが思い浮かべる古代ギリシャの象徴。それが、古都アテネの中心、アクロポリスの丘にそびえ立つ巨大なパルテノン神殿である。

地下鉄アクロポリ駅を降りると、町の雑踏が乾いた空気の中に現れる。2004年に開催されたアテネ五輪のために、町と遺跡を結ぶ遊歩道として整備されたアポストル・パヴル通りとディオニシウ・アレオパギトゥ通りである。そこから丘を目指して緩やかに登っていく。新アクロポリス博物館を通り過ぎ、オリーヴの植わった丘をしばらく登ると、前門（プロピュライア）の石柱と摩耗した大理石の巨大な石段が目前に現れる。その奥に、ペリクレスにより紀元前5世紀に再建されたパルテノン神殿が、石の重さを感じさせずに空の下に現れる。

01 パルテノン神殿［出所：Public Domain］

その価値は歴史性にとどまらず、いつの時代においてもその空間性でも見る者の心を打ってきた。建築家ル・コルビュジエも1911年にここを訪れ、「ある一人の人間が、もっとも高貴な思想にかき立てられ、光とかげを造形の中に結晶させたのである」[*1]と述べている。日本からこの地に降り立つと、地中海の開けっぴろげな日差しのもとに全てが晒され、明暗がくっきりと際立つことに驚く。谷崎潤一郎の『陰翳礼讃』による、日本建築の墨絵のような明暗の朦朧たる隈の世界観とは真逆である。

しかしパルテノン神殿には、光を求められたあまり、ねじ曲げられた歴史観の押しつけも体験した過去がある。1816年以来イギリス大英博物館に所蔵されている、エルギン・マーブルと呼ばれるパルテノン神殿を装飾していた彫刻は、1930年に大英図書館職員により、極彩色で塗装されていた表面の痕跡を、白く「洗浄」されてしまった。18世紀ドイツの美学者・ヴィンケルマンにより作り出された幻影が、現実化された現象であった。その幻想とは、古代ギリシャは純白であったというものであった。

パルテノン神殿を出てすぐ、北側にひときわ大きな岩塊が目につく。ゴツゴツした岩場を滑りやすい石段を伝って登ってみると、アテネ市街の喧騒を眼下に見下ろしながら、吹き上げる風が心地よい。ちらほらと、思いを馳せる観光客の姿も見られる。ここは、アレオパゴスの丘と呼ばれる、古代民主制の舞台である。アレオパゴスは、ギリシャ神話で戦を司るアレス神の丘を意味する。この場所は、アテネの貴族勢力の牙城である、アレオパゴス評議会が開かれていた場所であった。紀元前462年に、ペリクレスと結託したエフィアルテスが改革を行うまで、貴族政は権力を振るっていた。ふと目を眼下

*1 ル・コルビュジエ『建築をめざして』吉阪隆正訳、鹿島出版会、1967年。

02

に向けると、民主制の中枢に睨みを利かすかのように、アゴラがよく見える。アゴラでは、アテネ南西部のプニュクスの丘にその場所が移されるまで、民会（エクレシア）が開催されていた。*2

アゴラはアテネ市民の広場・市場であり、歴史を彩った哲学者や政治家たちが弁を振るったことでも知られている。その代表的な一人が、紀元前5世紀に活躍した「無知の知」で知られる哲学者ソクラテスである。ソクラテスは、アテネの街を歩き回り、人々に「汝を知りなさい」と呼びかけ問答を続けた。彼は、知恵者と呼ばれる学者たちの無知も暴いたため「おしゃべりな乞食」であるとして怒りを買い、詩人メレトスを原告として裁判にかけられ、死刑を宣告された。弟子のクリトンやプラトンにより逃亡を勧められたが、「善く生きる」意志を貫き、

*2　橋場弦『丘の上の民主制』東京大学出版会、1997年。

02 市街地のビルからアクロポリスの丘を望む

ドクニンジンの杯を仰いで死を受け入れた。

紀元前3世紀になると、哲学者ゼノンにより始められたストア派と呼ばれるヘレニズム哲学の一派が生まれた。ストア派は、アゴラ北面の彩色柱廊（ストア・ポイキレ）を拠点としたため、その名を冠された。理性による感情の抑制を目指すため禁欲主義とも言われ、英語のstoicの語源となっている。ストア派に対比されるのが、快楽主義として知られる、紀元前4世紀に哲学者エピクロスにより始められたエピクロス派である。

話を一旦アレオパゴスに戻そう。アレオパゴスは後世、聖パウロによるキリスト教布教の舞台ともなっている。パウロの第2回伝道旅行は紀元49年から52年にかけて行われており、その内容は『使徒行伝』に書かれている。第17章によると、伝道旅行の途中でアテネに立ち寄ったパウロは、エピクロス派およびストア派の哲学者たちと議論を戦わせたが、イエスと復活に興味を持った者たちにアレオパゴスの評議会に連れて行かれた。評議会の真ん中で、パウロは神について説いたが、死人のよみがえりについて嘲笑《あざわら》われることとなった。しかし、裁判人ディオニシオなど数人は彼を信じることになる。

古代アテネに思いを馳せながらアクロポリスの北斜面を麓の市街に下ってくると、プラカ地区と呼ばれる19世紀に建設された下町が現れる。入り組んだ迷路のような路地に、小さな家々と路上にはみ出したタベルナ（レストラン）が広がり、観光客で賑わうこの辺りは、特別保存地域として歴史的な町並みが残されている。住民との公開意見聴取と大規模発掘への反対運動を経て、１９６０年代より、住宅副省により町並み保全が行われたという。

市街では、ギリシャ風ケバブ「スブラキ」の匂いなどが漂い、一気に現代に心がワープするが、アテネっ子たちで賑わうモナスティラキ広場の片隅に佇む紀元2世紀頃に建設されたハドリアヌスの図書館の遺跡の柱の立ち並ぶ壁が、古代の息吹を現代に伝えている。

モナスティラキ広場からミトロポレオス通りを歩いて行く。12世紀に建設され、少し現代の地面より低い位置にあるビザンツ様式のエレフテリオス教会も途中に現れる。さらに通りを先に進むと、突然視界が開け、ギリシャ議会の入った議事堂が正面に鎮座するシンタグマ広場へ出る。この議事堂は旧王宮であり、19世紀に行われた近代ギリシャとしての都市計画が、現代の都市構造も規定していることを肌で感じることができる。

1821年からのギリシャ独立戦争を経て、1832年のコンスタンティノープル条約により、オスマン帝国から独立したギリシャは、クレアンテスとショーベルトの2名の建築家に「古代の名声と都市の栄光が共存した新世紀にふさわしい計画」を依頼した。1833年に計画されたバロック式の強い軸を持つ計画を基盤として、1900年代までにアテネは近代都市として生まれ変わったのだ。

（江口久美）

03

03シンタグマ広場に面して建つ議事堂

2

〈ギリシャ〉

ロドス

――「太陽とバラの島」に残るヨーロッパ中世の街並みと文化の重なり

「ロドスの中世都市」としてユネスコ世界遺産に登録されているロドス・タウンの旧市街は、エーゲ海の南東に浮かぶ、「太陽とバラの島」という別名を持つロドス島の北端に位置する。古代ギリシャやビザンツの文化遺産の登録が多いギリシャの世界遺産のなかでも、ゴシック様式の城塞にビザンツやイスラームの文化が融合した旧市街の街並みに世界遺産としての価値の焦点が当たっている点で、際立った存在だ。

また、ロドス島が属するドデカニサ諸島にも独自の歴史がある。これらの島々は、首都アテネから最も遠い海域にあり、対岸のトルコ（アナトリア）に張りつくように浮かんでいる。ドデカニサとは、ギリシャ語で「12の島」を意味する。これは、ギリシャ独立後もオスマン帝国の支配下にあったロドス島を含むこの海域の12の島が、20世紀初めにオスマン帝国に対して反乱を起こしたことに由来する。しかし、イタリア・トルコ戦争

（1911～1912年）の結果、ドデカニサ諸島はイタリアの統治下に置かれたため、ギリシャに編入されたのは、第二次世界大戦が終了した1947年であった。

そうしたロドス島の独自性は、アナトリアとヨーロッパ、そしてアフリカやレヴァントを結ぶ航路上に位置し、古代から人びとが行き来してきたこととも関わりが深い。ロドス・タウンは古代からこの地域の重要な貿易港として栄えてきた。島の別名は、花で満ち溢れた風光明媚なロドス島が太陽神ヘリオスに与えられたという神話に由来する。それゆえ、古代のロドス島では、太陽神ヘリオスが盛んに信仰された。古代のロドス島が最盛期を迎えた紀元前3世紀には、ロドス・タウンの港の入り口に、台座まで含めると高さ約50ｍのヘリオス神を象《かたど》った青銅製の巨像が立てられていた。フィロンの「世界七不思議」にも選ばれたこの巨像は、紀元前226年の地震によって倒壊したが、800年ほどそのまま放置され、人びとが見物に訪れていたという。しかし、7世紀にイスラーム商人が残骸を解体して持ち去り、現在ではその正確な位置がわからなくなっている。街の中心部から少し離れたモンテスミスの丘に残るアクロポリスを除くと、現在のロドス・タウンで古代の繁栄ぶりを示す痕跡は残っていない。

一方、世界遺産に登録された旧市街の城塞都市を築いたのは、14世紀初めにビザンツ帝国からこの島を奪った聖ヨハネ騎士団である。彼らはビザンツ帝国が築いていた城砦を土台に、ロドス・タウンの周囲にさらに堅牢な城壁と堀を巡らせた。聖ヨハネ騎士団の起源は、聖地エルサレムで巡礼者向けの病院・宿泊を世話した慈善団体である。12世紀初頭に騎士修道会としてローマ教皇から認可を受けた後も、団員には平常時の病院での医療奉仕が義務付けられていた。また、団員はその使用言語に応じて八つの部隊に分かれていた。

聖ヨハネ騎士団は、ロドス島だけでなく、対岸のハリカルナッソス（現在のトルコのボドルム）や周辺の島々にも拠点を構え、イスラーム勢力との抗争を続けた。1444年にはエジプトのマムルーク朝、1480年にはビザンツ帝国を滅ぼしたオスマン帝国のメフメト2世が攻撃を仕掛けたが、騎士団はロドス・タウンの城塞に籠って撃退に成功する。しかし、1522年にオスマン帝国のスレイマン1世が大軍をもって攻め寄せると、約半年の籠城戦の末、ついに騎士団はロドス島を明け渡したのだった。

以後、約400年に及ぶオスマン帝国の支配の間、旧市街のギリシャ正教の教会の多くがモスクに改装されている。新たに建てられたモスクも多い。代表例がオスマン帝国の勝利を記念して1522年に建てられたスレイマン・モスクだ。こうして、ゴシック様式に、ビザンツ様式や、オスマン朝様式の建築が混ざりあった街並みが生まれることになった。

イタリアの統治下に入ると旧市街の修復整備が始まった。特に、19世紀半ばに弾薬庫の火災で廃墟と化していた騎士団長の宮殿が再建され、イタリア国王やムッソリーニの別荘として使われたことが知られている。第二次世界大戦後にギリシャに編入された後は、ギリシャ政府による旧市街の修復・保存事業が進められてきた。

01 ヨーロッパ中世の面影を残す「騎士団通り」

現在の旧市街は、北側の騎士団地区、南側の一般住民地区に分かれており、一般住民地区は、オスマン帝国時代の建物が多く残る西側のホラ地区、東側のユダヤ人地区と、さらに二つに分けられる。かつて騎士団の軍港だったマンドラキ港側の城門から旧市街に入ると、その一帯は、ヨーロッパ中世の面影を強く残す騎士団地区だ。城門に近い、つまり、港に近い場所には、聖ヨハネ騎士団の施療院だった建物がある。考古学博物館となった現在は、かつての病室に、ロドス各地の遺跡から出土した彫像や陶器、墓碑などが展示されている。施療院脇の坂道は、各言語の騎士館が建ち並ぶことから「騎士団通り」と呼ばれている。この坂道を上ると騎士団の心臓部、騎士団長宮殿が現れる。こちらも現在は博物館となり、イタリア統治下で修復された内装が公開されている。また、近くの城門から旧市街をめぐる空堀につくられた遊歩道に降りられる。遊歩道から城壁を見上げると、オスマン帝国の大軍をもってしても打ち破るのが難しかった城壁の堅牢さを実感できる。

騎士団長宮殿を南に歩けば一帯がホラ地区である。このエリアの目印は、先述のスレイマン・モスクだ。高台から市街を見下ろすように建っている。このピンク色の建物の前を下る通りが、旧市街の目抜き通り、ソクラトゥス通りである。その先には観光客で

02 観光客で賑わうソクラトゥス通りを見下ろすスレイマン・モスク

夜まで賑わっている旧市街観光の中心地イポクラトゥス広場がある。レストラン、カフェ、バー、アイスクリーム屋が広場を取り囲むように並んでいる。ここから東のアリストテロス通りを進むと、タツノオトシゴの噴水が目印のエブレオン広場に行きあたる。この辺りは、かつてのユダヤ人地区だ。1920年代には六つのシナゴーグがあり、4000人のユダヤ人が暮らしていたという。現在は住宅街となっていて、旧市街のなかでものんびりとした雰囲気が強くなる。

さて、観光客で賑わう通りから脇道に一歩足を踏み入れると、石のアーチが続く石畳の小道が迷路のように張り巡らされ、何世紀も続いてきた旧市街での日常生活を垣間見ることができる。手作りの土産物や揚げたての自家製ドーナツを売る、ガイドブックには載らない小さな店も多いし、ミナレット（尖塔）が残り、かつてはモスクに改装されていたことがわかるギリシャ正教の教会にも行きあたる。民家の庭には、今日でも色鮮やかな花々が咲いている。石壁を見上げたら、窓枠に座って通りを眺めている野良猫と目が合うといった、思わぬ出会いもある。

ヨーロッパ中世の面影を残しつつ、ビザンツやイスラームの文化が融合した旧市街の独特の景観は、古代以来、ロドス・タウンで続いてきた人びととの交流の結果である。迷路のような石畳の通りに、そうした文化の重なりを感じられるところがこの街の魅力なのだ。

（田中英資）

参考文献

- 桜井万里子編『ギリシア史（新版世界各国史）』山川出版社、2005年。
- 塩野七生『ロードス島攻防記』新潮文庫、1991年。
- 村田奈々子『物語 近現代ギリシャの歴史――独立戦争からユーロ危機まで』中公新書、2012年。

3 〈トルコ〉アイヴァルック
――エーゲ海の桃源郷

　オリンポスの神々はみんな招待されたのに、一人だけ婚礼の宴に呼ばれなかったエリス。怒った〈争いの女神〉は、宴会に「最も美しい女神へ」とだけ書き添えた黄金の林檎を投げ込む。それを「当然わたしのもの」と主張したのは、ゼウスの妻ヘラ、知恵の女神アテナ、美の女神アフロディテの3人だった。日頃から（たぶんに自業自得の）女性問題に辟易しているゼウスは、この問題を自分で解決することを頭から放棄。美男の羊飼いパリスに黄金の林檎を授け、選択を委ねる。

　3人の女神は、それぞれ「権力と富」「戦場での名誉と名声」「人間の中で最も美しい女性」を、自分を選ぶ報酬として約束したところ、パリスが選んだのは……。

　ギリシャ神話で「パリスの審判」として名高い逸話の主人公、パリス（じつはトロイアの第二王子）が羊飼いをしていたのは、現在のトルコ西部、エーゲ海に面したイーダ山

（現在の名称はカズ山脈）の山の中だった。

アイヴァルックは、北東をそのイーダ山に囲まれ、西をエーゲ海に臨んだちいさな街である。人口約4万、入り組んだ湾が自然の良港となる遠浅の海には、大小22の島が浮かぶ。イーダ山には、古代から野生のオリーヴの木が茂り、現在栽培されているオリーヴの木は、この原種を改良したものという。アイヴァルックの総面積の41・3％、1万3200haをオリーヴ畑が占める。主要産業はオリーヴ油とその製品。アイヴァルック産のオリーヴ油は、世界でも油脂分が高く、酸性分が低いというクオリティーの高さで知られる。オリーヴ油石鹸も有名だ。私見だが、地中海人の食生活にとって、オリーヴ油は日本人にとっての醤油、オリーヴの実は梅干し。必須の産物である。

しかし考えてみれば、林檎という北国の果物は、橄欖《かんらん》生い繁るこの土地には、異質のものである。それが投げ込まれたことで起こった争いは、神話ではついにはトロイア戦争にまで発展した。

美しい自然に恵まれ、神々に愛された桃源郷アイヴァルックにも、南国の灼熱にいきなり放り込まれた北の林檎のような、悲しい過去がある。

オスマン帝国が崩壊し、トルコ共和国が生まれた時の話である。

1923年、各国はローザンヌ条約を批准し、トルコ共和国は独立国

01

01 オリーヴ畑

として正式に国際社会に認められた。しかしその後、旧オスマン帝国領だったギリシャと、新しく生まれたトルコ共和国の間で、「人口交換」という強制移住が行われるのである。

もともと多民族・多宗教の国家だったオスマン帝国には、ムスリムの他に、ギリシャ正教徒、アルメニア聖教徒、ユダヤ人、レヴァンティン（地中海を拠点とした多国籍人）などの非ムスリムが多く居住していた。19世紀後半の統計によれば、イスタンブルの人口は過半数が非ムスリムだったほどだ。とくにアイヴァルックは、1890年の時点で人口のほぼすべて、2万1666人がギリシャ正教徒だった。

トルコ共和国は政教分離の国だが、建国の時点で「トルコ人の国」という国民国家主義が強烈に唱えられた。そして、トルコ人すなわちムスリム、裏返せば、非ムスリムはトルコ人に非ず、という暗黙のナショナリズムがあった。オスマン帝国の崩壊によって自動的にトルコ共和国の国内に住むことになった非ムスリムのあいだには、自発的に他に移住する人々が増えた。アイヴァルックのようなギリシャ正教徒の街は、ほんの数年間に人口の半分を失い、家々の多くは廃墟となった。

同様のことが、ギリシャ共和国のムスリムの村や街でも起こった。オスマン帝国の崩壊によって、ギリシャ国内のムスリムは、ある日突然マイノリティーとなった。彼らはトルコ共和国に移住し、もとの村は廃墟となる。

これを解決するために、発案されたのが人口交換である。ギリシャ国内のムスリムの村と、トルコ国内のギリシャ正教徒の村の間で、「村ごと」「コミュニティーごと」移住

02

させるという強制人口交換が行われた。政府間の「不動産を有効活用する」という観点から見れば、合理的な解決かもしれない。だが、個々人の人生とは、そのような経済効率で成り立つのではない。

村の広場の大きな鈴懸の樹、その陰で冷たい水を湧き出させる泉。馴染んだ山の風景、古い家の匂い、日の当たる窓辺。記憶や、愛着や、積み重ねという、数量で計れない多くのものが、国家の正義の名の下に引き裂かれ、踏みにじられた。新しい土地にも、同じような鈴懸の樹はあるのかもしれない。しかしそれは、あの同じ樹ではないのだ。

ある日突然、お前は向こう岸のあの村に移住するのだと言われ、簡単な手荷物のみを許されただけで、引っ越しさせられる。2011年、東日本大震災後に起きた原発事故のために移住を余儀なくされた人々を彷彿とさせる話だ。ちょうどその年、この街をテーマにテレビ番組を作ったこともある。アイヴァルックには、自分のおじいさんやおばあさんが人口交換でギリシャのクレタ島、対岸に見えるレスヴォス島やテッサロニキからやってきた家族がいまも多数住んでいる。繰り返し聞かされた物語は、いつしか伝聞ではなく、血肉の一部となっている。

長い間緊張関係にあったギリシャ・トルコの国交が修復し、数年前、1時間半ほどの距離のアイヴァルックとのギリシャのレスヴォス島の間に国際航路の船便が就航した。過去の経緯を知らぬ陽気な旅行者に混じって、祖先が住んでいた家を一目見ようと、昔のアイヴァルックの住人たちも時折やってくる。わたしのアイヴァルックの隣人は、その人々を家に迎え入れ、珈琲を供したと話してくれた。さてその珈琲は、トルコ珈琲なのか、ギリシャ珈琲なのか。同じ珈琲なのに、違う名で呼ぶことになった両国の経緯を、わたしたちは今一度考えてみなければならない。戦争や国家の動乱で引き裂かれ、偶然同じ家に祖先が暮らした人々が、世代を超えて出会う世界に、われわれは生きている。

豊かな自然に恵まれたアイヴァルックは、独特の郷土料理でスローフードの観点からも近年注目されている。その一つが野草料理である。

イスティフノ（英語名ブラック・ナイトシェード）、トゥルプ・オトゥ（蕪草）、スサム・オトゥ（胡麻の葉）、ウスルガン・オトゥ（噛みつき草）、デレオトゥ（川草）、ハルダール・オトゥ（からし草）、アラプサチ（「アラブ人の髪の毛」と呼ばれる草）など、季節ごとに出回る野草を、様々な調理法でいただく。そんなアイヴァルックの郷土料理に、「クレタ島風」や「レスヴォス島風」が混じるのは、「人口交換」の過去があるせいでもある。悲しい過去を、豊かさに変えているのは、人々の知恵であり、忍耐である。

アイヴァルックの街と湾に浮かぶ周辺の島々の中で最大のジュンダ島は、その自然とオスマン帝国時代から残る独特の建築・街路が１９７６年以来、歴史的保存地区指定されている。それが２０１７年４月、ユネスコ世界遺産の暫定リスト入りした。本書が発行される頃には、この街は世界遺産となっているかもしれない。神々の林檎は、歴史に翻弄された人々の知恵と忍耐で、南国に別の花を咲かせたのである。

（ジラルデッリ青木美由紀）

03 ジュンダ島

4

〈トルコ〉

イズミル

――分断の解決か、都市の保全か、大火後の都市再生

エーゲ海に面した美しい都市は枚挙にいとまがない。しかし、そのなかでもイズミルは格別だ。湿度が低く、温暖で、夏の暑い、典型的な地中海都市である。中心地がL字型に屈折した特異な形の大きな入り江、湾に面しており、その周りには緩やかに連なる小高い山々が見える。ゆえに海は湖のように穏やかで美しく、空の青、山の緑、海の青のコントラストは絶妙だ。北にはヘレニズム文化の最も重要な中心地のひとつであったペルガモン、同時代のアルテミス神殿の遺構が残るマグネシア、南には巨大なアルテミス（旧）神殿やギムナシオンの遺構が残るエフェソス、イオニア地方で最古のギリシャ人による都市のひとつプリエネ、河岸の堆積物で海岸線が大きく後退した古代都市ミレトス、圧倒的な規模を誇るアポロン神殿址の見られるディディマなど、古《いにしえ》の遺跡が点在しており、イズミルは古代都市への玄関口になっている。街に戻れば、アレキサンダー

大王（在位：前336～前323）の命によって建設された高台のカディフェカレ要塞址や、五賢帝の一人マルクス・アウレリウス・アントニヌス（在位：161～180）が再建した古代ローマのアゴラが待っている。イズミルはこのように自然と歴史の両面で大変恵まれており、トルコ第三の都市に成長した。その背景には何があったのか。戦間期に実施された中心地の都市計画を振り返ると、イズミルがトルコの縮図のように見えてくる。

もとを正せば、古代都市スミルナまで遡るイズミルは東西の要衝にあるため、セルジューク朝、東ローマ帝国、十字軍、ヴェネツィアやジェノヴァ共和国など、常に地中海を跨ぐ強国による征服と奪還の標的になり、西側に支配された海岸地域と東側に支配されたパゴス周辺に分断されてきた。この分断がイズミルの課題で、常に付きまとっている。オスマン帝国の支配で都市の中心が海辺に移ってから貿易が繁栄し、19世紀の欧州資本によって鉄道、道路、埠頭の整備が進むと、海辺に沿った一直線のアタテュルク通りが繁栄の象徴になった。これが今のコルドンにつながる。海辺に17か国の領事館が建ち並んだというから、イズミルはまさに国際都市になっていたのだ。とはいうものの、課題はそのままで、トルコ人にレヴァント人、ユダヤ人、アルメニア人が加わり、街区は人種と階層によって明確に分かれていたという。

トルコ共和国初代大統領アタテュルク（在位：1923～1938）が第一次大戦中にギリシャに占領されたイズミルを奪還したまさに1922年9月の13日に、中心地が大火に見舞われた。被害は約300haにおよび、4分の3に相当する約2万～2万5000棟の建築を焼失した。被害の写真を見ると、時代は異なるが、1666年のロンドン大

01 1922年大火後のイズミル［出所：*L'Illustration*, no.4696, 4 mars 1933, p.270.］

火を思い起こしそうになるほどの未曾有の災害であったことがよくわかる。当地の建築史家によれば、ギリシャ人は海を渡って目前の母国に戻ったが、アルメニア人とレヴァント人が家を失いつつも居残ったらしい。その原因は今日に至っても、取り沙汰されるほどである。

ここで尽力したのが近代国家を目指すアタテュルクであった。共和国の樹立後に実施した新首都アンカラとトルコ最大の都市イスタンブルの都市計画は、都市への眼差しに長けていた証だ。前者は1928年の設計競技で大きく前進した。招待された建築家は3人で、その中には1910年に大ベルリン開発計画で受賞し、当時ドイツ都市計画を代表するヘルマン・ヤンセン（1869～1945）と、バルセロナ都市計画の父イルデフォンソ・セルダ（1815～1876）の理論「ウルバニザシオン（urbanización）」を母国に伝えたフランス都市計画の第一人者で建築家のレオン・ジョスリー（1875～1932）がいた。

後者の場合も同様で、ドイツとフランスから建築家が招かれて、1933年に設計競技が開催された。その中にはオーストラリアの新首都キャンベラやブラジルのリオデジャネイロの都市計画を提案した実績のあるフランスの建築家アルフレッド・アガシュ（1875～1955）もいた。実際に都市計画を実施したのはフランスの建築家・都市計画家アンリ・プロスト（1874～1959）で、交通渋滞の緩和のために新たな大通りや広場を建設するばかりでなく、トプカプ宮殿やハギア・ソフィア[*1]、ブルー・モスクのある一帯の歴史遺産を保全

01

した。後者は近代主義に傾倒するアタテュルクの怒りを買ったが、遺産の保全という観点から振り返ると賢明の策であったと言わざるを得ない。ここで重要なのは、アタテュルクが「トルコ人」の一義的な定義すら困難な多民族国家トルコにおいて、新たな近代国家の安定統治のために、オスマン帝国による緩やかな都市の統治から脱却し、ドイツとフランスから最新の都市計画を輸入して、新首都アンカラと古都イスタンブルの近代化に努めたという点である。

その先例がイズミルなのだ。モロッコ初代総督ユベール・リヨテ（1854〜1934）が15都市で実績を上げたばかりのプロストをアタテュルクに紹介したのは、当時これだけの実績のある建築家がフランスばかりでなく、おそらく西欧諸国を見渡しても稀有であったからにほかならない。メディナの原住民と新市街の入植者が共存・共栄する都市を成功させたプロストへの期待は極めて高かったはずだ。美しいエーゲ海に面するなんともゆったりとした芝生の海辺広場コルドンや、1923年に開催された博覧会跡地を緑化・整備し直した「文化公園」ばかりでなく、中心市街地の再建や幹線道路網の整備、東側の工業地帯や北側の港湾、造船所および埠頭の建設、郊外団地や労働者住区の充実はこの時の都市計画によるものだ。「文化公園」からコルドンに抜ける街区は大きく、今もパリのある一地区のような洒落た街並みが続いている。一方、その北側と南側を訪れると、大火前の小さな街区が今も残っており、小道沿いにはびっしり飲み屋や商店が軒を連ねる。これがプロストの功績だ。

イズミルは、アタテュルクが歴史ある都市の分断を克服して、近代国家の都市モデル

＊1　ギリシャ語で「聖なる叡智」の意。トルコ語でアヤ・ソフィア。

を狙ったものであった。ところがプロストは、大火を免れたスミルナの北東部とパゴスの北側一帯に対する提案を避けて保全した。そのためトルコ人らによる旧来の街区と欧州人による新市街という二つのエリアの分断が続くこととなったのである。歴史的な都市の分断の改善か、建築・都市の保全か。歴史主義者プロストの判断はアタテュルクの狙いに反したものであったと言わざるを得ない。この事態を失敗と捉えたイズミル市は1938年に革新的な都市計画を期待して、ル・コルビュジエ（1887〜1965）にアテネ憲章に基づいた全体計画を依頼した。しかしこちらも独立後のインド初代首相ジャワハルラール・ネルー（1889〜1964）が目指した近代国家の理想都市チャンディガールのように受け入れられることはなく、どうやら失敗に終わったようである。

よくよく振り返ると、プロストは分断の解決が困難であることははじめからわかっていて、都市の保全に傾倒したのかもしれない。現地の研究者の間でもイズミルにおける都市の近代化は何であったのか、換言すればトルコにおける都市の近代化に関する検証が続けられている。イズミルに現代都市計画の究極の課題を垣間見た気がしてならない。

（三田村哲哉）

コラム 1

フランスの建築家・都市計画家アンリ・プロスト

しばしば耳にする「都心回帰」はよくできた言葉である。都市の中心部、「都心」の周りに郊外が広がっているということがすぐにわかるからだ。この言葉を聞けば、その都市が一部にせよ、まるでドーナツのような形をしているのだ、ということを思い描くことができる。さらに「回帰」という言葉は、「都心」の次に郊外が拓かれ、また開発が「都心」、街の中心部に戻ってきたことを意味している。こうした都市の二重構造と都市開発の順序を的確に表した言葉はない。

外国を訪れると、会話の中で「オールド・タウン（Old town）」や「シティー・センター（City center）」、「サントル・ヴィル（Centre ville）」、「チェントロ・ストリコ（Centre storico）」など、ニュアンスに違いがあるものの、都市の中心部を表す語句を耳にすることがある。世界にはさまざまな形の都市があるが、この言葉を聞けば、その街全体が二重構造のドーナツ型であるということがなんとなくわかる。これらの言葉が表向きには文字通り、歴史地区や中心市街地を表すばかりでなく、周囲にも街が広がっている、あるいは郊外地で囲まれている、というようなことを暗示しているからである。

では、このような都市の形がどのようにして生まれたのか、この問いは相当な難題であるが、その一助となる役割を果たした者が前世紀のはじめに、ローマのフランス・アカデミーに国費で派遣された若手建築家の秀才たちの中から出たということはまんざら嘘でもない。通常、イタリアやギリシャの古代、中世、近世の歴史的建造物が課題になるが、近代都市のユートピア、「工業都市」（1904）のトニー・ガルニエ（1869～1948）とともに議論した異例の後輩たちは古代都市ローマ、コンスタンティノープル（現・イスタンブル）、皇帝ネルヴァのフォルム、イルデフォンソ・セルダ（1815～

１８７６）によるバルセロナの都市計画を、その後に続いた者もスパラト（スプリト）にあるディオクレティアヌスの宮殿、ギリシャのデロス島、古代都市プリエネに興味関心を抱き、いわゆる建築ではなく都市を主題に、実測調査や復元図、修復案の制作に没頭した。

ローマから足を延ばしてコンスタンティノープルに辿り着いたフランスの建築家で都市計画家のアンリ・プロスト（１８７４〜１９５９）は、ハギア・ソフィアの修復案（１９０５）ばかりでなく、その周辺に広がる歴史地区の復元図も描いている。アントワープの都市改造案（１９１０）で示されたのは、城壁解体が議会で決議されていたにもかかわらず、それを解体せずに公園に作り変えることと、その外側に郊外地を開拓することであった。当時「都市計画家（urbaniste）」または「建築家（constructeur）」と称された保護領モロッコ初代総督、後に元帥となるユベール・リヨテ（１８５４〜１９３４）の都市事業、15の都市における都市計画も、実質はプロストによるものである。統治の基本方針、モロッコ人とヨーロッパ人を分けるという分離政策に基づいて保全された旧市街のメディナと新たに建設された新市街の構成も、カサブランカやラバト、マラケシュ、フェス、メクネスなど、都市によって形はさまざまだが、基本はドーナツ型だ。

アンリ・プロスト［出所：Fonds Henri Prost］

その典型例がプロストの描いたパリである。パリ地域圏計画（１９３４）は航空写真の技術を用いてそれまでの都市計画のスケールをはるかに超えた範囲、ノートルダムから半径35kmの円に入る行政区を対象に、城壁の内側にセーヌ県知事ジョルジュ＝ウジェーヌ・オスマン（1809～91）による、いわゆる今日の「パリ」をそのまま残して、フランス全土、各方面に向かう鉄道網および道路網、パリ地下鉄・鉄道網の延伸・整備、放射状および環状道路網などを組み合わせた郊外地の開発を描き、歴史ある城壁内の保全とその周辺部の開発を提案した。まるで飛行機から眺めているかのように描かれた、郊外地の遠方からパリのアヴェニュー（Avenue）にまっすぐつながる大通りはパリ地域圏の象徴にしたかったに違いない。

ここで、この保全と開発という提案が、歴史建築による旧市街と近代建築による新市街という住み分けを生み出したことを見逃してはならない。プロストはこうして相容れない二つの建築に悩む建築家や都市計画家にきわめて明確な指針を提示し、両者を共存させることを可能にした都市開発の原理を生み出したのである。戦後、ヨーロッパの多くの歴史都市が同じような形で保全・開発されたことに鑑みると、地中海を股に掛けたプロストの功績はまだまだ過小評価されているように思われる。

フランスで世紀に一度、都市を開発するこうした原理のようなものが生み出されてきた。造園家アンドレ・ル・ノートル（1613～1700）は17世紀、左右対称やヴィスタ、放射状の直線道路網、幾何学式庭園などを組み合わせてヴォー＝ル＝ヴィコント城（1661）の後、ヴェルサイユ宮殿（1756）に寄与した。眼下に広がる庭園ばかりでなく、その周辺の街区も宮殿の基軸に基づいて形成された。18世紀に入ってもシェーンブルン宮殿のように、ヨーロッパ各国に同じような形の宮殿が次々に建設されたことは周知の事実である。これは建築の軸を都市に応用することによる造形美の探求であった。19世紀、オスマンは道路、水道、街灯などのインフラと住宅、官庁、図書館などの建築でパリの都市改造を実施した。人々が暮らす目前の古びた建物が次々に破壊され、車道、歩道、並木からなる新たな大通りの両側に統一された美しい集合住宅がいっせいに現れたのだ。この立派な大通り、アヴェニューはその象徴であった。こうした既存の街区を破壊することにためらいのない事業の方針は、国内の地方都市にも勇気を与え、改造を企てる都市が現れたばかりでなく、ウィーンのリンクのように、いわゆる破壊を実行する都市がヨーロッパ各国で見られるようになる。まさに破壊と建設の組み合わせにほかならない。プロストによる歴史建築と近代建築、旧市街と新市街、保全と開発をそれぞれ順に対応させた手法が、20世紀の原理であったかどうか、これからさらなる検証が必要であるが、少なくとも世界各国で歴史遺産が声高に叫ばれる今、戦間期という近代主義全盛の時代に歴史主義を貫いたプロストを見落とすことは許されない。

より重要なのは21世紀の都市だ。今世紀に入り、ヨーロッパや北米ばかりでなく南米、アフリカ、中東、アジア、オセアニアという文化圏の異なるすべての大陸で、想像を絶する規模の開発が目まぐるしい速度で進められている。過去3世紀、造形、破壊、保全といったキーワードで表現されるまったく次元の異なる観点から、後世の都市計画に多大な影響を与えた都市の原理が生み出されてきた。21世紀、こうしたグローバル時代の都市開発を規定するものを生み出すことができるのか、今まさに待ったなしの状態にあり、フランスの都市計画に目が離せない。

（三田村哲哉）

5 〈トルコ〉
ティレとその周辺
――アイドゥン君候国の足跡が残る町

読者の皆さんは2007年製作の『卵』という映画をご存じだろうか。日本では数少ない邦訳字幕付DVDが販売されているトルコ映画である。セミフ・カプランオール監督のこの作品は、後に製作された『ミルク』『蜂蜜』と題された2作品とあわせ、ユスフという一人のトルコ人男性の人生を描く3部作となっている。ちなみに、『蜂蜜』は2010年に第60回ベルリン国際映画祭で金熊賞を受賞している。

映画の主人公ユスフの出生地であり、『卵』の主要舞台となるのが、トルコ中西部の田舎町ティレである。母の訃報を受け、葬儀に参列するためにイスタンブルから帰郷することから物語は始まる。葬儀の後、ユスフは自宅で、自身の代わりに母の面倒を長く見てくれていた遠縁の娘アイラから母の遺言を聞かされる。遺産相続の手続きのため、ティレでの滞在を余儀なくされたユスフは、夢も希望もない町から逃げるように去った故郷を逍遥しながら、母への情愛や詩人を目指した若かりし頃の自分へと思いを馳せる。数日が過ぎたある日、ユスフは母の遺言である願掛けを果たすことを決心する。郊外の放牧地へ生贄の羊を買いに行くのにあわせ、かつてのお気に入りの場所であった湖を見に、ティレから北東に25kmほど離れたオデミシュ方面へとアイラとともに出かけてゆく。バックミュージックを一切使用せず、日常の音のみが流れる構成は、寡黙なユスフの郷里への哀愁をさらに引き立たせている。

自宅の窓際に佇むアイラの背後には、山の斜面に沿ってモスクや鄙びた家々の建ち並ぶ風景が広がる。小高いギュメ山の南の裾野に形成されたティレの町並みは、映画の撮影時期から十数年が過ぎようとした現在でも、大きく変わってはいない。今でこそ町の中心広場周辺は多少整備され、ファストフード店が増えてはいるものの、広場に面して建つホテルに併設された2階のレストランのテラスからは、広場を写した映画のワンシーンをほぼ同じ状態で見ることができる。急速な都市（観光）開発の進むトルコ西部にあって、ここでは時間がゆっくりと流れている。

さて、話は変わるが、トルコの歴史には日本の戦国時代と同様、群雄割拠の時代が存在した。11世紀半ば過ぎ、ビザンツ帝国の支配下であったトルコの地に、イスラームに改宗したトゥルク系民族の進出が始まった。ビザンツ帝国に代わりトルコの大部分を支配したルーム・セルジューク朝は14世紀初頭に滅亡するが、それと前後してベイリクと呼ばれる君侯国が各地に乱立し、覇権を競いあった。それら君侯国の中で、映画の舞台となっているティレ一帯を支配したのがアイドゥン君侯国である。１３０８年、元々は先に成立していたゲルミヤン君侯国配下の将軍であったアイドゥンオウル・メフメト・ベイが、派兵先で独立してアイドゥン君侯国を建国する。アイドゥン君侯国は、ユスフがアイラとともに小旅行に発ったオデミシュから更に北東9㎞ほどの所にあるビルギという村を首都に定め、近郊のオデミシュやティレを支配領域とした。

ビルギには、初代メフメト・ベイが自身の権力を誇示するために建設した、1312年創建のモスクが現存している。正方形平面の建物内部は15本の柱によって5廊に仕切られ、各廊の上部には木造の切妻屋根が架かる。南壁面中央に設けられたミフラーブ（メッカの方向を示す壁龕《へきがん》）の上部には、「トルコ三角」と呼ばれる架構技法によって支えられたドームが載る。柱を多用する多柱式モスクとしては小振りではあるが、巨大なドームで室内を覆う後のオスマン朝期のモスクとは異なり、この時代の形式をよく留めている。モスクの南には自身や姉妹のウムミュ・スルタンを祀る墓廟（ともに14世紀前半創建）が残る。また、ティレにもメフメト・ベイの長男フズル・ベイと四男シュレイマン・シャーを祀る1349年創建の墓廟が残されており、同地がアイドゥン君侯国の拠点であったことを示している。

01 ビルギに建つウル・ジャミィの内観南面。アイドゥン君侯国初代君主メフメト・ベイにより、1312年に建設される

山間の小さな封建領主であったアイドゥン君侯国は徐々に力をつけ、地中海を目指し西方へと勢力を拡大していく。14世紀中ごろ、アイドゥン君侯国は首都を、かつてアヤ

スルクの名で知られたセルチュクに遷都する。現在のセルチュクは、エフェソス（現エフェス）をはじめとする世界遺産の古代ギリシャ都市遺跡の観光拠点となっており、市内にも古代ローマのバシリカや神殿を転用した教会堂遺構が残る。古代遺跡の建つ小高い丘の上に登ると、西方の眼下には緑鮮やかなオリーヴ畑が広がっている。そのオリーヴ畑の手前に、古代遺跡とは相貌の全く異なる堅牢な石積みの巨大建造物が目に飛び込んでくる。アイドゥン君侯国4代目君主イサ・ベイにより、1375年に建造されたイサ・ベイ・ジャミィである。セルチュクを首都にし、地中海貿易によって絶頂期を迎えたアイドゥン君侯国の繁栄を今に伝えるこの建物は、シリアのダマスクス出身の建築家により設計された。切妻屋根の架かる横長の長方形平面の軀体中央部にドームを載せるその姿はまさに、現存最古のモスク建築であるダマスクスのウマイヤド・モスクを髣髴とさせる。余談だが、トルコ南東部の都市ディヤルバクルにもウマイヤド・モスクを模した11世紀創建のモスクが残る。過去の傑作に倣うことで、時の治世者が自身の権力とイスラームの守護者の正統性を示そうとしたのであろう。

02 ビルギに建つウムミュ・スルタン・トゥルベシの外観南面。六角形の躯体にドームを載せるが、その移行部の細工は類例をみない

03 セルチュクに建つイサ・ベイ・ジャミィの外観東面。アイドゥン君侯国第4代君主イサ・ベイにより、１３７５年に建設される

アナトリア中西部の雄アイドゥン君侯国も、アナトリア北西部で躍進するオスマン朝の勢いには勝てず、１４２６年に滅亡する。しかし、アイドゥン君侯国がビルギやティレ、セルチュクで築いたイスラーム都市としての基盤はオスマン朝の支配下に入っても引き継がれ、発展していった。ティレにはオスマン朝期のモスクやハーン（隊商宿）、ハマム（公衆浴場）が、またビルギにはオスマン朝末期に遡ると考えられているハーフティンバーの古い民家が状態よく残され、歴史的景観を形成している。トルコ西部の観光の目玉といえば、エーゲ海および地中海沿岸部に広く点在する古代ギリシャ・ローマ遺跡であろう。しかし、映画を案内に少し足を延ばして、片田舎の町で中近世のトルコの情緒を感じてみてはどうだろうか。そこには、詩人になる夢に破れ人生に疲れながら都会に暮らす壮年男性の郷愁を誘う風景が、また、戦乱期の猛者たちが栄光を勝ち取るために駆け巡り散っていった世界が広がっていることだろう。

（守田正志）

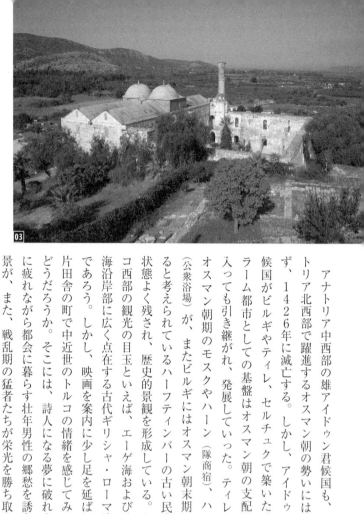

第Ⅱ部

東方への玄関口——アドリア海

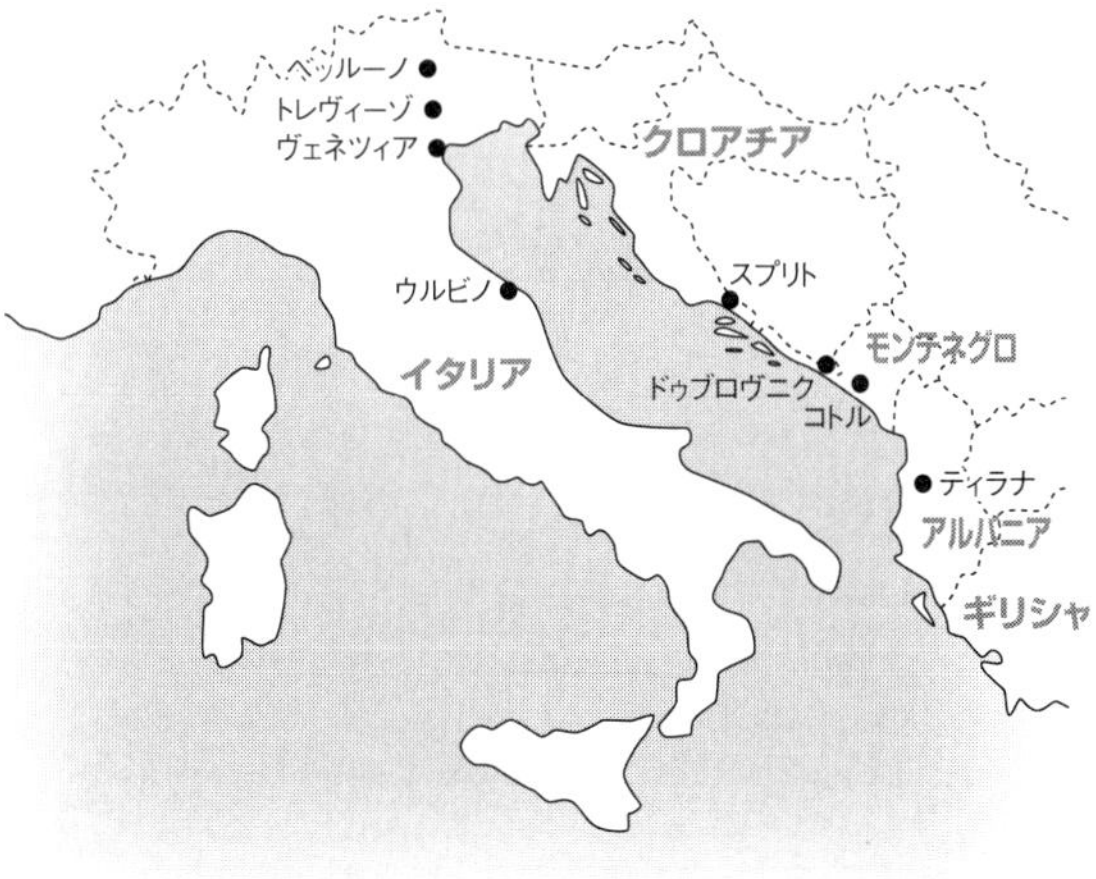

6

〈イタリア〉

ヴェネツィア

――周辺地域に支えられて形成・発展したヴェネツィアの側面

ラグーナという潟の中央に、魚のような形状をした都市がある。都市をよく見てみると、運河が張り巡らされ、小さな島が集まった群島となっている。運河から建物が建ち上がり、まるでおとぎ話に出てきそうな光景が広がっている。そう、ここは世界中の人々を魅了する水の都ヴェネツィアである。このような摩訶不思議な都市がどのようにできあがったのだろうか。ここでは都市発展の背景を探りたい。

ラグーナという特徴的な地形は、本土から流れる多数の河川による土砂の堆積と、アドリア海からの波の影響により形成された。ラグーナ内に陸地がぽつぽつと点在している状態であったが、徐々に埋め立てられ、高密な都市ができあがっていった。1500年出版のヤコポ・デ・バルバリによって作製された鳥瞰図から、すでに15世紀には現在見られるほとんどの部分がつくられていたことがわかる。このように都市を築くには、地盤を木杭で固め、その上に建物を建てていくため、当然、石、木、レンガなど資材が必要不可欠であった。こうした物資はどこから届いていたのであろうか？

ヴェネツィア共和国は海洋都市国家として知られているように、アドリア海沿岸を中心に領土を拡大してきた。そうした領土から海を越えて石や木などをヴェネツィアまで運んできたという。そのなかでもよく知られているのがイストリア産の石であろう。イストリアはヴェネツィアの東に位置するアドリア海に突き出た半島で、現在のクロアチアにあたる。13〜14世紀にはヴェネツィア共和国の領土となっていた。船を操ることを得意としたヴェネツィアらしく、イストリア半島からヴェネツィアまで船で石を運んでいた。イストリア産の石は石灰岩で、海水に強いことから建物の土台に使用された（図01）。また、海洋都市国家として重要な造船用の木もイストリアから運ばれたのである。18世紀末の検疫に関する史料によると、イストリアとダルマツィア（現在のクロアチアの南部）からカシ材（roveri）、板材（tavole）がヴェネツィアまで運ばれていたことがわかる。同史料から、石（scaglia, pietre）、瓦なども同地域から運ばれていたことが記録されており、香辛料、綿、絹など中継貿易としての商品だけでなく、資材の調達地としても重要であったのだ。

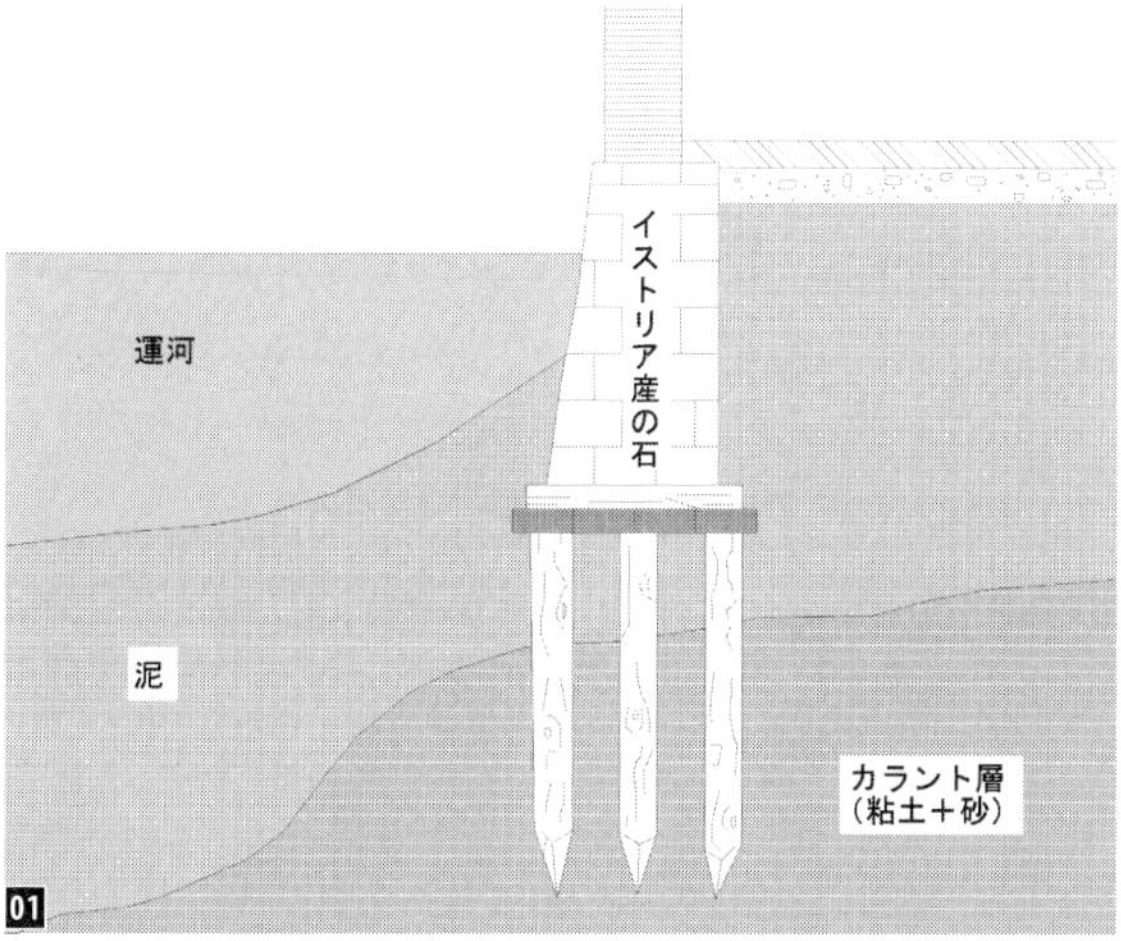

01

01 木の杭の上につくられたイストリア産の石による基礎構造

さて、都市の建設を支えてきたまた別のテリトーリオ（地域）がある。海洋都市としてのイメージが強いだけに忘れられがちなのが、テッラフェルマ（本土）との密接な関係である。ヴェネツィアの背後には、現在のヴェネト州に加えて、フリウリ＝ヴェネツィア・ジュリア州の一部、ベルガモやブレーシアといったロンバルディア州の一部までもかつてはヴェネツィア共和国の領土が広がっていた。こうした地域からも石、木、鉄などの資材を調達していたのである。

例えば、木については、ピアーヴェ川流域が代表的である。造船用の建材を調達するために、18世紀には3か所の森（モンテッロ、カンシーリオ、ソマディダ）をヴェネツァア共和国が徹底的に管理した。ここでは、マスト用、オール用、船体用など部材に応じて栽培された。また、ピアーヴェ川の上流域には、民間によって管理された広大な森がある。すでに2世紀には木材を運ぶ筏師の存在が確認されている。

ここでピアーヴェ川の上流からヴェネツィアへ運ばれる工程を概観しておきたい。上流域の森から伐採された木は丸太のまま、森の麓を流れるピアーヴェ川に注ぐ支流まで運ばれる。支流からピアーヴェ川に一気に流され、ペラローロ・ディ・カドーレという町まで丸太のまま運ばれる。この町では、丸太の刻印に注意しながら製材する丸太と筏に組む丸太に分けられる。製材された後、また刻印され、筏の上に載せてヴェネツィアまで運ばれる。筏の上には木材だけでなく、石、鉄、銅、食料なども積まれ、船の役割を担っていた。ヴェネツィア共和国崩壊後もこのシステムは続いており、１９３０年代まで続いていたという。

こうしたシステムを現在のヴェネツィアでも感じ取ることができる。住宅の梁材などに傷のような印の刻を見ることがある（図02）。おそらく製材後に刻印されたものだろう。この刻印は、住人にとってステイタス・シンボルで、お家自慢の一つとして紹介されることがある。こうしたわずかな痕跡でさえもヴェネツィアと周辺地域とのつながりを読み取れるのである。

02

ピアーヴェ川流域の木材は建材のほかに、地盤を固める木杭、航路用の木杭、アドリア海側の護岸用などヴェネツィアの日常生活を支える場面で使用されてきた。しかし、領土内の木材だけでは足りず、さらにほかから調達する必要があった。その地域の一つがブレンタ川の上流域である。ここは現在のトレンティーノ＝アルト・アディジェ州にあたり、かつてのヴェネツィア共和国の外であった。現在、避暑地あるいはスキー場として知られるサン＝マルティーノ・ディ・カストロッツァ、フィエラ・ディ・プリミエーロ周辺からヴェネツィアまで木材が運ばれていたのである。

ヴェネツィアに届けられた造船用の木材は国営造船所に、そのほかについては、ピアーヴェ川流域からの木材は北側のフォンダメンテ・ノーヴェに、ブレンタ

02 マッテオ・ダリオ・パオルッチ宅の刻印のある梁［撮影：陣内秀信］

川流域からの木材は南側のザッテレに届けられていた。デ・バルバリの鳥瞰図にも、北側と南側にそれぞれ筏が描かれており、木場であったことがうかがえる。また木場の近くには木材倉庫が数多く立地していた。現在は、木材倉庫だった大空間を活かしてレストランや図書館に転用され、空間を継続させながらも現代のニーズにうまく応えている。

木材のほかにも、マゼーニ（Maseni）と呼ばれる舗装用の石がパドヴァ近くの石切り場から、住宅や舗装のレンガはシーレ川沿いの町やメストレなどから運ばれていた。こうした日常的に必要な材料が本土から河川を通じて運ばれてきたのである。このような視点から都市の形成と発展を捉えることで、ヴェネツィアがいかに周辺のテリトーリオに支えられてきたのか新たな側面を描き出すことができる。ヴェネツィアを歩けば、テッラフェルマとの密接な関係が見えてくるだろう。

（樋渡　彩）

参考文献

- 陣内秀信『ヴェネツィア──水上の迷宮都市』講談社、1992年。
- アルヴィーゼ・ゾルツィ『ヴェネツィア歴史図鑑──都市・共和国・帝国：697 ～ 1797年』金原由紀子・米倉立子・松下真記訳、東洋書林、2005年。
- 樋渡彩・法政大学陣内秀信研究室編『ヴェネツィアのテリトーリオ──水の都を支える流域の文化』鹿島出版会、2016年。

7

〈イタリア〉

トレヴィーゾ
――素朴な町の多様な水辺空間

ヴェネツィアから車で30分、北西に位置するトレヴィーゾは、シーレ川を通じて海の玄関口であるヴェネツィアと密接に関わってきた都市の一つである。その証に、現在でもヴェネツィア共和国の統治下であったことを表す獅子のレリーフが市壁や市門に飾られている。また、ヴェネツィアでよく見られるゴシック様式の窓枠が採用された建物も見られ、その影響が感じられる。さらには、通り名でもヴェネツィアとのつながりを思わせる。その例として「ブラネッリ通り」が挙げられる。この通りは、ヴェネツィア本島の近くに位置するブラーノ島で獲れた魚を売っていた商人がこの通りに住んでいたことから名付けられたといわれている。このように、ヴェネツィアとのつながりが随所に見られる町である。

しかし、この町は世界有数の観光都市ヴェネツィアとは違い、地元の住民の生活が見えるイタリアによくある素朴な町である。世界遺産のような特別なモニュメントもなく、日本からわざわざこの地を訪れる人も少ない。だが、トレヴィーゾにはヴェネツィアにも匹敵する、いやそれ以上の水の都市ともいえる空間が広がっている。その特徴は、何といってもゴーゴーと音を立てながら町のなかを水が駆け巡る様だろう。潮の干満によって水位が変化する程度の穏やかな水面に囲まれたヴェネツィアとは違い、勢いよく水が流れる様子は、初めてこの地を訪れた誰しもを圧倒させる光景である。その上、建物の下を水が流れている場合もある。こうした水の存在を町の至るところで感じ、町、建築、人と水が距離的にも精神的にも近いのがトレヴィーゾである。

また、この町の建築的特徴の一つに、柱廊（ポルティコ）を配した建物が多いことが挙げられる。中心部のメイン通りであるカルマッジョーレ通りには、両側にポルティコが並び、この通りそのものが半屋外のような空間となっている。ボローニャで見られるポルティコのように階高が高くないため、少し閉鎖的で、まるで建物のなかにある廊下を歩いているかのような感覚になり、どことなく守られているような安心感もある。建築要素の一つに過ぎないポルティコだが、これが連続することにより、その建物群が大きな一つの建物かのように感じられる。ブラネッツリ橋付近では、この独特な空間をつくり出すポルティコが運河沿いに並び、いかにもトレヴィーゾらし

01 ブラネッツリ橋から見たカニヤン・デ・メッツォ沿いの水辺

い風景をつくり出している（写真01）。

こうしたモニュメントではなく、町そのものの魅力を醸し出すトレヴィーゾの水辺空間をいくつか見ていきたい。

まず中心部の南側を流れるシーレ川の水辺を見ていこう。かつてシーレ川を介して、様々な品物がアドリア海からヴェネツィアを経由して、トレヴィーゾまで運ばれていた。シーレ川を上ってきた船は、市壁の内側に位置する港で荷を下ろし、都市内部へと馬車や荷押し車で運ばれていった。18～19世紀の絵には、係留された帆船や往来する小船、荷役など活気ある港の風景が描かれている。現在ここには、木が植えられ開放的な憩い空間になり、水辺散策を楽しむ人が往来している。

シーレ川を少し上ると、水力発電所の堰が設けられており、これより先には船で行かれないようになっている。ここでは、13世紀末から水車を利用した製粉が行われていたという。その昔、地中海からヴェネツィアに運ばれた小麦を船でトレヴィーゾまで運び、この場所で製粉した後、今度はシーレ川を下ってヴェネツィアへ運んでいたといわれている。その頃から今に至るまで、シーレ川の落水の音がこの空間を演出しつづけているのだろう。

さて、水車の話が出たところで、町の中心部に話を移したい。市壁内の水路にもかつて水車が設置されていた。その用途は主に製粉で、ほかには精米、紡績、製紙、搾油などであった。数多くの水車が設置されていたのは、トレヴィーゾの方言で大運河を意味するカニャン・グランドである。中心部を流れる運河のうち、最も幅の広い運河で、水車の遺構も多い。その一つに、サン＝フランチェスコ橋の上流側に、１８１１年の地図に描かれた水車小屋の位置とほぼ重なる建物がある。この建物に設置された水輪が、現在も水の流れに合わせて回転しており、現役だった本来の姿を留めている。その一方で、魚市場の下流に位置する水車小屋は完全にコンクリート造の現代建築へと置き換わってしまった。しかし、この建物にも、水輪が取り付けられている（写真02）。製粉としての機能を失い、水の流れに合わせて、ただただ回っているだけとはいえ、当時の記憶を今に伝える価値ある手法である。また別の建物には、水輪とそれを支える軸が保存されている。この建物の内部は冷凍食品店に利用されており、建物内部に入り込んだ軸がもはや陳列棚と同化しているのだ。こうした気取らない保存手法がトレヴィーゾらしさともいえる。

この大運河には、水側に正面を向ける建物が多く並んでいる。たとえば、1階にポルティコのある建物、ゴシック様式の開口部跡のある建物などである。これらはヴェネツィアで見られる形式で、その昔、水車を用いた産業が本格的に行われていない時代には、大運河から直接建物にアプローチできたのかもしれない。そしてフレスコ画の施された建物が大運河の表情をさらに豊かにしてくれる。

中心部を流れるカニャン・デ・メツォという中央を意味する運河についても見ていき

02 現代建築と製粉所の遺構［撮影：陣内秀信］

たい。この運河には、絵になる風景が数多く存在する。だがここで取り上げたいのは、観光客のみならず住民にさえも注目されない空間である。それは、サンタ＝マリア・デイ・バットゥティ広場周辺に近い水辺空間である。この辺りの運河沿いでは、建物の配水管と2階から煙突が伸びており、いわゆる建物の裏側がずらりと並んでいる。確かに風光明美な空間とは程遠いかもしれない。しかし、建物の裏側も一面に並ぶと面白い空間となる。同じ高さから煙突が出っ張り、配水管がリズミカルに並ぶ。まるで建物そのものがリズムを刻んでいるかのような独特な風景なのだ。この風景は、1階には飲食店や工房などの商業空間として、2階以上を住宅として計画された当時の都市型建築が生み出したものであり、用途と建物が結びついて形成された特徴的な空間である。このようにロジックを解きながら町を見ると、どこも価値ある風景に見えてくるだろう。

最後に中心部を流れるカニャン・デッラ・ロッジアとカニャン・デル・シレットという運河について触れておきたい。この運河に沿ってローマ時代の市壁があったとされている。その市壁の内と外を意識することで空間の違いが見えてくる。ローマ時代の市壁の内側にあたる右岸には、貴族や富豪の邸宅が立地し、裏庭も配する。そのため、右岸側は緑地が続いている。反対側の左岸は、ローマ時代の市壁の外にあたり、間口の狭い低層の住宅が並んでいる。トレヴィーゾの水辺は多様な表情を見せてくれる。このように、町のなかに潜む遺構の発見や、空間の違いを意識することで、町そのものを楽しむことができるだろう。

（樋渡 彩）

8

〈イタリア〉

ベッルーノ
――山の小さなヴェネツィア

ベッルーノの中心部は川に突き出した半島のような台地の上に広がっている。川沿いの町といっても、川と町の中心部の高低差は約50ｍもあり、シーレ川流域のトレヴィーゾ、バッキリオーネ川流域のヴィチェンツァやパドヴァの立地とは大きく異なる。ベッルーノでは、９８０年頃には城塞が築かれたとされており、ピアーヴェ川を監視するには好条件だったことがうかがえる。そんな高台に形成されたベッルーノだが、「山の小さなヴェネツィア」と呼ばれるほど、ヴェネツィア共和国の影響を色濃く残す町である。ベッルーノの町なかにどんなヴェネツィアがあるのか探ってみたい。

ベッルーノの中心部はすでに10世紀には市壁で囲まれていた。幾度かの再建を経て、現在ではドゥオーモの南西に遺構を見ることができる。またドイオナ門、ルーゴ門は今でも町の玄関口として機能しており、この二つの門を結ぶ通りが、ローマ時代から続くメイン通りであったという。ドイオナ門から中心部に入ると、リアルト通りに出る。「リアルト」の名はヴェネツィア本島にあるリアルト橋やリアルト市場を想像させる。そしてリアルト通りをさらに進むと、市場を意味するメルカート広場にたどり着く（写真01）。今でもその機能が続いており、果物や野菜の露店の並ぶ、色彩豊かな空間である。ここにはカフェのテラス席もあり、人々の憩いの場となっており、都市の賑わいが感じられるまさにヴェネツィアのリアルトのようである。メルカート広場に面する建物には、獅子のレリーフが飾られ、ヴェネツィア共和国の統治下であったことを今に伝えている。さらに三連アーチ窓やフレスコ画といったヴェネツィアの影響が感じられる。

さて続いてはドゥオーモ広場である。先に述べたメルカート広場とは違い、ドゥオーモ広場は、教会、県庁舎、市庁舎、公会堂といった公共施設に囲まれている。こうした都市の機能を空間で分ける方法は、ヴェネツィアでも見られる。政治的中心のサン＝マルコ広場と経済的中心のリアルトのように分かれ、中世から行われてきた方法なのである。

ドゥオーモ広場に面して建つ県庁舎には、1階には開放的なポルティコが、2階には連続アーチの窓が設けられている。この建物には、1409年建設後、ロンバルディア様式のロッジアが増築された。1

01

01 獅子のレリーフが飾られるメルカート広場

496年にはヴェネツィア出身のジョヴァンニ・カンディによって拡張が計画された。そして1536年から1547年に時計塔も増築され、今日のような姿になった。

県庁舎の時計塔はヴェネツィアのサン゠マルコ広場の時計塔に似ているが、こちらにはヴェネツィア共和国を示す獅子の彫刻がない代わりに、時計の四隅に獅子の顔を模したような彫刻が飾られている。

次に取り上げたいのはパラッツォ・ロッソと呼ばれる現在の市庁舎である。広場の端で目立たない場所に立地しながらも、赤茶色の外壁が存在感を与えている。正面にはゴシック様式の連続アーチ窓が施され、内部構成も三列構成が採用されている。もしも市庁舎の正面に運河が流れていれば、まるでヴェネツィア本島の中央を流れるカナル・グランデ沿いにいるかのような気分になるだろう。

このようにベッルーノの町を見ていくと、まだまだヴェネツィアの影響を感じる建物が立地している。たとえば、メッツァテッラ通り沿いに立地するパラッツォ・パガーニは、赤色の外壁で、2階にはヴェネツィアで見られるゴシック様式の二連アーチ窓が設けられ、窓の縁にも細かい彫刻がなされている。この通りにはヴェネツィアの建築要素であるポルティコやフレスコ画などが見られる。また、2階が張り出すタイプの建築もあり、ヴェネツィアの店舗兼住宅に用いられる建築タイプに似ている。

こうしたヴェネツィアの建築要素と共通するものは市壁の内側だけでなく、外側にも存在する。1690年の鳥瞰図にも描かれているように、すでに市壁の外側に市街地が形成されていた。その鳥瞰図を見ると、現在のマルティリ広場に沿ってポルティコのあ

02 ボルゴ・ピアーヴェの街並み［撮影：陣内秀信］

る建物が並んでおり、今もなお広場に面してポルティコが連続している。その並びに、ヴェネツィア本島内にもあるサン＝ロッコ教会が立地している。カッレラ通りの角地にある16世紀建設のパラッツォ・バルチェッロニなどもヴェネツィア風の半円アーチ窓が施されている。パラッツォ・ドリオニは1階にポルティコ、2階に四連窓が用いられており、これほどまでに町の至るところでヴェネツィアを感じる都市も珍しいだろう。

最後にベッルーノの中心部の麓にある、ボルゴ・ピアーヴェと呼ばれる集落について触れておきたい（写真02）。この集落は1690年の鳥瞰図にも詳細に描かれ、ベッルーノにとって重要な存在であったことがうかがえる。現在、ベッルーノの観光用の地図にも紹介されている。ボルゴ・ピアーヴェは、ルーゴ門から市壁の外側に出て、ルーゴ通りを下ったピアーヴェ川沿いに位置する。ピアーヴェ川の中流域の多くの町がベッルーノの中心部のように高台に立地しているのに対し、ここはなぜこれほどまでに危険な川辺に立地しているのだろうか。その疑問を解き明かすには、集落の本来の役割を考える必要がある。

ピアーヴェ川の上流には広大な森が存在し、そこから土地の造成や造船、住宅建設などに必要な木材が筏に組まれてヴェネツィアまで運ばれていた。筏を操る人のことを筏師と呼ぶが、その筏師および筏が

02

立ち寄る場所がボルゴ・ピアーヴェだったのである。というのも、ピアーヴェ川では、複数の筏師組合によって、リレー方式で筏が運ばれていた。筏の上には製材された木材以外にも、鉄、石、炭、食料など様々なものが積まれ、筏は船の役割を担っていたのである。その筏を次の筏師に引き継ぐ場所がボルゴ・ピアーヴェであった。つまりここはいわゆる川港の役割を担い、海洋都市国家ヴェネツィアの発展を支えてきたといえるほどに重要だったのである。さらに、ここには、筏師組合の拠点であるサン゠ニコロ教会が立地し、早くも14世紀には、ピアーヴェ川を通過する筏に対して徴税が行われていたという。現在、その役目を終えているが、サン゠ニコロ教会では毎週日曜日にはミサが行われ、この村の拠り所として生き続けている。

そのほかにも、ボルゴ・ピアーヴェには木材輸送の拠点だったかつての姿を思わせるいくつかの遺構があり、木材輸送で繁栄した集落の豊かさを物語っている。小さい集落ながらも木材輸送の拠点として、ベッルーノの経済を、そしてヴェネツィアの繁栄を支えていたことが感じられる。こうしたヴェネツィアの発展をひも解く鍵がベッルーノには隠されているのである。

（樋渡　彩）

9

〈イタリア〉

ウルビノ

――歴史と自然が育んだ理想都市

イタリア中部マルケ州の内陸部、アドリア海沿いの主要都市ペーサロから30㎞（バスで約1時間の距離）の位置にウルビノはある。お世辞にもアクセスしやすいとは言い難く、ウルビノという街を知る人は少ないかもしれない。しかし、ぜひ一度は訪れてほしい街の一つである。

ウルビノはローマ時代に起源を持ち、ローマとリミニを結ぶ街道沿いの二つの丘の上に築かれた丘陵都市だ。都市名のウルビノは、二つの都市を意味する「Urbs Binos」という言葉に由来する。ローマ時代、まず小さい方の丘の上に都市が形成された。その後、数回にわたる都市の発展と共に、もう一つの丘に市街地が拡張されていった。やがて中世には、現存する城壁や城砦の位置が都市の境界線となった。そして、ルネサンス期の都市改造によって、現存する貴重な建築遺産が建設された。歴史的地区は1998年に世界文化遺産に登録されている。

ウルビノのルネサンスを物語る際、フェデリコ・ダ・モンテフェルトロとフランチェスコ・ディ・ジョルジョの二人が話題に上る。前者はルネサンス期ウルビノの繁栄を築いた君主、後者はルネサンス期にイタリア各地で活躍した建築家だ。ウルビノの宮殿と城砦を建設する際に、フランチェスコ・ディ・ジョルジョを招聘したのは必然だったといえよう。世界文化遺産としての価値を認められるドゥカーレ宮殿を核とする歴史的地区はこの二人の知と財で築き上げられた。芸術のパトロンとして知られるモンテフェルトロは、優れた軍人でもあった。城塞建築のスペシャリストであるフランチェスコ・ディ・ジョルジョは、モンテフェルトロの庇護の下、ウルビノで独自の建築論を著した。ドゥカーレ宮殿は、その理論を体現する建築といっても過言ではない。ファサードのトリチーニと呼ばれる二つの尖塔がドゥカーレ宮殿のトレードマークだ。トリチーニはカトリックの聖地ローマに正面を向けているという。ウルビノの街中では、メルカターレ広場から、荘厳なファサードを真正面から捉えることができる。もう一か所のおすすめのビューポイントは、歴史的地区の北側、丘の頂にあるレジスタンス公園である。街全体を見下ろすこの場所からは、ドゥカーレ宮殿とドゥオーモのクーポラと鐘楼が描き出す美しいスカイラインを臨むことができる。

01 メルカターレ広場から見上げたドゥカーレ宮殿

現在、ドゥカーレ宮殿は、国立マルケ美術館となった。ラファエロ、ピエロ・デラ・フランチェスカらの名画が収蔵されている。精緻な遠近法が用いられ、中央軸線上に正円型の様式建物を配した左右対称の建築・都市空間が描かれた《チッタ・イデアーレ》（日本語では理想都市）も見逃せない作品である。ドゥカーレ宮殿の建築自体も見どころは多い。白い大理石に囲われた窓、内部空間に施された装飾。一面に寄木細工が施されたモンテフェルトロ候の書斎は必見だ。ドゥカーレ宮殿には地下空間が存在する。高低差のある斜面地を活かして、地下空間が配されていった。かつては、ドゥカーレ宮殿から、前述したメルカターレ広場まで地下空間を通じて行き来することができたそうだ。その接続関係は、近代化の都市改造によって失われてしまったのだが、古文書の記録を手掛かりに行われた戦後の調査でその一部が発見された。螺旋状の斜路で、フランチェスコ・ディ・ジョルジョによる設計と考えられている。現在はメルカターレ広場からドゥカーレ宮殿の足下へ人々を誘うゲートウェイになっており、ルネサンス期の宮殿の地下空間を追体験できる。

ウルビノを訪れる際には、ドゥカーレ宮殿以外の建築と街並みも楽しんでいただきたい。歴史的地区内は、大小様々なスケールの建築で構成されており、

02 戦後に発見されたフランチェスコ・ディ・ジョルジョの斜路

中世の雰囲気を残す街並みは非常に美しい。小さなスケールの庶民用住宅も見どころの一つだ。小住宅には小ぶりな庭園や菜園が備えられている場合が多く、人工的な都市環境の中に埋め込まれた小さな緑には野鳥が訪れる。早朝に街中を散策すると、野鳥のさえずりが心地よいBGMを奏で、上り坂の足取りを軽くしてくれる。下り坂に差し掛かると、街の外に広がる美しい田園風景が視界に入る。

ウルビノの周囲には、緩やかな丘陵が延々と連なる。ウルビノをバスで訪れる際、緑の中を走り抜けるのだが、車中で田園風景の美しさをあまり感じることができないのが残念に思う。しかし、来訪者が最初に辿り着くバスターミナルは、周囲の田園風景を眺めるのに絶好の場所にある。最上階から街の周囲を眺めると、幾重にも連なる丘陵がはるか遠くに広がる様子が見られる。ちなみに、このバスターミナルは日本人建築家渡邉泰男氏によって設計されたものだ。その渡邉氏の運転で、緩やかに連なる丘陵の尾根線をなぞって走る道路をドライブしたことがある。美しい田園風景を眺めながらの小1時間のドライブはあっという間に終わりを迎えた。この経路を路線バスが通過するようになれば、ウルビノを訪れる楽しみはさらに大きくなるに違いない。田園風景は見て楽しいばかりでなく、ウルビノの食文化を育み、支える背景でもある。ポルチーニ茸がマルケ州の代表的な食材で、街中の郷土料理をふるまうレストランではどこでも食べる

03 庭を配した庶民用の住宅は野鳥のオアシス
04 バスターミナル屋上から街の周囲に広がる田園風景を眺められる

04

ことができる。食は旅の楽しみの大定番であるが、その文化を育む自然と歴史を一緒に味わうことができることも、この都市の魅力だと思う。

ところで、ウルビノの人口は、周辺の集落を含めて約1万5000人である。ウルビノの街を訪れると、一地方の小さな街にしては随分と沢山の若者が存在することに気づく。その秘密は大学にある。ウルビノには、500年超の歴史を有する由緒あるウルビノ大学（前述のフェデリコ・ダ・モンテフェルトロの息子グイドバルドによって創設された）があり、人口とほぼ同数の大学生が登録している。歴史と自然に囲まれたウルビノでの学生生活とは、何と贅沢だろうか。学生たちが醸し出す自由な気風が加わって、芸術の都は、普段着でも心地よく過ごせる雰囲気を持っている。彼らが創りだす風景もまたウルビノの魅力の一つである。

（清野 隆）

参考文献

- 渡邉泰男ほか「建築と都市空間の保存と再生 〈特集〉Urbino──デ・カルロによる古都の活性化」『SD：Space design：スペースデザイン』229号、1983年、14～44頁。
- 加藤晃規「イタリアの景観まちづくり──ウルビノからアッシジまで」『都市問題研究』58巻、3号、2006年、17～34頁。

コラム 2

ウルビノのコミュニティ・アーキテクト　G・デカルロ

かつては、一人の人間の意向で、ある種の理想都市が建設されることがあった。時代は変わり、現代ではそのようなことはほとんどありえない。しかし、都市の姿を語る上で、欠かすことができない人物、コミュニティ・アーキテクトが存在する場合がある。コミュニティを熟知し、コミュニティのために、コミュニティで活動する建築家をコミュニティ・アーキテクトと呼ぶ。ウルビノの現代を物語るとき、コミュニティ・アーキテクトの先駆であるイタリア人建築家G・デカルロ（Giancarlo De Carlo, 1919〜2005）の存在が浮かび上がる。

1919年生まれのデカルロは、ヨーロッパ激動の時代をパルチザンとして過ごし、戦後に建築教育を受けて、建築家、都市計画家として大成した。彼は近代建築運動によって極端に専門化し、矮小化した建築を、再び「社会的な」存在として位置づけようとし、建築とその実践の場である都市に人生を費やした。第二次大戦中にパルチザンとして山に籠っていたとき、近代建築の巨匠コルビュジエの作品集を参考に独学で建築を学び始めたというエピソードは非常に興味深い。デカルロはコルビュジエの建築と芸術を称賛する一方で、その信奉者の教条主義を批判した。どれほど素晴らしい理論や方法であっても、通り一遍に倣った建築と都市は、多様な人々にとってよいものにはなりえない。ましてコミュニティの暮らしの舞台にもなりえない。

デカルロは、1950年代初頭から、その生涯を閉じる2005年までの50年超にわたって、ウルビノに携わった。彼は、ウルビノで二つのマスタープラン（都市の目標像を示す計画をさす）を策定し、歴史的環境と自然環境を保全しながら、衰退するウルビノを再生させる仕組みを整えた。同時に、都市を再生させる原動力となる建築を多数手がけた。その戦略は功を奏し、現代のウルビノは観光都市と大学都市の二つの特徴を持つようになった。その功績を讃えて、ウルビノはデカルロに名誉市民の称号を与えている。そして、彼のウルビノでの功績は、近代建築の巨匠コルビュジエの「輝く都市」を超越したと称されている。ユネスコ・ホームページによる世界文化遺産ウルビノ歴史的地区のページでは、デカルロの近代建築である学生寮の写真が紹介されていることは興味深いものだ。

G・デカルロ
［提供：Fundazione Ca'Romanino］

伝統と刷新。デカルロの建築と都市をめぐる思想は、ウルビノに携わり始めた当初から一貫している。伝統は、絶えず刷新されることによって、後世に継承されうる。ルネサンスの芸術美術は、どれほど素晴らしいものであっても、それを活かす知識と技術がなければ、荒廃してしまう。デカルロは、ルネサンス都市ウルビノの建築遺産を後世に伝えるべく、「内と外」を使い分けながら、歴史的地区に大胆に手を加えていった。文化財として高い価値を持つ建築は、修復を施し、その形態と価値を保つ。既に価値を失いつつある建築は、いわゆるリノベーションによって内部空間を改造し、新しい機能を与える。観光目的ではなかなか訪れることがないと思われるウルビノ大学校舎の中を覗いていただきたい。そこに、ウルビノが再生し、存続する上で必要とされた都市改造の痕跡を発見することができる。

しかしながら、彼の活動の全てがウルビノに受け入れられたわけではない。ある意味でラディカルな思想と手法は、時に、ウルビノ市民に理解されず、波紋を呼んだプロジェクトも存在する。ウルビノのドゥカーレ宮殿の足下にDataと呼ばれる場所がある。Dataは歴史、文化、景観の意味において、価値ある重要な場所だった。Dataは現代的な建築技術によって再生されようとしたのだが、その大胆な手法や完成後の外観に反対する声が上がった。ルネサンス都市ウルビノの文化的価値を損ねてしまうと。結果的には、反対派の意見を尊重して設計に変更を施すことになった。もちろん、Dataに賛成する人々も存在した。むしろその数は少なくなかった。ウルビノに尽力したデカルロならば大丈夫。そういった論調もあった。

歴史と伝統ある都市であるが故に、多様な意見が存在する。ルネサンス都市の文化遺産を、いかにして後世に受け継いでいくべきか。その答えは、専門家の頭の中ではなく、市民の心の内にある。決断するのは市民である。皮肉にも、デカルロのプロジェクトの是非が議論の的になったのだが、彼は案外冷静に状況を見守っていたかもしれない。デカルロは都市観測所としてDataを構想していた。それは、ウルビノ市民が、ウルビノの過去と現代を深く理解し、その未来を議論するための場所である。彼の意図が実現すると、ウルビノを想う人々が、ウルビノのことを熟知し、その知恵でウルビノの将来を議論できる場が形成されるようになる。そのようなウルビノを、デカルロは建築したかったのだろう。

（清野　隆）

デカルロが守ろうとしたのはこの風景と共にある人々の暮らしだった

10

〈クロアチア〉

スプリト

――にぎやかな廃墟

一言で言うと、スプリトは大変活気のあるにぎやかな廃墟である。常に部分的に崩れており、修復中であり、改築されている。それが日常である。人々は今も古代ローマ時代に建設された道や壁を使い、当時建設された塔に住んでいる。

ローマ皇帝ディオクレティアヌス（在位：284〜305）は、アドリア海に面した土地に巨大な離宮を建設し、退位後の305年からその生涯を閉じる316年までをそこで過ごした。離宮といっても単体の建物ではなく、縦215m、横180mの四角形の敷地に、カルド（南北の道）とデクマヌス（東西の道）を通し、複数の神殿、広場、居住区、さらには皇帝自身の墓廟まで建設されていた。下水施設も完備された、立派なローマ都市であったのだ。離宮は厚く高い石造の壁で完全に囲われており、四隅に塔を有していた。門はカルドとデクマヌスに対応して東西南北の4か所あったと考えられている。

皇帝の死後、離宮は行政施設として使用されていたが、7世紀前半にアヴァール族の侵入を受けた近郊の都市サローナの人々がスプリトへ逃れ、離宮に住み始めたと考えられている。それからというもの、人々は離宮を分割・増築・改築して住み続けており、21世紀の今も現在進行形である。

古代ローマ建築に住むとはどんなものだろうか。それを体験するべく、離宮南東の塔にある貸しアパートメントに宿をとった。大家の女性に案内され、木製の階段を上っていく。実際には、東の壁に張り付く形で塔の隣に増築された建物のようであるが、塔と一体化している。古代ローマの塔は今や完全な集合住宅と化している。宿となるアパートメントは塔の屋上レベルにあり、間取りは2ＬＤＫで、いたって現代的な造りだ。塔の屋上はテラスとして使用され、この集合住宅に住む人々が共有しているのだという。テラスの前にはアドリア海が広がり、リヴァと呼ばれる海沿いの道をそぞろ歩く人々の姿が見える。塔からはリヴァと並行して南の城壁が一直線に延びており、壁の外側には低層の建物が並んで張り付いている。カフェやレストランなのだ。かつてはアドリア海を見張る役割を果たした塔の屋上で、のんびりと洗濯物を干すのは不思議な気分だが、それがスプリトなのである。塔の東側を見下ろすと、市壁の隣に大きな青

01 南東の塔の集合住宅、最上階に宿泊した

果市が立っている。東の「銀の門」の前の市場だ。色とりどりの野菜・果物、数珠状につなげたにんにく、ダルマチア地方のチーズ、ハムなどが売られ、客を呼ぶ声が飛び交う。門は、北が「金の門」、西が「鉄の門」、南が「銅の門」と象徴的な名がついている。

複数の研究者が離宮建設当初の姿を描き出そうと試みており、いくつかの復元図が存在する。それらを参照すると、離宮はカルドとデクマヌスにより四つの区画に大きく分割されている。神殿や墓廟など記念碑的・公共的な性格の建造物、皇帝の居住区は海側（南側）の二つの区画に集められ、陸側（北側）の2区画には中庭を持つ邸宅型の建物が一つずつ建設されていたようだ。全体は実に整然と計画的に作られている。現在の航空写真を見ると、東西南北の軸は保たれているものの、土地が細分化され、いくつもの新たな街路が通り、後世に建てられた多くの建物で混みいっていることがわかる。複雑になったのは平面だけではない。アパートメントから離宮の内側を眺めると、ぽっかりと空いた地下が見え、人が歩いている。あの地下への入口は一体どこにあるのだろう。その横には、元は神殿と思しき教会の遺構が残されている。南の城壁の内側も人が歩いているが、外側のリヴァよりも明らかに数メートル高い所に地面がある。この街は縦に何層あるのだろう。写真を見返しながら考えると地面のレベルは四つくらいに分かれそうなのだが、次回訪れる時に断面をよく検証することにしたい。

離宮の中でも象徴的な場所であるペリスタイルに行く。ペリスタイルと

02 ペリスタイル、離宮の中心だった広場

は、列柱に囲まれた中庭型の広場のことである。スプリトのペリスタイルはカルドとデクマヌスの交差点に位置しており、三辺を列柱に囲まれた広場で、東隣に聖ドムニウス大聖堂が建つ。大聖堂は、ディオクレティアヌス帝の墓廟の転用である。八角形の聖堂で、入口に黒いスフィンクス像が鎮座する。聖堂外側の柱廊にも屋根がかかっていたはずだがすでに落ち、柱だけが建っている。ペリスタイルの西側には邸宅が建っているが、古代ローマの列柱をファサードとして取り込んでおり、完全に一体化している。城壁内の建物はどれもその中にいつか昔のアーチや柱、壁を含み込んでいる。

ペリスタイル正面に地上と地下への階段がある。階段を上ると、そこにはドームの抜け落ちたホール（ヴェスティビュール）がある。ここが皇帝居住区への入口だったはずで、居住区は地面より数メートル高い位置に造られていることになる。離宮建設当初は南の城壁が海と接していたと考えられているので、納得である。階段を下りると、見事な交差ヴォールト天井の大空間が広がっている。ここはスプリトの地底とも言える一番下の層だ。銅の門に通じており、海側に出ることができる。大空間からは東西に地下通路が続いており、さらに枝分かれして複数の部屋になる。ディオクレティアヌス帝の居住区の下に建設された広大な地下空間は、主にワインや食料の貯蔵庫として利用されたと考えられ、中世になり人が住んだ時代もあれば、貯水槽や下水として利用されていた時代もある。現在は博物館として公開され、その中をさまようことができる。真夏だがひんやりとしており、ところどこ

03 スプリトの地下は広い

04 地下から地上にかけて石積みと歴史が重層する

ろ水が滴っている。井戸か水瓶かわからないが深く水を湛えた穴があり、皆が投げ込んだ硬貨が底で光っている。しばらく歩いていくと、空の見える場所に出た。アパートメントから見えた地下だ。スプリトはどことどこがつながっているのか、体感しないとわからない。その立体感は平面の地図を見ただけでは想像もつかない。

最後に、建築家アルド・ロッシが『都市の建築』ドイツ語版への序文（1973年）でスプリトに言及した部分を抜粋しておきたい。「スプリトの街は、ディオクレティアヌス宮殿の城壁内で成長し、変え難い形に新しい使い方と新しい意味を与えた。これは建築にとって、また建築と都市との関係にとって象徴的である。そこでは、機能の多様性へとつながる順応性が徹底的に限定された形で調和しているのである」。（早坂由美子）

※内容は全て筆者自身の観点に基づく私見であり、何ら大使館の意見を代表するものではありません。以下、第11、12、54、55章およびコラム3、12、13についても同様。

コラム3

フヴァル島のスターリグラード平原

スプリトからカタマラン（双胴船）で約1時間、フヴァルの港に着く。クロアチアは南北に細長くアドリア海に面しており、沿岸には数百の島が存在する。フヴァル島は大きな島で、小さな町が八つ存在する。島最大の町は島名にもなっているフヴァルで、プライベートのクルーズ船が多いリゾート地だ。

この島へ来たのは、フヴァルの町を見るためだけでなく、古代ギリシャのグリッド状の耕地が残るスターリグラード平原を見ようと思ったからだ。島の北側の港町スターリグラードと同じく港町であるヴルボスカの間に広がる耕地をスターリグラード平原と呼ぶ。現在もオリーヴ、ブドウ、イチジクが栽培されており、古代には小麦も栽培されていたという。地形図を見ると、山がちなフヴァル島の中でこの二つの町の間のみが平野である。古代ギリシャの人々はそれを見逃さず、耕地として開拓した。スターリグラードはファロスと呼ばれた古代ギリシャ植民都市であり、平原の耕地では古代に敷かれたグリッドが現代まで受け継がれているのが特徴であるとされる。航空写真を見る限り、確かに大きくグリッドが敷かれているが、どの程度が古代ギリシャ時代に由来するのかは、今後調査してみなければわからない。

スターリグラードの町でマウンテンバイクを借りる。町を抜けてすぐに赤茶けた耕地が始まる。スターリグラードとヴルボスカを結ぶ真っ直ぐな砂利道の左右にグリッド状に割られた耕地が広がる。境界は背の低い石垣で区切られているが、すべてではない。グリッドの中が不整形に区切られているところもある。石垣の石は割りっぱなしで黒っぽい灰色であり、ところどころ赤茶けている。この島の岩山と同じ色なので、岩山から採石しているのだろう。フヴァルの町からスターリグラードに来るまでの間、バスから見えた山の斜面にも石がたくさんあった。

石垣であったり、石垣が崩れたと思しきものであったり、石の集積所のような場所もあった。以前は山の斜面に至るまで、より広大な耕地が広がっていたのではないだろうか。

太陽が照りつける午後とあって誰もおらず、車も滅多に通らない。マウンテンバイクで風を切って颯爽と平原を走り抜けるイメージでやって来たのだが、実際は爽快さとは無縁であった。土と砂利の気が遠くなるような一本道を、ハンドルをとられないよう必死に走る。良い場所で写真を撮っては走る、この繰り返しである。オリーヴの木が整然と植えられ、ブドウの棚が並んでいるが、すべての土地で栽培されているわけではない。手入れがされている土地、荒れている土地など様々だ。途中、イチジクの木が道にはみ出しているところもあった。大きな交差点で進路を北にとり、左に曲がる。横道は狭く、左右に石垣が築かれ、門を備えた耕地もある。これらの耕地は、誰がどのように所有しているのだろうか。石垣の延長のように、石を積んで作られた小屋があった。納屋だろうか、屋根も石で葺かれている。横道は木の根が張り、岩でごつごつした山道であり、平原とは名ばかりの坂ばかり、上り下りの連続であった。

マウンテンバイクで実際にどれくらい平原のグリッドを実感できたかというと、道沿いは茂みも多く見晴らしに欠けるので、結果としては難しかったと言わざるを得ない。一本道の途中にフヴァル空港という名のただの空地があり、小型飛行機が数機停まっていた。グリッドはどうやら飛行機で上空から見なければならないらしいというのは、後から聞いた話である。

（早坂由美子）

スターリグラード平原の石垣と石造の小屋

11

〈クロアチア〉

ドゥブロヴニク

──アドリア海の都市国家とユーゴ内戦

港の青い透明な海に、いくつもの小舟が規則正しく並んでいる。浅瀬で、海底に船の影が落ちるのが見える。オレンジ色の瓦屋根がぎっしりと並び、分厚く堅牢な城壁に囲まれた立派な街。物語からそのまま抜け出してきたかのような姿。何世紀もの間、都市国家としてアドリア海に君臨したその街は、当時の繁栄そのままの外観を今も保ち続けている。それがドゥブロヴニクである。

旧市街を囲む全長約2㎞の城壁の上を歩いて一周する。ドゥブロヴニクを訪れたのは7月の末で気温は39度、太陽が容赦なく照りつけていた。街全体を俯瞰するには城壁に上るのが一番と歩き始めたものの、日陰のない城壁を歩き続けるのは実に体力を消耗する。南側には真っ青な海が広がり、北側には急峻な黒い岩山がそびえる。岩山からほんの少し海に突き出した土地に都市が形成されている。城壁の中に余白なく組み合わせられた街路と石造りの建物、たくさんの窓と屋根に敷き詰められた無数の瓦。都市がこの形にたどり着くまでに、どれくらいの時間と歴史が必要なのだろう。

ドゥブロヴニクは、アヴァール族の侵入を受けた古代ローマの都市エピダウルス（現ツァヴタット、ドゥブロヴニクの南東約10㎞）から逃れた人々の手によって、7世紀に基礎が築かれた。ビザンツ帝国とヴェネツィア共和国の統治を経て、1382年に「ラグーザ共和国」という名の都市国家として独立した。15世紀から16世紀には、地中海とバルカン半島をつなぐアドリア海の重要な交易拠点として大いに繁栄したのである。

旧市街への主な出入口は、二つの門と港である。港は旧市街の東側にあり、両端に据えられた城塞が港を入江のように囲い、守っている。港から真っ直ぐプラツァと呼ばれる幅広の目抜き通りが東西に走り、大きな噴水のある西のピレ門にたどり着く。プラツァは城壁の中で最も海抜が低いところを通っており、この通りを中心に南北どちらも上りになる。実は、このプラ

01 小舟が並ぶドゥブロヴニクの港

ツァは12世紀後半に埋め立てにより造成された通りである。元々、南側は独立した一つの島であり、北側は本土であった。最初に南側の岩山のような島に城壁が作られ、都市化していったのだが、人口も交易も次第に増えて手狭になったため、浅瀬であった部分を埋め立てて目抜き通りと新しい街区、港を建設し、本土と一体化させたわけである。なかなか思い切った大工事だ。したがってドゥブロヴニクの平らな部分は、昔すべて海であったと思ってよい。

同じダルマチア南部の都市コトル（第12章）と同様に、旧市街は城壁に守られ、門付近に修道院がある。城壁の強固さは違うが、構成は同じだ。港に向かって海の門があり、総督邸が隣接している。総督邸の周りに大聖堂やスポンザ宮（現公文書館）、聖ヴラホ教会など重要な建築物が集中しており、それらに囲まれてロッジアの広場がある。現存しないが、ここにはロッジアと言われる石造りの東屋があったとされる。商人をはじめ各地から集まってきた様々な人々が情報交換をする最も重要な社交の場であった。こういう場所が社会にとっても歴史にとっても大きな意味を持つ。

コトル同様、ドゥブロヴニクも1667年の地震で大きな被害を受けている。そのため、市街地の建物は地震以後のものが多い。17世紀半ば以降の端正で平面的なファサードは、階高や窓の大きさ、デザインも揃っており街並としては美しい

02 岩山から見下ろすドゥブロヴニク旧市街

が、少し物足りなく感じる。プラツァ北側の階段のある小道は魅惑的だが、どれもそんなに違わない。逆に、歴史も古い南側はコトル同様、街路も入り組んでおり、より中世的性格が強く残されている。歩くのが好き、そして迷うのが好きならば、楽しいのはやはり南側であろう。小さな水場で水を汲み、石畳で涼んでいる猫とすれ違う。階段、坂道、小さな庭、建物が高低差を利用してうまく組み合わされている。城壁を歩いていても、南側は都市の隙間のようなものがよく見えて面白い。城壁沿いの家々は、城壁との間にロープを渡して洗濯物を干したり、城壁とのわずかな隙間に庭を作ったりしている。屋上に庭を作り、城壁から直接出入りできるようにしている家や、崩れたまま放置された廃墟もある。居心地の良さそうな緑溢れるバルコニーや細い道を行く人々を城壁の上から眺めるのも面白い。南側の特別な建築として、穀物倉庫（ルーペ）を挙げておきたい。15世紀初頭から飢饉に備えて穀物貯蔵用の穴蔵を掘り始め、それが建築化されたのが穀物倉庫である。床に四角い穴が開けられており、その穴から下の階の貯蔵庫に穀物を入れることができるようになっている。

ドゥブロヴニクには他にも1667年の地震以前の古い建築が残っている。最も古いのは、ピレ門の手前にあるフランシスコ修道院の中庭の回廊である。14世紀の後期ロマネスクの姿を今も保ち続けており、華奢な円柱に支えられた半円アーチを巡らせた柱廊を見ることができ

03 オレンジ色の瓦屋根がきっしりの旧市街

る。修道院内には、1317年に開業した薬局もある。スポンザ宮のファサードに見られるヴェネツィアン・ゴシックの窓や、総督邸ファサードの15世紀中頃の柱廊からも往時を偲ぶことができる。総督邸は、イタリアから建築家を呼んで建てられており、ここにもアドリア海を挟んでイタリア半島との密接な関係が見られる。

ケーブルカーに乗って旧市街の背後にそびえる岩山の上に行くことができる。ドゥブロヴニクを一望できる絶景の場所だ。同時に、ユーゴ内戦を思い起こさせる場所でもある。岩山の上には19世紀のナポレオン治世下に築かれた要塞があり、現在はユーゴ内戦博物館となっている。1991年秋から1992年5月まで、ドゥブロヴニクも激しい交戦地となり、多くの建造物が砲弾の被害にあった。博物館には被害を受けた旧市街の建物をマーキングした地図が展示されている。1995年の内戦終結後、ユネスコとEUの援助により大規模な修復が行われ、現在のドゥブロヴニク旧市街では内戦の面影を直接感じることはない。唯一、建物に比して新しい瓦屋根の数々が修復されたことを物語る。しかし、これほどの観光地として復興したのはごく最近で、2000年代半ばまでは、岩山に徒歩で登るのは、地雷が埋まっているため危険であったと聞く。岩山の上、内戦博物館の背後には見渡す限りの平原が広がっており、その茫漠とした風景を眺めるとき、ドゥブロヴニクとアドリア海の美しい風景とともに、内戦の事実を思い知らされるのである。

（早坂由美子）

12

〈モンテネグロ〉

コトル
——港の奥に佇む街

アドリア海沿岸では、海岸線まで迫る岩山と海との間のわずかな土地に都市が築かれている。コトルはモンテネグロの港街で、崖のように険しい岩山と海の間の小さな三角形の土地に建設された都市である。ほとんど湖のような深い入江であるコトル湾の最奥に位置し、海からも山からも守られ、中世には理想的な立地であったと言える。アドリア海沿岸の多くの都市がそうであったように、1420年から1797年までコトルもヴェネツィア共和国の統治下にあり、中近世を通して交易により繁栄した都市であった。

バスに乗ってモンテネグロの山を越え、コトルに着くと、港に巨大な豪華客船が停泊していた。小さなコトルの街の全人口が収まりそうなほど大きな船だ。夏のアドリア海では、どこの街の港にも豪華客船が停まっており、出航時には汽笛が街中に響き渡る。到着したのは朝で、通りでは猫が漁師からもらったと思しき小魚を食べていた。海の街だ。

三角形のコトル旧市街は、背後が岩山、一辺が海、もう一辺が山から海へと注ぎ込む小さな川に面している。海と川に面して堅牢な市壁が建設され、市街地は外部から堅く守られている。市壁はそのまま背後の聖イヴァン山へと続き、頂上の要塞を含み込み、岩山と市街地をぐるりと囲む構成になっている。市街地へ入る門は三つあり、二つは橋を渡って入る門、一つは都市の正面玄関となる海の門である。三角形の土地に、石造りの4～5階建ての建物がぎっしりと建ち並び、オレンジ色の瓦屋根をのせている。石造りの建物にオレンジ色の屋根は、アドリア海沿岸ダルマチア地方のどこにも見られる風景だ。

コトル旧市街は実に小さい。しかし、小さいがゆえにアドリア海都市の要素が凝縮した良い例でもある。ドゥブロヴニクと共通する都市構成を持っているところもまた興味深い。試みまでにドゥブロヴニクとの共通点を見てみると以下のようになる。石造りの市壁が市街地を囲み、市壁内への出入りは限られた数の門を通じて行われる。陸側の門付近には修道院が配置され、これには都市を防衛する意味がある。修道院

はサンフランシスコ会かドミニコ会が多い。総督邸は海の門近く、都市の正面に置かれる。コトルの場合は総督邸と海の門が一体化している。有事の際、都市は閉じることができる。近世のアドリア海沿岸は、バルカン半島に勢力を拡大するオスマン帝国に備える必要があり、防衛は都市づくりにおいて非常に重要なポイントであった。これらは中世から近世を通じて行政・経済の中心地となったダルマチア地方の都市の特徴なのであろう。

旧市街の内部に目を転じると、曲がりくねった細い通りの連続であり、街区の形も様々で、さながら迷路である。小さいので、何回か歩くと全体が把握できるようになる。迷路の途中に、中世に起源を持つ教会や広場が点在する。聖トリフォン（トリプン）大聖堂以外の教会は皆小さく、佇まいが美しい。特に聖ルカ教会と聖アナ教会が目を引く。いずれも12世紀の建造で、内部は一廊のみでドームを頂くが、聖アナのドームは過去の地震によってすでに失われている。簡素とも言えるシンプルな外観のロマネスク様式であり、アドリア海を挟んで対岸の南イタリアの教会建築から影響を受けていると言われる。聖ルカ教会は、元々カトリックの教会として建造されたが、17世紀半ば以降は正教会の教会として使用されるようになり、奥の祭壇部分の手前にイコノスタシスが置かれた。イコノスタシスは正教会の教会に欠かせない要素である。複数のイコン（聖人画）をはめた屏風のような高い壁で、聖堂奥の聖域と一般信徒が使用するホールを分ける役割を果たしている。カトリックと正教会は同じキリスト教でも、教会建築も使用方法も異なる。バルカン半島は両者が交差する地域であり、聖ルカ教会は歴史的にそのことを

01 三角形のコトル旧市街と湖のように深いコトル湾

02 聖ルカ教会と広場

見せてくれる。

コトルには今もパラタやクーチャと称される邸宅が残っている。ピマ家やブチャ家といったコトルの古くからの有力者家系は海の門近くの、小麦広場に邸宅を構えている。パラタのほとんどが海の門付近や教会または広場に面しており、格の高さを窺わせる。邸宅の大半は甚大な被害を出した1667年の地震以後に再建されており、それ以前の姿を残すものは少ない。大聖堂近くのドラゴ邸はヴェネツィアン・ゴシックの飾り窓を残しているが、稀な例である。地震以前は、建築もより中世的かつヴェネツィア色が濃かったことが想像される。今それを目にすることはできないが、通りや街区の形は今に至るまで中世性を残していると言えよう。

どこの都市を訪れるときも、市街地を見渡せる高い所に上る。展望台であったり教会の鐘楼であったりするが、コトルの場合は、背後の聖イヴァン山であった。山の頂上に築かれた中世の城塞まで上る。北の橋手前にある旧市街の広場からグルボニャ家横の通りに架かる二重アーチをくぐり、細く急な道を上って行く。すぐに両側の建物がなくなり、石畳の石も粗めになり、本格的な上りになる。半分石畳、半分階段の隘路を行く。ところどころに崩れた砦の跡があり、道沿いにも部分的に壁が残る。中ほどに聖母教会があり、人々が涼んでいる。訪れたのは7月末であり、とにかく暑かった。こういうときに水分ほど貴重なものはない。途中3か所くらいで冷えたミネラルウォーターを売っていたが、頂上が近づくにしたがって値段が1ユーロ、1・5ユーロ、2ユーロと上がっていく。持参した水はすぐにぬるくなってしまい、最初は我慢していたものの、結局頂上付近で2ユーロの水を買ってしまった。よくできた商売だと感心する。しかし、水を売る彼らもクーラーボックスにたくさんのペットボトルを詰めてここまで上ってきているのだから、安値では売れないのだ。上りの途中から、コトルの絶景が見えてくる。三角に突き出した市街地にぎっしりと建物が詰まっている。青いコトル湾とそれを取り囲む山々が見える。頂上の要塞にはモンテネグロの国旗がはためいていた。

コトルは、1979年にも大地震に見舞われ、大きな被害が出た。地震を機に本格的な都市・建築調査が行われ、実測図面作成や文書調査が行われた。良い資料に恵まれているコトルは、今後、アドリア海都市研究を進めるうえで、大変良い題材となるであろう。

（早坂由美子）

13

〈アルバニア〉

ティラナ

——開発の進む首都の街歩きから

１９１２年にオスマン帝国からの独立を宣言したアルバニアにおいて、それまでは小さな町でしかなかったティラナが首都になったのは、１９２０年のことであった。アルバニア政府資料によるとティラナ市（Tirana Municipality）の面積は１１１９㎢で東京都全体の面積のおよそ2分の1、人口は、ややデータが古いが２０１１年センサスでは55万７０００人となっている。

ティラナの話に入る前に、皆さんが「アルバニア（人）」と聞いて頭に浮かんでくるものや言葉はどのようなものだろうか？　現在はティラナに住んでいるがアルバニア歴の浅い筆者のなかでは、当初は「貧困」、そして「鎖国」「ネズミ講」といったぐらいのキーワードしか頭に浮かばなかったのが、正直なところである。本書を手に取るような方々は、地中海やその一帯に関心を有しているであろうから、アルバニアと聞けば「独裁（者）」「共産・社会主義」「無神国家」であったり、はたまた「コソボ」「マザー・テレサ[*1]」といった言葉や名前が浮かぶのかもしれない。

さて、筆者がティラナに初めて足を踏み入れ、街を歩いてみてまず関心を覚えたものは、印象的な建物（群）や、魅力ある街づくりに向け都市問題・課題に取り組む様子であった。あちらこちらの通りで街路樹も多く、自転車レーンや公園も整備されつつあるなか、歴史を感じさせる街並みや建物も残っており、街づくりに大いに興味をもった。開発が進展している首都ティラナを見ていると、「貧困」という個人的印象は薄くなり、改めて調べてみると、世界銀行の統計で1990年代は貧困国であったのが、2008年には中所得国の仲間入りを果たしていた。もちろん、ティラナ郊外や地方部をさらに見ていくと、また印象は変わってくるのだが。

印象的な建物（群）

街歩きを進めていくと、共産・社会主義時代に建てられ、薄茶色の壁をした共同住宅があちらこちらに数多く残っていることに気づかされた。今では窓の外にエアコンの室外機が数多く見られ、周辺道路にはところ狭しと路上駐車されており、建物自体は当時の名残を残しつつも経済発展が進んでいる様子が垣間見える。かつてはヨーロッパのなかでも数少ない貧困国といわれ、当地で知り合いになった40代のアルバニア人からは、「自分が中学生の頃は、手のひらにのる程度のバターを、そんな一欠片《かけら》だけを配給で受け取るため、寒い冬でも

*1　父親がアルバニア系である。

01 そっちに何があるの？

朝4時頃から並んでいたんだ」と聞いたりもした。そうした時代を経て、１９９1年の民主化以降は投資も増え、とくにティラナでは住宅整備や不動産開発が進んでいる。

そんな歴史を物語る共同住宅群のなかで、唐突に、外観（ファサード）がカラフルに彩られた住宅に出くわし、ハッとさせられた。別の場所では、壁面に多数の矢印がペイントされた住宅が現れ、とても印象に残った。これは現在のエディ・ラマ首相が２０００年から２０１1年までティラナ市長を務めていた際に実施されたリノベーション事業の一つであった。同首相はもともと著名な画家で、彩をいかして街のにぎわいを出したかったのだろう。この事業には、彼のほかの施策とあわせて賛否両論あるようだが、街歩きをしていて非常に印象に残るものであることは間違いない。

今度は市内中心部に行ってみよう。ヨーロッパの典型的な都市形態ともいえるが、ティラナも市内中心部に広場があり、当地の英雄「スカンデルベグ[＊2]」の銅像（以前はスターリン像だった）を中心にスカンデルベグ広場と呼ばれている。この広場の周りには市役所、オペラ座、歴史博物館、アルバニア銀行といった施設が並んでいる。広場の南側には、有名な「ティラナのピラミッド」がある。この建物は、共産主義時代の独裁者エンベル・ホッジャの死後に、生誕80年を記念して建築家であった彼の娘によって建てられた。当初はホッジャ美術館として開館し、１９９1年の民主化後は文化センターや民間施設として利用されていたが、２０１2年頃からは使用されておらず、今では一部損壊している。再生案がこれまで多数提案されてきたものの、現時点でも最終的な計画は確定

＊2　15世紀にオスマン帝国に反旗を翻し一時期は自治を確立させた。

02 ティラナのピラミッド

していない。十分な管理もできておらず、建物の傾斜を利用して若者が滑り台のように使うなど、何とも寂しく、かつ危険な状態にあるのが残念である。

魅力ある街づくりへの取り組み

ティラナは一国の首都とはいえ、人口55万7000人（2011年）の中規模都市でしかない。他方で、民主化以降の住宅整備や不動産開発への投資といった都市開発圧力はきわめて高く、中所得国となったアルバニアの経済・社会発展のけん引役となっている。それにつれて都市問題も顕著となり、ティラナ市内の交通量が年々増加するなか、必要な交通インフラ整備が追いついておらず、交通渋滞が激化している。駐車場整備も遅れ、ヨーロッパの他都市でもよく見られるが道路の両側がびっしり路上駐車車両でうまり、本来であれば二車線以上確保されている道路が、一車線での往来となっている箇所も見られる。渋滞に起因する排気ガス等による大気汚染問題をはじめ、経済損失も大きい。

何か一つクリアすれば解決できる問題でもないとはいえ、手をこまねいていれば状態は悪化するばかりである。これに対して現市長は、スカンデルベグ広場の地下に大規模駐車場を整備し、自転車専用レーンの拡大も図っている。時間もコストもかかるが公共交通整備も待たれる。ほかに、二人乗り自動車（スマートカー）も街なかでよく見かける。コストや環境面だけでなく、駐車スペースの問題を含め利便性も評価されているのであろう。

03 住宅地での路上駐車の様子

最近の話題も一つ上げておくと、市内環状道路の拡張整備事業における立ち退き命令に対する抗議行動（デモ）が2018年11月より活発化している。事業地区では主に民主化移行の混乱期に建てられた住宅・商店が多く、所有権がない者には補償金が支払われないのが抗議の理由である。関連制度が曖昧なままで開発が進められてきたのが問題の一因でもあるが、対象住民と政府との対話がこれまでほとんどなかったといわれ、解決には時間が必要であろう。派生するように国立大学改善や看護師の待遇改善に関する抗議デモが全国に広がり、ティラナ市内では主要幹線道路で交通が遮断されるなど影響が出ている。政府は解決に向けて取り組む姿勢を見せているものの、抗議側は強硬な姿勢を崩していない。これに対し市民からは異論もあり、国家の成熟に向けた動きが、今まさにティラナを中心に起こっている。*3

ティラナの街歩きを進めてみて、都市計画を学んだ者としての関心から書いてきたが、開発投資が急激に進む現状で、住民だけでなくティラナの街を利用し楽しもうとする人々とともに、街づくりの観点でのルール作りほか、これから検討・実施が期待される事項は少なくない。時代の要請からすれば、ステークホルダーを巻き込んでの参加・コミュニケーションの場を増やすことも不可欠だろう。開発の進む主要地区や幹線道路沿いから横道をほんの一本入るだけで、ちょっとした露店や商店が並ぶなど、生活のにぎわいも風情もあり、それもまた街の魅力の一つである。街づくりに寄り添っていける人や組織を増やすことを、これからのティラナに期待したい。

（森川真樹）

04 ティラナを散策してみよう

＊3　2018年12月20日時点の情報による。

第Ⅲ部

ローマからプロヴァンスへ

14

〈イタリア〉

ローマ

――フォロ・ロマーノからカンピドーリオ広場への道

コロッセオの喧騒にうんざりしたら、コンスタンティヌスの凱旋門を横目に一回り小さなティトゥスの凱旋門に向かおう。巨大なマクセンティヌスのバシリカを見上げてヴィア・サクラ（聖なる道）を下り、アントニヌスとファウスティーナ神殿の緑の列柱を過ぎれば、石畳の広場にたどり着く。私たちはいま、古代ローマの首都機能を担った空間、フォロ・ロマーノの中心にいる。

そこから見上げるカンピドーリオの丘は壮観の一言に尽きる。セプティミウス・セヴェルスの凱旋門の背後には、凝灰岩の重厚な壁体とアーチからなる古代ローマのタブラリウム（公文書館）と、薄茶色の16世紀の市役所が一枚の巨壁のように聳え立つ。市役所の右手からは、サンタ＝マリア・イン・アラチェリ聖堂の13世紀の煉瓦壁が突き出し、その背後で1911年に完成したヴィットリオ・エマヌエーレ2世記念堂が白亜の

01 フォロ・ロマーノから見たカンピドーリオの丘

威容を誇示している。2000年を超える歴史の積層を一望にできる、「永遠の都」ならではの景観である。

古代ローマは、「七つの丘の町」とも呼ばれるように、テベレ川の東側に波打つ丘陵地帯に成立した。各丘の集落はやがてパラティーノの丘を中心に糾合され、紀元前8世紀半ばに伝説にいうロムルスのローマ建国へと至る。一方、丘に囲まれた湿地はクロアカ・マクシマと呼ばれる排水路により干拓され、政治や経済、宗教などの都市機能が集約された空間へと生まれ変わった。フォロ・ロマーノの誕生である。

地中海からアルプスを越えてブリタニアにまで広がる古代ローマ世界の都市は、ほとんどがフォルムと呼ばれる公共広場をもつ。通常のフォルムは、最奥に築かれたカピトリヌス神殿と周囲を取り囲む長大な列柱廊または付属のバシリカからなる対称性の高い長方形の空間で、都市機能を担う複合空間として計画的に造られる。しかし、首都ローマのフォルムは、丘陵の狭間という限定された空間でありながら、伝統と権威に満ちた場所として、長年にわたりローマの歴史を彩る記念的な建築活動が展開された。その結果、他の都市のような整然とした矩形の空間ではなく、多様な建築やモニュメン

01

トが競い合う渾然としたフォルムが成立することになった。

現在のフォロ・ロマーノは、共和政末期以降の度重なる改築と再整備の遺産である。カンピドーリオの丘に通じる西側では、ヴェスパシアヌス神殿とコンコルディア神殿およびサトゥルヌス神からなる一群の聖域の前に、セプティミウス・セヴェルスの凱旋門とロストラ（演壇）が立つ。フォルムを挟んで東側にあるロストラ・ユリアおよびカエサル神殿は、少し顔を背けるように斜めを向いている。また南側のカストールとポルックス神殿とバシリカ・ユリアに対して、北側のバシリカ・アエミリアと元老院のクーリアも大きく開くように斜めに並び、フォロの北側へ抜ける道筋を示していた。軸線の異なるファサード群が共存する景観は、ヘレニズム的な対称性や調和とは程遠い。しかし、この密集した建築群からなる不整形なフォルムこそ、古代ローマの活気と情熱の表れかもしれない。

共和政末期に早くもフォロ・ロマーノの限界を感じ、壮麗さと機能性を兼ね備えた新たな首都の姿を構想したのは、共和政そのものの限界をも予期したユリウス・カエサルであった。

カエサルは、旧フォルムの再整備を進めるとともに、さらに北側を拡張して新たなフォルム（フォロ・ユリアーノ）の建設に着手した。そのプランは、ウェヌス・ゲネリクス神殿を北端に据えて周囲に列柱廊を配し、明確な軸線と整然とした対称性に基づく壮大な計画であった。カエサル自身は事業半ばにして暗殺されてしまうが、彼の新たな都市計画の理念は、その後の皇帝たちに受け継がれていく。

ここでフォロ・ロマーノをあとにして、カンピドーリオの丘の東側に建設された巨大な皇帝たちのフォルム（フォーリ・インペリアーリ）に向かおう。遺構の一部しか見ることはできないが、ガイドブックの図面を見ながら全景を想像してほしい。

皇帝たちのフォルムは、カエサルのそれと同様に、列柱による長方形の空間の最深部に神殿を配置することで奥へ向かう軸線を強調し、その線と直交または並行するようにバシリカや関連する空間が左右対称に配置されている。軸線によって秩序化された空間の構成は、共和政国家から神格化された皇帝を頂点とするヘレニズム的帝国への変化を象徴するかのようだ。

列柱廊の背後には、エクセドラと呼ばれる巨大な半円の空間が開かれている。それらは直線的な列柱廊に奥行きと広がりを与え、広大な矩形の広場に力強い横の軸線を生み出す。これもローマ建築に組み込まれたヘレニズム的な要素であり、帝政期の公共浴場やニンファエウム（噴水）などに盛んに用いられた。フォーリ・インペリアーリ通りから見えるトラヤヌスの巨大な半円市場も、フォルムの半円空間を同心円状に拡大した多層建築であり、曲面の生み出す空間的な広がりと吸引力を今なお感じることができる。

ちなみに、皇帝たちのフォロを切り裂いて延びるフォーリ・

02 トラヤヌスの市場

インペリアーリ通りは、20世紀初頭にムッソリーニが建設させた道路である。古代ローマ帝国を理想とした彼は、その偉大な遺産を破壊することで自らの栄光の舞台を整えた。しかし、この通りを歩く現代の観光客のほとんどは、フォロの遺構やコロッセオの威容に感嘆こそすれ、足元の通りを建設した男を思い起こすこともないだろう。

最後に、フォーリ・インペリアーリ通りからカンピドーリオの丘に登りながら、フォロ・ロマーノから見上げたカンピドーリオの写真を見てみよう。重なり合う建築の群像のあいだの「断層」に気がついただろうか。古代ローマの遺構に対して、中世以降の建築群はすべてフォロ・ロマーノに背中を見せているのだ。都市ローマの中心であったフォロ・ロマーノは、古代末期以降の戦争や地震で崩壊し、教会や邸宅の建材として解体され、土に埋もれてカンポ・ヴァッチーノ（雌牛の原）と呼ばれる空き地となった。都市の中心はカンピドーリオの北西に広がるテベレ川沿いの低地に移動したのち、今度はヴァチカンを頂点とする教会都市として再び繁栄を取り戻していく。

16世紀に教皇パオロ3世の命を受けたミケランジェロは、フォロ・ロマーノを見下ろしていた市庁舎の向きを180度回転させて、現在のカンピドーリオ広場をデザインした。それは、ルネサンスの息吹のなかで生まれ変わった新たなフォルムに他ならない。明るく開けたカンピドーリオ広場に立って深呼吸しながら、背中合わせの新旧「フォルム」が象徴する都市ローマの衰退と再生に想いを馳せてみよう。

（高根沢　均）

参考文献

- Mark Wilson Jones, *Principles of Roman Architecture*, Yale University Press, 2000.
- Jon Coulston and Hazel Dodge, *Ancient Rome: The Archaeology of the Eternal City*, (Monograph, 54), Oxford University School of Archaeology, 2000.
- Gilbert J. Gorski and James E. Packer, *The Roman Forum: A Reconstruction and Architectural Guide*, Cambridge University Press, 2015.

コラム 4

理想都市 ——その出発点ピエンツァ

理想都市といえば、まずはヨーロッパに散在する幾何学的な城塞都市が頭に浮かぶのではないだろうか。さらには近代以降に形成された植民地都市のような計画都市、そしてまたテクストのなかで語られるユートピアもそのヴァリエーションとして考えることができる。理想都市の特徴のひとつとして最もイメージしやすいのは、幾何図形やグリッドパターンのような規則性に支配された姿だろう。航空写真や都市図によって強烈に主張されるそのかたちは、なんらかの理念がそこに投影されていることを明らかにしている。しかし理想都市建設の萌芽期からすでにそのアイデアが確立されていたわけではなかった。

理想都市がひろく議論されるようになるのは、15世紀イタリアからだと考えられる。そしてそのコ

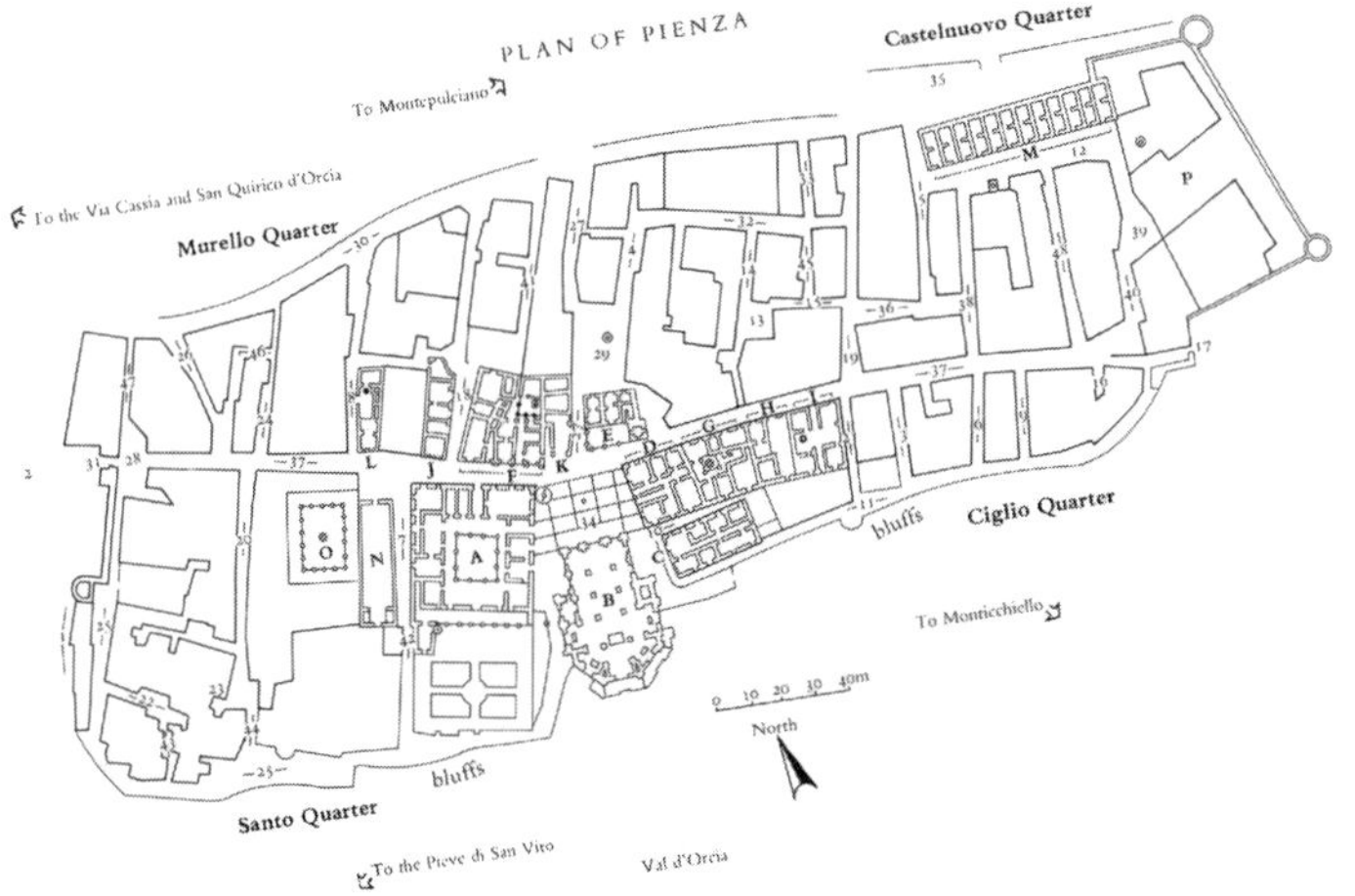

ピエンツァの都市図［出所：Charles R. Mack, *Pienza. The Creation of a Renaissance City*, Ithaca/London, Cornell University Press, 1987, p. 20.］

大聖堂と広場

ンセプトが最初に具現化した事例として語られているのが、トスカーナ地方オルチャ渓谷の都市ピエンツァである。ルネサンス期の人文主義的教皇を代表するピウス２世（在位：１４５８〜64）が、故郷（コルシニャーノ）を理想郷（ピエンツァ）としてつくりかえようと計画し、実現させたのがその街である。新しい都市としての再建と聞くと、かなり大胆な介入をイメージするかもしれないが、教皇とその関係者が数年かけて購入した建物群は街の12％にすぎない。つまりピウス２世の狙いは、大聖堂や教皇宮殿（パラッツォ・ピッコローミニ）を建設し、街の限られた部分を刷新、もしくは復興することであった。理想郷は街の歴史的重層性とともに表現されるべきだと考えていたのだろう。

ピエンツァの都市図を眺めてみると、街の中心的空間となる大聖堂前広場は台形で、古代ローマのカルドの名残であるロッセリーノ通りは緩やかに蛇行する。つまりここに明らかな規則性や幾何学的な構成はみてとれない。むしろその街を特徴づけるのは、かたちの多種多様である。大聖堂の内部はドイツの聖堂の形式（ホール型の教会堂）である一方で、そのファサードは古代ローマの神殿を引用している。広場をはさんでその正面に建つ市庁舎はシエナに結びつくような建築的構成を特徴とする。そのほかの建築も司祭館であれば中世のフィレンツェの邸館と、司教館であれば同時代のローマの世俗建築との類似がみられる。

注文主ピウス2世は、現場監督であった建築家ベルナルド・ロッセリーノ（1409〜64）に、自らが計画する建物の特徴を、シエナ、フィレンツェなどのそれぞれの土地固有の建築で例示したのかもしれない。そしてこのヨーロッパの各都市が一堂に会したような空間的性格は、若き頃にオーストリアなどヨーロッパ各地を広く移動していたピウス2世の生涯をなぞったようでもある。ピウス2世の一番の野望は、トルコの脅威に立ち向かい、東西世界の融和を十字軍によってはかろうとしたことである。つまりピエンツァは、ヨーロッパ各都市の建築の地域的特色を、大聖堂と教皇宮殿が表象する偉大なキリスト教的精神によって統合しようとする教皇の意志の表象であるともいえる。

司教館

理想都市の特質として空間的な均質さや統一性を考えたときに、ピエンツァは異質な存在であるかもしれない。しかし理想都市がその出発点から、多様性とそれを統合するシステムのあいだで構想されてきたことを、この教皇の理想郷は教えているのではないだろうか。

（岡北一孝）

15

〈イタリア〉

ピサ

――川の港町から学術都市へ

ピサという名前を聞けばまずは斜塔が思い浮かぶだろう。斜塔の写真はイタリアを伝えるイメージとして、広告や書籍の装丁としてよく使われている。そしてその塔が天文学の父であるガリレオ・ガリレイと結びついていることも知らない人はいないはずだ。しかしそれを目にすることができるのは、かつてピサが海洋都市として栄華を極めたからこそだという史実は、意外に知られていない。一つは、ピサが海に直接面した都市ではないことが原因だろう。強大な力を誇った四つの海洋国家、アマルフィ、ヴェネツィア、ジェノヴァ、ピサの中で唯一の河港都市なのだ。もちろん、海に面する外港（ポルト・ピサーノ）もアルノの河口に構えていた。また、ピサと海の中間に位置するサン＝ピエロ・ア・グラードにも中継港を持っており、そこには中世の街の繁栄を感じさせる美しいロマネスクのサン＝ピエトロ・アポストロ聖堂がある。ピサから7㎞ほど離れてはいるが、必見のモニュメントだ。

　必見といえば無論、大聖堂、洗礼堂、カンポサント（墓廟）、そして鐘塔（斜塔）である。11〜13世紀にかけて、ライバル都市と競い合いながら富を蓄積し、世間に名を轟かせたピサの栄光の結実だ。大聖堂が戦勝記念で定礎され、そこから洗礼堂、鐘塔、カンポサントと徐々に建設が進んでいったために、全体を見渡せばロマネスクからゴシックへの様式変遷のさまがみられる。特徴的なのがそれらの建築の壁面を埋めつくす列柱であり、この構成は隣町ルッカの教会堂建築にも影響を与えた。柱の多くはローマを中心とした古代建築の再利用材である。それをスポリアと呼び、この場合は構造的機能よりもむしろ、ローマの権威の継承を象徴するために用いられた。これらのモニュメントには、ほかにも無数の古代の遺物がパッチワークのように用いられており、まさに奇跡の広場と呼ばれるにふさわしい魅力的で唯一の空間が広がっている。

　現在のピサは南の端を中央駅、大聖堂や斜塔が建つ奇跡の広場を北の端とし、ちょうど街の中央をアルノ川が流れるような形で市街地を形成している。川を挟む二つの地区を結ぶ主要な橋が、メッツォ橋とソルフェリーノ橋で、見どころは川の北側に集中している。それもそのはずで、アルノ川の左岸（南側）にまで都市が広がったのは12世紀半ばのことであった。また、カンポサントの北側そばの城壁とそれに沿った大きな通りのあたり

01 サン＝ピエトロ・アポストロ聖堂

は、古代から中世にかけて、アウゼール川の支流が流れていたらしい。つまり都市が大きく拡張する前は、市街地は二本の川に囲まれていたのだ。これを運河にして街は発展を遂げていった。もしいまも奇跡の広場のそばを川が流れ、行き交う船の上から鐘塔を眺めることができれば、その美しさは筆舌に尽くしがたかったはずだが、それはもう叶わない。それに港町ピサのイメージは、いまアルノ川の岸辺を散策したとしても、思い起こすことが難しいだろう。それほどに川沿いの景色は変わってしまっており、その契機は16世紀にあった。

　1284年にピサはジェノヴァに手痛い敗北を喫し、ポルト・ピサーノを奪い取られ、衰退の一途をたどっていく。そして1406年にはフィレンツェの支配下となる。さらに街の運命は、フィレンツェのトスカーナ大公コジモ1世（1519～74）による大胆な介入によって、大きく変転した。アルノ川沿いに広がる両都市の位置関係からすると、フィレンツェが港の機能を安全に確保するためには、ピサを支配しておく必要があった。しかし、ピサの誇りとアイデンティティであった肝心の港の機能

02

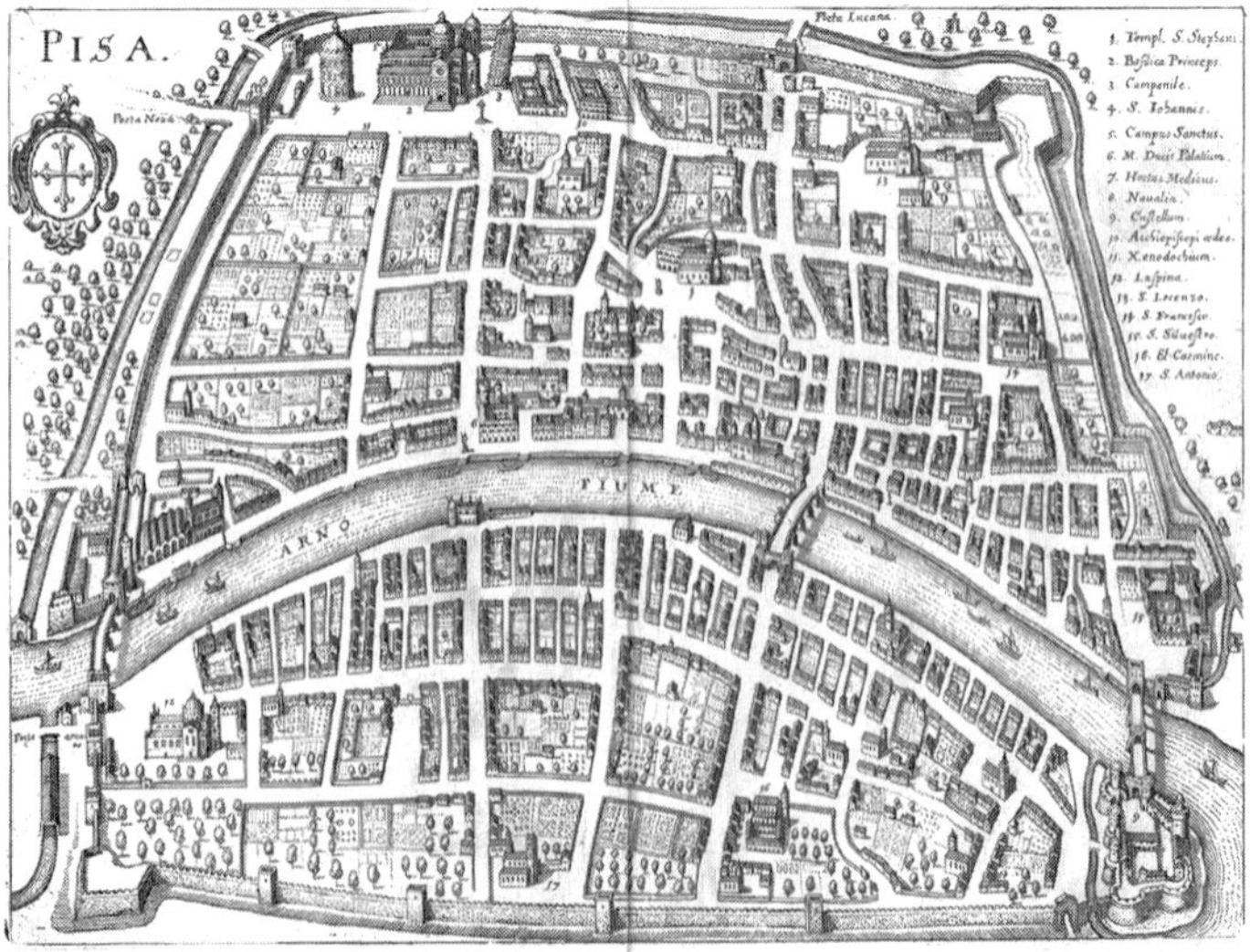

は、海洋国家としての没落とともに衰退し続けており、16世紀には船の運航に大きな支障をきたすところまできていた。アルノ川の下流域に堆積し続ける土砂と頻繁な洪水のためである。そこで16世紀のメディチ家は、新たな港としてリヴォルノというピサの南にある海に面した街に目をつけ、両都市を人工運河（ナヴィチェッリ運河）で結ぶことで、問題の解決を図った。ピサの港そのものを復興させなかったのは、栄華を極めた都市が再び力を蓄えてフィレンツェの脅威とならないための戦略でもあった。こうしてピサがフィレンツェの海運の中継地点という役割を担うこととなった一方で、目立たなかった小さな街リヴォルノは、近代的な港湾都市として生まれ変わった。ルネサンスという理想都市理論が盛んに議論された時代にふさわしく、五角形の幾何学平面を基調にした要塞都市へと変貌を遂げたのである。一方で、ピサのアルノ沿岸は大きな邸宅が建ち並ぶ姿へと変わり、かつて船着場として人々がごった返していた姿は過去のものとなってしまったのである。

　もう一つのピサの街のイメージは学問の都であろう。確かに、大学や研究機関の集約、それに付随し

02 マテウス・メーリアンによる17世紀ピサの景観図［出所：Matthaeus Merian, «Pisa», in Martin Zeiler, *Itinerarium Italiae*, Frankfurt, 1640.］

03 カヴェリエーリ広場とパラッツォ

た学生人口の多さも含め、イタリア随一の学術都市である。ガリレオがいたピサ大学、さらにはコジモが設立した世界に名を轟かせる植物園もある。さらに19世紀初頭には、ナポレオンによってエリート養成のために高等師範学校が設立された。文学・歴史学・哲学のそうそうたる碩学たちがそこで学んだり、教鞭を執ったりした。その学び舎が、街の中心的広場でもあるカヴァリエーリ広場のパラッツォ・カヴァリエーリである。フレスコ画を描く技法の一つであるズグラッフィートによって壁面全体が飾られた美しいファサードは、斜塔の街とは別の顔、すなわち学徒が集う街を象徴している。さらに歴史を遡ると、それがメディチの時代を代表する建築でもあることがわかる。

そもそもそれは13世紀後半に建てられたパラッツォ・デリ・アンツィアーニを前身とする。コジモ1世は、ピサ共和国の政治の中心を担っていたその建築を、自らがトップを務めるサント＝ステファノ騎士団の本拠地へ改築することを企てた。それこそがいま我々が目にしているパラッツォであり、これはフィレンツェによるピサ支配の象徴ともいえる建物だったのである。設計を請け負ったのは、ルネサンス期の芸術家群像を鮮やかに書き記したジョルジョ・ヴァザーリ（1511〜74）である。やや奇妙に折れ曲がったファサードは既存の建築構造を再利用した結果であり、そのほかの装飾モチーフなども含め、この建築は栄光と没落というピサの紆余曲折を描き出す。つまりパラッツォ・カヴァリエーリは、中世の海洋都市としての繁栄、近代のフィレンツェとの関係性、現在の学術都市という、ピサの長い歴史を一手に背負った建築といえよう。

（岡北一孝）

参考文献

- ルチーア・ヌーティ「ピサ：水に関する都市形態の建設とその破壊」『地中海世界の水の文化──海と川から見る都市空間』法政大学大学院エコ地域デザイン研究所編集・発行、2006年、37〜51頁。
- 陣内秀信「川の港町・ピサ」『イタリア海洋都市の精神』講談社、2008年、241〜263頁。
- 吉田友香子「中世都市ピサの魅力」『イタリア文化事典』イタリア文化事典編集委員会編、丸善、2011年、42〜43頁。

16 〈イタリア〉フィレンツェ

——近代と観光が洗練させる都市文化

フィレンツェは、言わずと知れた観光地だ。美しいシルエットのクーポラを冠したドゥオーモ（大聖堂）。膨大な数の名画を保有するウフィッツィ美術館。貴金属店と装飾品店が軒を連ねるポンテ・ベッキオ。豪奢なピッティ宮殿と広大なボーボリ庭園。フィレンツェの街を一望できるミケランジェロ広場。私が初めて訪れた際、美しい文化遺産と共に記憶されたのは、たくさんの観光客で溢れかえるフィレンツェの姿である。

この地で華開いたルネサンスが都市の性格を決定づけ、イタリア国内外からたくさんの人々がフィレンツェを訪れる。ゲーテの「イタリア紀行」。英国貴族のグラウンドツアー。フィレンツェは古くから多くの人々を惹きつけ続けてきた。そして、現在は「一生に一度は訪れたい」観光地としてフィレンツェにはたくさんの人々が訪れている。

しかし、観光というものは、時代と共に移ろう性格を持っている。一時の流行で盛衰する観光地は少なくない。大型バスで見どころのみを次々に見学する観光はいずれ廃れてしまう。例えば、旅行好きな人、旅慣れた人は、「一生に一度は訪れたい」よりも「自分だけが知っている」や「何度でも訪ねたい」を大切にする。そういった期待に応えられるかどうかが、これからの観光では重要になると考えられている。さらに、観光地の持続性は、多種多様な見どころや楽しみがあるかどうか、いろいろな立場の人々に何度も訪ねてもらえるかどうかがカギを握る。いわゆる団体旅行で賑わうルネサンスの都フィレンツェはどうだろう。もしかしたら、いずれは廃れてしまう観光地かもしれない。

冒頭に挙げたミケランジェロ広場は多くの人が訪れる場所の一つだ。広場は高台にあり、バスやタクシーでアクセスする人が多いのだが、もちろん徒歩がおすすめだ。ポンテ・ベッキオを背にしてアルノ川沿いを散策すれば、街の中心部から30分程度で到着する。この場所からは、フィレンツェの街を一望でき、ドゥオーモの美しいクーポラと鐘楼、パラッツォ・ベッキオの尖塔、アルノ川とポンテ・ベッキオなどの位置を確認できる。歩いてこの場所にアクセスすることで、フィレンツェの都市構造を把握することができる。かつて、フィレンツェの人々は、旅から帰還する際に、大聖堂のクーポラを遠くから確認すると、故郷に帰ってきた安堵を感じていたそうだ。ミケランジェロ広場からの眺望は、過去のフィレンツェ人の心情を追体験させてくれる場所でもある。

実は、この広場は近代化の賜物である。近代初期、一時的にイタリアの首都と

01

なったフィレンツェでは、首都にふさわしい姿になるべく大規模な都市改造が施された。ミケランジェロ広場はその一環で建設されたものだ。偉大な芸術家ミケランジェロを称揚し、代表作ダビデ像が配されていることはよく知られている。その広場の一角に一つのカフェがある。およそ100年前に開業したもので、当時はフィレンツェの文化人が集まり、交歓する人気スポットだったそうだ。20世紀のフィレンツェ文化が醸成された場所ともいわれている。カフェ、映画館、劇場、ホテル。ルネサンス都市フィレンツェにもたくさんの近代文化の賜物を見つけることができる。レプブリカ広場の目と鼻の先にあるカフェもその一つだ。この建物は、19世紀末に建てられたカフェ併設の劇場で、その後映画館に転用されていた。内部には、貴重な舞台と鑑賞空間が残されている。現在、ロンドン発のアメリカンレストランで、世界中の名だたる都市で人気を博すハードロックカフェが入居する。ルネサンス都市の一角にある近代の産物の中で、現代の文化が息づく。歴史が積み重なり、新たな文化が生み出される様子を端的に示す場所として興味深い。

　話は変わるが、たくさんの観光客を受け入れるフィレンツェには膨大な数のレストランや食堂が

02

03

01 ミケランジェロ広場から望んだフィレンツェの街
02 文化人たちが集まって交歓したカフェ
03 近代に建てられた劇場を転用したハードロックカフェ

存在する。観光客向けのサービスが充実している店。常に行列ができ、予約で席が埋まり、なかなか入店することができない店。地元の人々が足を運ぶ店。どの店に入れば間違いないのか。非常に悩ましい。フィレンツェの名物料理といえば、ビステッカ・アラ・フィオレンティーナ、ボテッとした形のボトルがアイコンのキャンティ地方のワインがお馴染みの存在だ。これらを味わうことも、フィレンツェ観光の定番ともいえよう。どこのレストランでもこれらを味わうことはできる。しかし、定番を外してみたいという旅慣れた人もいるだろう。筆者がおすすめしたい場所がある。ドゥオーモやサンタ＝マリア・ノベッラ鉄道駅から歩いて5分の距離にあるメルカート・チェントラーレだ。メルカート・チェントラーレは、前述の都市改造の過程で建設された近代的な施設で、肉、魚、野菜・果物、パン、パスタ、各種加工品が販売され、市民の台所の役割を担ってきた。地元住民の食文化に関心を持つ観光客が足を運ぶようになり、近年はガイドブックに掲載される場所となった。旅の土産を買い、地元住民に混ざってランプレドットという名物料理を食べられることがこの場所の魅力だ。数年前、そのメルカート・チェントラーレはフィレンツェの食文化と郷土料理の発信地として生まれ変わった。2階部分がレストラン、バール、ガストロノミア（惣菜屋）を持つフードコートとしてリニューアルされ、多種多様なフィレンツェ料理を楽しめるようになった。このフロアの一角で料理教室が開かれており、

04

04 近代に建設されたメルカート・チェントラーレ
05 リニューアルされたメルカート・チェントラーレ

05

食文化を総合的に楽しめることも食の国イタリアらしく面白い。フィレンツェの食文化を支えてきた場所での食の体験は格別である。たくさんの人々が思い思いにおしゃべりをしながら、フォークとナイフを手に取り、グラスを傾けている。巨大な空間に鳴り響く喧騒はいささか過剰であるが、市場らしい特別さがそこに感じられる。

さて、ルネサンス都市フィレンツェの近代に注目してきた。城壁の撤去、環状道路の敷設、歴史的地区内の再開発など、近代初期の都市改造は、フィレンツェの歴史的痕跡を消滅させたところもあり、近代化は否定的に捉えられてもいる。しかし、近代化の過程で育まれた文化まで否定することは難しい。ルネサンスの遺産や伝統を基調にしつつ、ルネサンスの精神で新しいものを創造してきたところに、フィレンツェの魅力の本質がある。そして、文化的多様性に満ちたフィレンツェの現在がある。これからも「何度でも訪ねたい」フィレンツェがあるのだ。

（清野 隆）

参考文献

・黒田泰介『イタリア・ルネサンス都市逍遥 フィレンツェ――都市・住宅・再生』鹿島出版会、2011年。

コラム
5

レオン・バッティスタ・アルベルティ
――万能の天才と地中海世界

レオン・バッティスタ・アルベルティ（Leon Battista Alberti, 1404～72）はルネサンスを代表する建築家としてよく知られており、また『建築論』（1485年初版）は、建築や都市をかたちづくるための規範として読まれつづけていた。ただ彼はいわゆるアーティストとしての建築家ではなく、人文主義者という側面が強調されることもまた言い添えておかなければならないだろう。人文主義者とは古典古代の作品をモデルとし、それを研究し実践にいかすことを生業とする教養人のことで、アルベルティはそのうちの最も秀でたひとりであった。

幼少時代から修辞学や古典ラテン語に親しみ、1418年にボローニャ大学で教会法、市民法を学びはじめ、24歳の年に法学士となる。父親の死や経済的な苦難、勉学に打ち込むあまりの心身の不調を乗り越えて手にした学位であった。大学を出るまでの間に、アルベルティは『フィロドクセオス』という恋愛を主題とした文学作品を書き上げている。これはアルベルティが、この著作を古代の喜劇作家レピドゥス（実在しない）の作品であるとしていたことや、見事な純正のラテン語によって綴られているために、真正の古典古代の作品として受容されていた時期があった。すでに学問分野を超えて並々ならぬ才覚を示す人物であった。1432年に教皇庁に入り、以降、1464年まで長きにわたって書記官として務めた。1443年以降はローマを長期的に

アルベルティの肖像メダル（1440年ごろ制作、フランス国立図書館所蔵）

離れることはなかったが、リミニ、フィレンツェ、マントヴァの建築作品はアルベルティの名が刻まれており、生涯を通じて多くの芸術作品の生産の場に居あわせていた。

イタリア各地のアルベルティ建築を見ていくと、まずはその表情の多様性に驚かされる。フィレンツェのサンタ＝マリア・ノヴェッラ聖堂のファサードは、トスカーナの建築的伝統と、古代ローマの建築要素（凱旋門や神殿）が融合している。マントヴァのサン＝セバスティアーノ聖堂は、施主であったルドヴィーコ・ゴンザーガの息子フランチェスコの手紙において、教会堂なのか、モスクなのかシナゴーグなのか、奇想に満ちていて、完成したらどう

サンタ＝マリア・ノヴェッラ聖堂のファサード

サン＝セバスティアーノ聖堂のファサード

マラテスタ神殿のファサード

なるのかとまどっていると書かれた。リミニのマラテスタ神殿もまた、同時代人によって、すばらしく美しくはあるが、異教の神殿なのか神の家なのか判断にとまどうとも述べられた。その両義性、多義性が批判的に語られることも時にはあったが、我々の目には、異なる文脈から形成されてきたかたちが破綻なく組み合わされて、まとめあげられているように見える。それは古代から修辞学において連綿と議論されてきたデコールム（ふさわしさ、適切さ）の概念に影響を受けたものであろう。つまり多様な建築作品の姿は、施主の性格、土地の伝統、街の歴史など、建物が建つ文脈においてどのようなかたちがふさわしいのかを考慮された結果ということだ。そしてそれらの建築は、多種混淆やコスモポリタン的な性格を持つこととなった。それはある側面では、古代ローマの地中海的世界の体現であったともいえるだろう。

（岡北一孝）

17 〈イタリア〉ジェノヴァ
――迷宮の港町と栄光の近代

限られた時間の中であれもこれも行きたい、見たい。だからともかくいろんな都市を巡りたい。こんな旅行計画においても、ジェノヴァはやや影の薄い存在なのかもしれない。海を眺めがながらバカンスを楽しみたい人にとっては、同じリグーリア海岸に位置するチンクエ・テッレが人気だろう。半日、ないしは1日、あるいは宿をとって落ち着いて滞在する大きな動機となる傑作美術作品やよく知られたモニュメントの数も少ない。私自身も、ジェノヴァを訪れる前は、それほど見どころのない街だろうと思っていた。しかし、街歩きの楽しさにおいては、ヴェネツィアにも引けを取らないといまや断言できる。

建築界のスーパースター、レンツォ・ピアノのファンであった私は、その建築家自身がジェノヴァに事務所を構え、市内に散在する個々の建築だけでなく、港湾地区の再開

01 15世紀のジェノヴァ景観図 Cristoforo de' Grassi, «Veduta di Genova» (1481, Genova, Civico Museo Navale di Pegli.)

発にも深く関わっていたことは知っていた。特にリノベーションや再開発の観点から興味を惹かれ、一度はジェノヴァを訪ねてみたいと思っていたのだ。とはいえ、街に足を踏み入れる決定的なきっかけは、それとは別の個人的で特殊な事情であった。

大学院の頃から10年以上、わたしは15世紀イタリアを代表する万能人であるレオン・バッティスタ・アルベルティ（1404～72、コラム5参照）の建築に関心を持っている。ジェノヴァには彼の建築作品はないが、そこはその人文主義者の出生の地であった。だからこそ一度見ておきたいという気持ちがあった。とくにアルベルティ自身が見た15世紀初頭の都市の姿を少しでも追体験できればと考えていたのだ。ジェノヴァは2004年に、一年のあいだ街全体が文化事業の催場となる欧州文化首都に選ばれた。その年がアルベルティ生誕600

年でもあったことは、その関係性が選定結果に少なからず影響を与えたはずである。2004年に当地を訪れることは叶わなかったものの、その後何度か滞在し、街を歩きまわることができたのは、「都市」の面白さに気づくきっかけでもあった。

カリアティッドと凱旋門のモチーフが特徴的なファサードを持つプリンチペ広場駅(ここが街の中央駅でもある)に降り立つと、目の前の広場に大きなコロンブスの記念碑が建つ。ジェノヴァ出身とされる新大陸発見にまつわるこの人物は、海洋都市の象徴として確かにふさわしい。駅を出て右手に進むと、海沿いに延びる大通り(グラムシ通り)と高架道路にすぐ行き当たる。この道が港と街を完全に分断しており、やや面食らう。埠頭にはヨットやクルーザー船がところ狭しと並び、海洋博物館や大学の施設などの近代的な景色が広がる。こうした風景はある意味では期待通りだ。グラムシ通りをもう少し旧市街の方へ進んでいくと、味気のない歩道が突如として列柱廊へと姿を変える。この辺りから多くの商店が並び、賑やかな港町の活気がうかがえる。潮の香りに加えて食べ物の匂い、いろんなオブジェと色がさまざまに五感を刺激する。やや混沌とした雰囲気を、列柱廊という柱とアーチによるリズミカルな構成がまとめていて、遊歩空間としては楽しいことこの上ない。さらに歩みを進めると、ジェノヴァが栄華を極めた過去の姿を感じさせる建物が目に入る。パラッツォ・サン＝ジョルジョだ。

近くで観察するまでもなく、それが増築を重ねながら生き延びてきた建築であることが見てとれる。1257~60年に市庁舎として、地中海を手中に収めんとばかりに海に対峙するように建てられた。その後、1340年には税関となり、ルネサンス期にはサン＝ジョルジョ銀行の手に渡った。それほど飾り立てられていないどっしりとした中世建築であったが、16世紀後半に大きく増築された。多彩色のファサードはフレスコ画で建築装飾などが描かれており、遠く船の上からもその威容を確認できたに違いない。この建築には、ピサやアマルフィなどと地中海貿易の覇権を争いつつ海洋共和国として成長していった時期と、多くの貴族によって経済的成功を収めていた16世紀の都市の栄光の歴史が刻まれているのである。武勲を誇った海将アンドレア・ドーリア（1466～1560）が総督の時代は、まさにジェノヴァの絶頂期であった。

そこで海に背を向けて、坂を上り旧市街の中心地へと入っていく。そこから驚くほど高密度に建物が建ち並び、ここが中世に大きな発展を遂げた地中海都市であることが強く印象づけられる。通りは細く、階段や坂道が折り重なり、先は見通せない。探検するような気分で街歩きができる。とくにパラッツォ・サン＝ジョルジョから港にかけては空間の余白が広がっているため、この濃密な都市構造との対比は劇的である。

この迷宮空間を抜けた一画にジェノヴァの黄金期をいまに伝えるガリバルディ通りがある。それは16世紀半ばから新たに敷設された通りで、道沿いに大規模な邸館群が整然と計画された。こうした建築は特別にパラッツィ・デイ・ロッリと呼ばれることになる。ロッリ（Rolli）は、貴族や経済的成功を収めた商人の邸宅の公的な目録を指し、そこに載ることは館の主人の名誉であった。またそれぞれが街の迎賓館としての役割も果たしていた。いまそれらの邸宅は世界遺産に登録されており、そのリストは42件にも及ぶ。

02 セバスティアーノ・デル・ピオンボ《アンドレア・ドーリアの肖像》（1526年制作、ドーリア・パンフィーリ美術館所蔵）

残念ながら内部を見学することができないものが多いが、それぞれに個性豊かなファサードだけでも特筆に値する。フレスコ画で一面が覆われていたり（パラッツォ・スピーノラ）、ストゥッコで飾られていたり（パラッツォ・ポデスタ）、赤い漆喰で塗られていたり（パラッツォ・ロッソ）、多様性に満ちていながらも、景観として破綻していないのは見事としかいいようがない。こうした邸宅群の計画へのアルベルティの関与はありえないが、彼が『建築論』（1485年初版）の中で建築設計の核として熱心に主張した多様性と調和がここには確かにみられる。

街のカテドラルであり、11世紀末から建設が始まったサン＝ロレンツォ大聖堂は、港町らしく多文化混淆的なロマネスク様式を基調とする。西正面に鐘塔をもつ構成はイタリアではまれであり、フランスからの影響がうかがえる。ジェノヴァからマルセイユにかけての海岸地方、いわゆるリヴィエラは、いまでは国境線が引かれてはいるが、文化的な連続性は強い。それにジェノヴァは何度かフランスの支配下にあった。ちょうどアルベルティが生まれたころもそうである。アルベルティの建築には初期ルネサンスの建築作品の中ではめずらしく、フランス中世建築からの影響が指摘される。教皇庁の関係者としてフランスを巡見した経験からだというのが研究者の間でのもっぱらの見解ではあるが、彼の心の中には生誕の地の大聖堂も刻まれていたのかもしれない。（岡北一孝）

参考文献

- ピーター・ブキャナン『レンゾ・ピアノ・ビルディング・ワークショップ 全作品集 Volume 2』PHAIDON、2005年。
- 陣内秀信「新旧混在の文化都市・ジェノヴァ」『イタリア海洋都市の精神』講談社、2008年、265～308頁。
- 西村清佳「海洋都市ジェノヴァの魅力」『イタリア文化事典』イタリア文化事典編集委員会編、丸善、2011年、80～81頁。

コラム 6

上質で洗練された北イタリアの農泊、アグリトゥーリスモ

長い夏の日がようやく傾きだした頃、地中海沿いのビーチをひきあげて再び車に乗り込み、ヴェンティミリアの街を通って、地中海に流れ込むネルヴィア渓流に沿って内陸に北上する。前もって聞いていた通りカンポロッソの中心部を通過、目印の石造の教会が見えたので左折する。すると私道のような狭い急坂が現れた。起伏もカーブも激しく、片側は切り立った斜面である。時折樹木の中に邸宅が現れるが、空き家とおぼしき小屋もあり、辺りが暗くなるにつれて不安が増してくる。人も歩いていないし、坂に入ってから車も見かけない。10分ほどの距離が3倍にも感じられた頃、左手に灯りのついた門が姿を現した。今晩の宿「チェラ・ウナ・ヴォルタ」の表示を確認し安堵したのも束の間、無人の門を入るとさらに急坂の砂利道が続き、道に張り出すように生えているオリーヴの木を傷つけないのと同時に反対側の斜面に落ちないよう注意しながら、やっとのことでてっぺんの高台に到着した。

人懐こくはしゃぐ斑犬に迎えられてようやく人心地ついて辺りを見渡すと、右手に今上ってきた砂利道、正面に遥か遠くにかすむ地中海まで続く斜面、左手にはいかにも古い石造りの建物がある。目の覚めるような鮮やかなブーゲンビリアに、地中海沿岸

に原生するカレープラントの黄色い花、濃い青紫色のラヴェンダー、ピンクの小ぶりな紫陽花、それに小さな白い花を無数につけた下草がきれいに手入れされて、様々な形や大きさの石が壁にそのまま露出した、ややもすれば粗野な印象にもなりそうなこの建物に生彩を与えている。

1985年イタリアで制定されたアグリトゥーリスモは、1950年代から急速に疲弊し、都市へ働きに出て行くようになったイタリアの小規模農家を支援するものとして始まった。今回リグーリア地方の宿を探すとき、特に山間部や小さな町に、アグリトゥーリスモと掲げた施設の多さに驚いた。

2階建ての石造の建物には、アパルトマン形式を含む計4部屋客室がある。味のあるごつごつした石壁に古い木の扉や家具を残しつつ、水回りをはじめイタリアの得意とする快適でスタイリッシュな現代の設備が挿入されている。農家に泊まっているというより、人里離れたリゾートにいる気分である。

それでも、約500本ある周囲のオリーヴの木から、毎年1800～2200リットルのエクストラバージンオイルを生産しているという。今年、リグーリア地方の最優秀有機オリーヴオイル賞と国際大会の金メダルを獲得した、と誇らしげに表彰状を見せてくれた。くせがなく、さらっとしていながら香り高いオリーヴオイルは、もちろんここで買って帰ることができる。また朝食は、涼しい空気の中、建物前のテラスで、敷地内で摘みたての果物をたっ

ぷり楽しめる。

チェラ・ウナ・ヴォルタのオーナーは都会的な雰囲気の若いカップル、ジェノヴァから移ってきたバイオテクノロジストのサラと民事裁判官のアンドレアである。2010年、木が伸び放題の土地と廃屋をインターネットで見つけた2人は、それまでとは違う生活を送る決意をし、翌年建物を改装、2013年からアグリトゥーリスモとしてオープンする。その年サラは、朝、この高台から望める地中海のように真っ青な目のフランチェスコを出産する。

1泊70ユーロ（2017年時点で約9000円）から、すぐ近くの郊外道路に面した簡易なビジネスホテルと同価格帯である。安価でも高価でも、ホテルの世界的なチェーン化などにより、現代の宿泊体験は画一化されがちであるが、チェラ・ウナ・ヴォルタでは記憶に残る「そこでしかできない体験」を提供してくれる。

現在イタリアのアグリトゥーリスモの数は9000〜2万軒の間とも言われており、他の国もこの制度を取り入れようとしている。アグリトゥーリスモによって、今後の農家のあり方やイメージがどのようになっていくのか、楽しみになった宿泊体験だった。

（前島美知子）

※内容は全て著者自身の観点に基づく私見であり、何らユネスコ日本政府代表部の意見を代表するものではありません。以下、第18章も同様。

18

〈モナコ〉

旧市街ル・ロシェ

――タックス・ヘイヴンの地に中世のおもかげを求めて

コート・ダジュール（Côte d'Azur, 紺碧海岸）といえば、南フランスの中でも最南にあたる海岸線である。真っ青な地中海に面し、太陽の光あふれ椰子がしげり、明るく開放的なイメージがフランスでは定着している。海から遠く離れ、陰鬱な天気も多いパリのスノッブな人々が、一種の羨望と親しみを込めて「ラ・コート」と省略形で呼ぶのを聞くことがある。西はトゥーロン辺りから、東はイタリア国境までを指し、ニースやカンヌ、サン゠トロペといった都市が含まれるが、この海岸線の一端にモナコ公国がある。

ヴァチカンに次いで世界で2番目に小さな国であるモナコは、ちょうど日本と同様、北東から南西に細長い形をしている。南東側は、日本が太平洋に面しているように地中海に面しているが、北西の陸側はぐるりとフランスに接している。タックス・ヘイヴンであることから世界中の富裕層が集まり、さらにカジノの存在やF1レースの開催地であることで、地中海に面した中でも特に華やかなイメージのある場所の一つと言えるだろう。実際、ロンドンをベースに、世界に600か所以上のオフィスを持つ大手総合不動産業を展開するサヴィルズによれば、2016年のモナコの不動産価格は世界一である。富が集中すれば、それを狙う犯罪者も引き寄せられるのが道理であるが、住民や来訪者の安全を守るため、モナコ中に監視カメラが設置されているのは有名である。1982年に7台で始まった監視システムは、現在600台以上でモナコの総面積2・02㎢を24時間見守っている。

さて、このように現在の富のイメージの強いモナコであるが、歴史ある地区はどのような状態で残されているのだろうか。南西側の陸路をニース方面からモナコに入っていくと、岩山の上の高台が右手に見えてくる。ここが、モナコで最も歴史の古い地区である。南側にある熱帯植物園の洞窟から先史時代の化石が見つかり、当時からすでに人がいたとされているが、地中海に突き出したこの巨大な一枚岩は、その後もフォサイヤ人、リグリア人等を惹きつけてきた。その名の通り「ル・ロシェ」（Le Rocher, 岩礁）と呼ばれる、海抜60m強の高さにあるモナコの旧市街である。19世紀の古絵が、その地形をよく表している（写真01）。

ル・ロシェの付け根部分にある大公宮殿の裏から宮殿前広場へまわりこむ。時間ごとに歩哨兵が規則的な動作で交代する様子を観光客がカメラにおさめているのを横目に、

01 ドロワによるモナコのリトグラフ（1874年）

02高台の広場からエルキュール港を望む。右手が地中海（2017年撮影）

エルキュール港を望む北の端へ行く。左手には、このあたり独特の岩山を背に高級高層ビルが建ち並び、正面にはレジャーボートが整然と停泊する港が眼下に広がる。右手は地中海。水平線がもやでかすみ、空と一体となって見える（写真02）。ル・ロシェの東の端へ行けば、さらに地中海の展望が広がり、南側へ行けばフォンヴィエイユ港と以南の沿岸を見渡せる。天然の城塞とも言える地形であり、現在までここに宮殿が置かれている理由がよくわかる。

ここからル・ロシェの旧市街に入ってみる。先ほどの宮殿前広場北側の展望地点から東に続くランパール（城塞）通りに入ると、左手に常に地中海を望みつつ、右手に閑静な住宅が連なる。モナコの典型的な建物の色であるサーモンピンクや黄色、クリームがかったグレー、ペールピンクなどに塗られた家の壁に、水色や明るい青緑色の窓枠がアクセントを添え、パステル調の街並みである。それだけならコート・ダジュールの他の街にも見られるかもしれないのだが、モナコならではの特徴がある。まるでテーマパークにいるかのような錯覚を覚えるのである。旧市街であるにもかかわらず、ごく最近建てられたのではないかと見紛うほど塗装も真新しく、黒ずんだりくすんだりといった経年による劣化が一切見られないのである。例えばニースの旧市街などは、塗装がはがれ落ちた壁や、悪臭漂う汚水の水たまりがある薄暗い路地は珍しくない（古い建物に上下水道の問題はつきものである）。一方、モナコは、先述の監視カメラに代表される通り、旧市街も完全に管理が行き届き、ちりひとつ落ちていないことに驚かされる。ファサードはペンキで塗りこめられてしまっているので、少なくとも外から眺めていると、長い歴史を経てきた痕跡が感じられないのである。

他都市の旧市街との差に戸惑いを覚えつつランパール通りを１００ｍほど進むと、右手の18番地の濃いピンク色の建物の前に、建物の入口とは別に、数段下りる階段が現れた。見ると、その先に通路が続いている。２軒先の黄色い建物の中をくぐるようになっているこの通路の行き先は、明るい地中海沿いの通りから見ると陰になってよく見えない。しかし、この数段低い位置にあるノートル・ダム・ド・ロレト通りにひとたび足を踏み入れると、中世の姿を彷彿とさせる路地が今でも息づいていた。

例に漏れず、この辺りも行き届いた手入れがされているのだが、ノートル・ダム・ド・ロレト通りを進むには、幅１・５ｍもない、建物と建物の隙間を通り抜けなくてはならない。そして、そこから先は、建物が両側から迫って来るような狭い道になるのだが、表のランパール通りでは見られなかった、中世独特の無骨な石がまわりを囲んでいる背の低い入り口が並んでいるのに気づく。ル・ロシェの楕円形の形状に沿って、３〜

03モナコの都市と王宮の古地図（1695〜1713、作者不詳）

5本の細長い道がほぼ並行に旧市街を走っているが、それらの道の間をつないでいる短い通路も特徴的である。建物の下にトンネルのようにくり貫かれたパサージュ・デュ・コワンは、天井も低く開口部もなく、人とやっとすれ違えるほどの狭隘な通路である。いずれも、近世以降の計画的に建設された都市には存在しない。またパサージュ・ド・ラ・ミゼリコルドは、途中に天窓のように、四方を建物に囲まれた吹き抜けがあり、そこに面して不規則にしつらえられた窓や煙突に、モナコでは珍しく生活上の必要にかられて有機的に発展した、庶民的な暮らしの名残を見ることができる。もっとも、ニースの旧市街で見られるような洗い晒した洗濯物などは一切ぶらさがっていないのだが。

17世紀末から18世紀初頭のモナコの古地図を見ると（写真03）、ル・ロシェ内の西側に王宮が、中央部分に居住地があり、現在と位置関係は変わっていないことがわかる。また現ランパール通りに並行する3～4本の通りや、それらの間をつなぐ短い通りも確認できる。今日、世界中の富で潤い、旧市街ですら建設されたばかりのように真っ新に見えるほど都市整備の行き届いたモナコだが、確かにル・ロシェの歴史を継承した街並みが息づいているのだ。

（前島美知子）

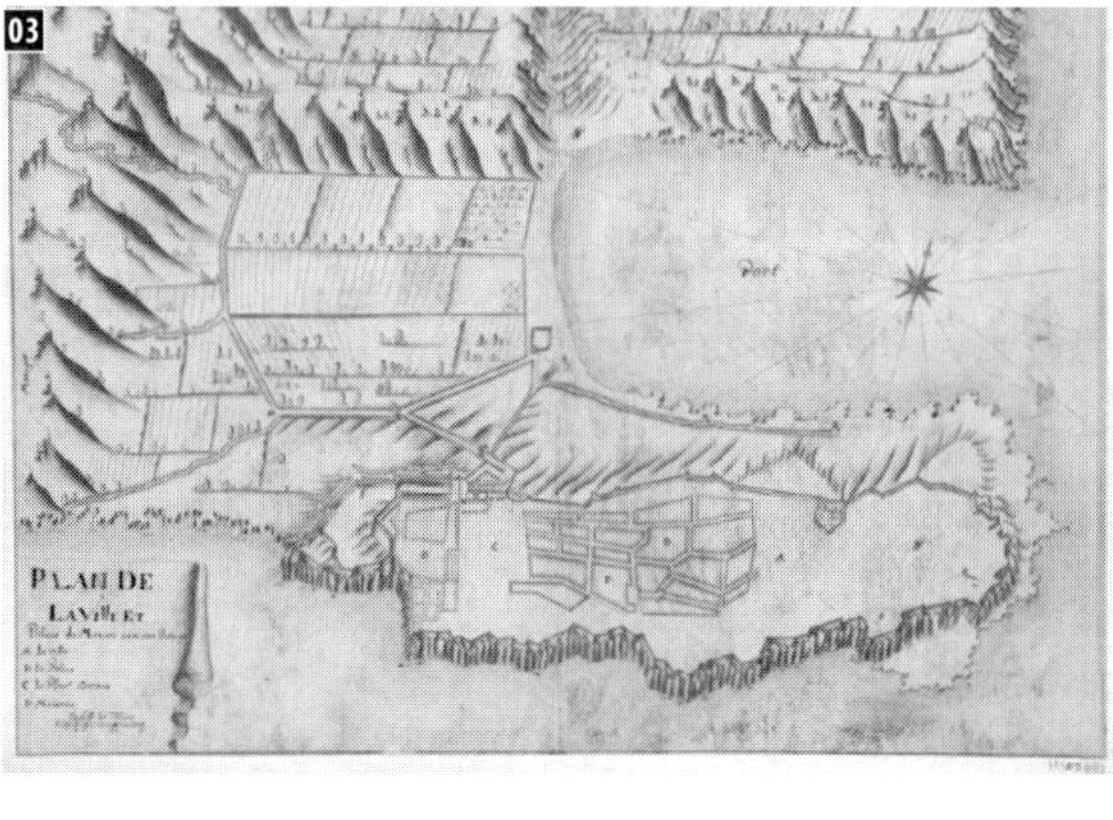

19

〈フランス〉

サン＝トロペ

――土地のポテンシャルとリゾート開発の契機

フランスは、西側に大西洋、南側に地中海、実に海岸線に恵まれた国である。それぞれの海辺を訪れると、趣が異なり、街並みも多様で魅力がある。こうした海辺ごとに多彩な街が生まれた背景には、歴史や文化ばかりでなく地形や気候よるものがあると考えたい。たとえば、大西洋岸の北側、ノルマンディー地方といえば、「花咲く海岸線」だ。英仏海峡を渡った対岸のブライトンの影響を受けて海水浴のはじまった場所といわれている。そのなかで屈指の浜辺を擁するトゥルーヴィルは19世紀、画家クロード・モネ（1840～1926）の絵画《ロッシュ・ノワール》（1870）でその美しさがパリに伝わり、リゾート都市がトゥック川を挟んだ南側のとなり街、ドーヴィルに建設された。大西洋岸では最高のリゾート地のひとつだが、この街の名は競馬好きでないと知らないはずだ。プランタン百貨店建築家のジョルジュ・ヴィボ（1880～1943）がフランス古典主義をアレンジしたカジノや、ノルマン様式を基にした独創的な大型ホテルをぽつぽつと建てたため、自然の美しい浜辺と都市の新たな魅力が交じり合い、こぢんまりとした小さな街が何とも優雅で洗練された保養地に生まれ変わったのだ。

一方、地中海岸の浜辺といえば、ニースやカンヌといった国際リゾート地が連想されるに違いない。とはいっても、その中でも間違いなくニースだろう。ドーヴィルとはまったく異なり、貴族の邸館や立派なホテルが砂利浜間際までひしめき合うように建ち並んだ。プロムナード・デ・ザングレ（英国人の散歩道）という名の散歩道が浜辺に沿って見渡す限り続く。19世紀からイギリスやロシアをはじめ欧州各国から貴族が療養のために足を運んだことはよく知られている。太陽の街といわれるように、さんさんと降り注ぐ日の光を浴びて海辺を歩けば、笑顔が絶えず、そのうち情熱が沸いてきて、それが何とも心地よい。これが地中海に向かう、南向きの海辺ならではの光景だ。地中海岸といえば、おそらくこうしたリゾート地を連想するに違いない。

ところが地中海岸には、北向きの海辺に発達した都市もある。コート・ダジュールの地図を広げて西側から東側に向かって眺めていくと、三日月のような円弧を描いた半島の先端に栄えた都市に目が止まるはずだ。それが、歴史は浅いが、異彩を放つサン＝トロペだ。サン＝ラファエルから船に乗り、コート・ダジュールの山並みと別荘地を眺めながら湾を渡るか、もしくは点々とつづく海水浴場を脇目に車を走らせるか、いずれにしても、小さな漁村からはじまった小都市にたどり着く。市庁舎や教会堂、市場の集まった中心地は非常に小さく、30分も歩けば一通り回れてしまうほどだ。ところどころ

01 サン＝トロペの街並み、左：旧市街、右：ホテル「ラティテュド43」

に画廊もあり、振り返ると、美しい海辺がまさにそのまま切り取られたかのような絵が売られていたりする。照りつける日差しはどこか優しく、小さな湾は穏やかで、波静かだ。空と海で二分された光眩いニースとは異なり、山並みの緑の帯が青の空と海でサンドイッチされた景色が続く。

その一方で、港にはピカピカに磨かれた何隻ものクルーザーが停泊し、その周りにはシャンゼリゼ大通りのように最新の大型カフェが建ち並ぶとともに、中心市街地の脇から延びる目抜き通りには世界の名立たる服飾家が次々に立派な大型店を構え、こんな街中を赤色や黄色のスポーツカーが駆け抜ける。

この小さな漁村をこうした最新のリゾート都市に一変させる契機をもたらしたのは、建築家ジョルジュ＝アンリ・パンギュソン（1894〜1978）が街外れに建設した大型ホテル「ラティテュド43」（1930年、現・集合住宅）にほかならない。これはフランスで最初の都市計画法、コルニュデ法の制定に基づいて建築家・都市計画家アンリ・プロスト（1874〜1959）

01

がおよそ200㎞にわたる海岸線の保護とリゾート地の開発を描いた都市計画、ヴァール圏コート・ダジュール保護・開発計画案に基づいている。また、このホテルの形はフランスでは、客船様式、イギリスやアメリカではストリームライン・モダンと名付けられた建築様式、あるいは建築造形の典型例で、船でこの街を訪れると、大型客船が陸に打ち上げられて座礁してしまったかのように見える。長大な白い横長の客室部分が緑の丘の上に頭をのぞかせているからだ。このように計画面ばかりでなく様式面でも、由緒正しい正統的な近代建築なのである。

では、アール・デコの後期に大流行したこうした建築はどのようなものであったのか。大西洋を横断する大型客船が定期就航すると、そのとてつもない大きさと類例のない形は、客船であれば当たり前のものであっても、その内装を手がけた建築家たちにとってはあまりにも新鮮で、強烈な衝撃であったのだ。ノルマンディー号ともなれば、奢侈を極めた室内装飾が施され、一生に一度の機会といわんばかりに、正装で着飾った紳士と淑女が航海の不安に悩まされることなく、贅沢に浸ったのである。ここまでも豪華絢爛の大型客船であってもどうしようにも解決のできない潜在的な課題があった。それが窓である。ルネ・ラリックが電気照明に工夫を凝らし、絵画や彫刻が壁面いっぱいに施されたのは、多量の自然光を取り入れることが困難という課題を解決するためだ。その中でも天井裏や壁の内側に仕組まれた電気照明が織り成す線の照明、その線の照明がグラデーションして広がる面の照明はこれまでに誰も見たことのない光景を作り出し、こうした照明がストリームライン・モダンと称された。この横に長く延びる白い線はさらに大型客船の客室部分の外壁の形にも準えて、極度に横長の線によって構成された建築が客船様式と名付けられたのだ。こうした形の大型ホテル「ラティテュド43」はまさに最先端の建築造形が取り入れられたもので、このような建築こそが当時の貴族や資産家、有閑階級に好まれたのだ。当時の流行言葉である「ウルトラ・シック」は、こうした美学をよく表している。

フランスの海岸線の中でも、サン＝トロペはドーヴィルやニースとも違い、このように新・旧がまったく異なる街も珍しい。こうした小さな街であっても、何ものにも変えがたい恵まれた地形と衝撃的な新たな建築文化の挿入によって一変することがあるのだ。サン＝トロペをご存じの方は、おそらくこの街を愛したパブロ・ピカソやアンリ・マティスらの画家、ブリジッド・バルドーらの女優がセットになっているようだが、その背後に地形を活かした画期的な建築を心のどこかに留めておいていただきたい。

（三田村哲哉）

20

〈フランス〉

エクス＝アン＝プロヴァンス

――古代ローマ人が残した「千泉の街」

現地人が「エクス」と呼ぶこの都市はマルセイユから約30㎞の北に位置し、人口14万人余りを擁する。古代ローマ時代に西方遠征の中継拠点として温泉の湧くこの地に駐屯地が配置された（コラム7参照）。当時は浴場、水道橋、下水道などが整備されるなどローマ型都市が開花した。ローマ帝国の消滅に伴い街は衰退していくが、水道施設は洗礼などの教会活動に引き継がれる。中世になると街はたびたび外敵の攻撃に晒され、強固な外壁で囲んだ街中に井戸を掘って自衛したといわれる。12世紀末、エクスにはプロヴァンス伯爵領の首都が置かれ、その時代特有のロマネスク様式のサン＝ソヴゥール大聖堂の中庭列柱廊が残る。１４３２年に位を継承したルネ王が伯爵宮殿を構えると、街は経済的にも文化的にも発展を遂げる（現在、王の立像がエクスの目抜き通りミラボー通りの奥に配されている）。宮廷によるフランスの中央集権化が進む中、プロヴァンス伯領はフランスに統合され、統治者が宮廷から派遣されるようになる。市役所の側に聳える時計台（1510、時計自体は1661年のもの）はこの頃に建てられたものだ。17世紀半ばに国王ルイ14世の宰相マザランの実弟ミシェル・マザランがエクス大司教に赴任すると、都市の拡張を提案する。今でもその名で呼ばれる貴族街とプラタナス並木の茂るミラボー通りが整備され、マザラン地区には中世の趣を残す旧市街とは異なる雰囲気を醸し出す、貴族・富裕層の個人邸宅が建てられる。建築史においてこの時代は古典主義に相当し、王朝の権威を象徴するために古代ギリシャ・ローマの意匠規範が利用された。18世紀には新古典主義といわれる様式が主流になっていくが、古典回帰という点では17世紀と変わらない。地元の石切場から来るオーク色の柔らかい表情を呈する石材を使って、現在も使用されている市庁舎（1655～78）、持ち送りの胸像柱が美しいヴァンドーム邸（1665）、定期市の開かれる広場に面するマドレーヌ教会（1691～1703）、住宅密集地にある端正な空間のサン゠テスプリ教会（1704～26）、現在郵便局に使用される穀物貯蔵ホール（1717～65）、その他貴族やブルジョア向けの多くの私邸（75が歴史的建造物に指定されている）などが建てられる。

また、ローマ人が重宝した湧水が見直され、泉や噴水が新たな都市計画の中に多く取り入れられたことも古典回帰の副産物だろう。時代がわかるもので130前後、個人邸宅の中庭にある無名の湧水場を加えると実際にいくつあるのか見当がつかず、エクスが「千泉の街」とも呼ばれる所以となっている。以上の歴史的な経緯からエクスの街中には多くの泉が配置されており、現在のエクスの街の表情を特徴付けている。以下にいくつか代表的なものを紹介しよう。

・エスペリュクの泉：17世紀のもので街に現存する最も古い泉。
・アルベルタの泉：街中で最もフォトジェニックな場所。観光客がかならず訪れるが、泉自体はさほど古くはない。
・9カノンの泉：17世紀中旬にミラボー通りの中心付近に設置され、広い空間のアクセントになっている。歴史的建造物。
・苔の泉：17世紀中旬にミラボー通りに設置。今では苔に厚く覆われてかつての原型を留めていない。
・バニエの泉：シャプリエの泉とも呼ばれる。ルノワールに描かれたセザンヌの円形レリーフ彫刻が目を引く。歴史的建造物。
・イノシシの泉：市庁舎付近のリシェルム広場に鎮座するイノシシの青銅彫刻。

01 エスペリュクの泉
02 アルベルタの泉
03 苔の泉
[©Labo Photo Ville d'Aix]

・銀の泉：ミラボー通りから先の奥まったエリアにあるミュール・ノワール通りとダルジャン通りの交差する角に設置されている18世紀の泉。歴史建造物。
・ベルガルド泉：トスカナ式の円柱の上に地元の新古典主義画家フランソワ＝マリウス・グラネ（１７７７～１８４９）の半身像が鎮座する。
・マルタの泉：十字軍に参加したマルタ騎士団を記念して名付けらる。
・2カノンの泉：エクスで最も古い泉で、市庁舎広場の時計台から東へ延びる活気のあるブルゴン通りにある。１５３２年に設置された当時の姿のまま。
・フォンテットの泉：プロヴァンス語で「小さな泉」を意味する。設置は１８５８年。
・3本ニレの泉：かつてあった井戸を覆う3本のニレの木が名前の由来。16世紀に神聖ローマ帝国の部隊が侵入した際に忠誠を拒否した農民がそのうちの1本で処刑されたという逸話が残る。
・4イルカの泉：豪奢な個人邸宅がひしめくマザラン地区の中心に１６６７年に設置された。
・市庁舎の泉：設置は１７５５年。市庁舎広場の一角に立ち、そのためモニュメンタ

04 4イルカの泉
05 市庁舎の泉
［©Labo Photo Ville d'Aix］

ルな性格を持つ。
・ドミニコ会修道士の泉：かつてドミニコ会修道院があった場所に建てられたことからこの名が付いた。1758年に設置。
・タヌールの泉：かつてこの地区に染色場（Tanneur）があったことが名前の由来。
・ルネ王の泉：その名の通りルネ王の立像のある泉。右手に王杖、左手に王が街にもたらしたマスカットブドウの房を持つ。

06ラ・ロトンド［©Labo Photo Ville d'Aix］

1860年には「ラ・ロトンド」の愛称で親しまれる直径41m、高さ12mの円形噴水が設置される。小さな地方都市にしては立派すぎる建造物に見えるが、ミラボー通りを中庭に見立てると、さながら大きな邸宅の屋外に設えられた泉のようなものだ。1913年、エクスは「湧水の街」という別称を正式に使用するようになる。近年、ラ・ロトンドを中心にミラボー通りの反対側に都市拡張が行われ、コンサートホール、商業施設、教育施設、ホテル、集合住宅などが新たに建てられた。新しい泉が作られたかどうかわかないが、歩いて探索してみるのも一興かもしれない。

（木田　剛）

ピサの大聖堂と斜塔［撮影：岡北一孝］

第Ⅳ部

コート・ダジュールからコスタ・デル・ソルへ

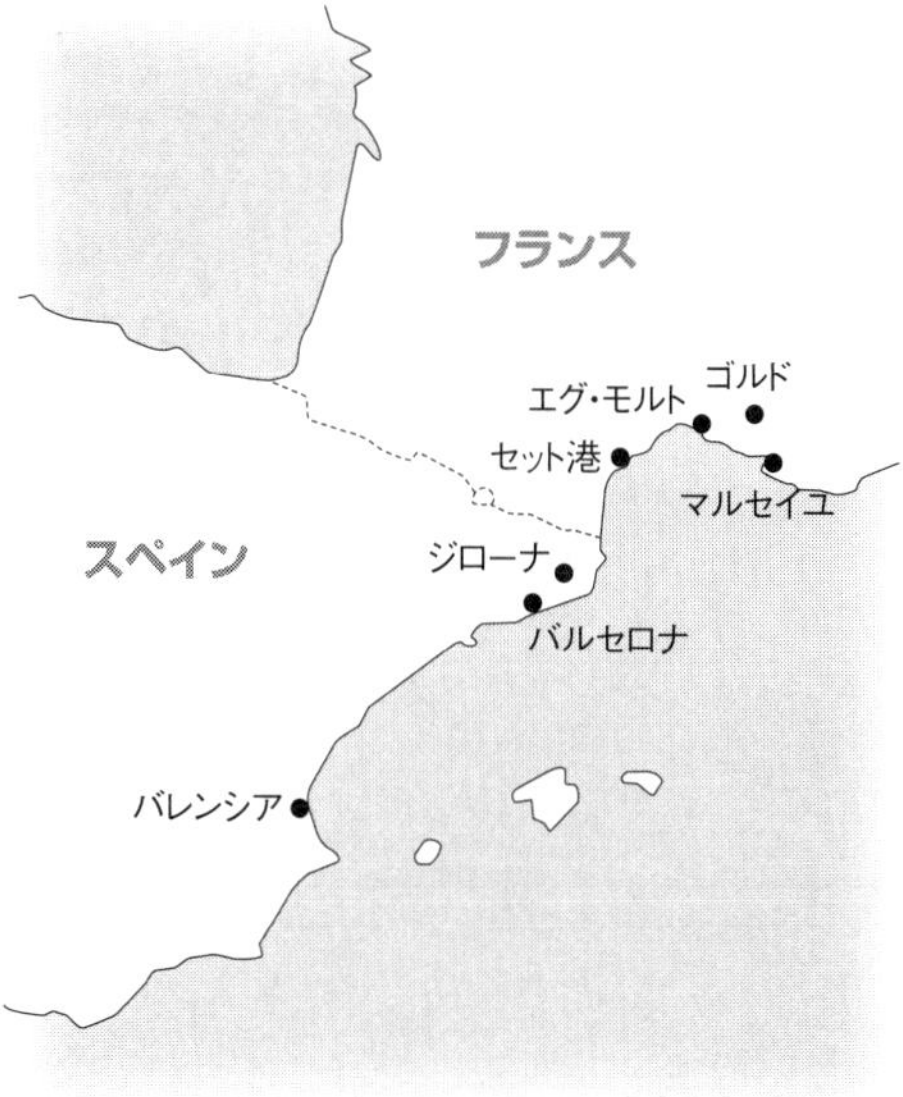

21

〈フランス〉

マルセイユ

――路面電車で旅するベル・エポックの港町

マルセイユの中心街を歩いていると、ゆったりと走行する新型のトラムウェイ（路面電車）がまず目につく。２００７年に開通したこのトラムは、港町らしく、船の形をした斬新なデザインの外観となっている。マルセイユは長い間、「汚い町」「危ない町」という汚名を着せられてきた。それでもトラムの開通にともない、中心部の再開発も実行され、フランス随一の港町マルセイユのイメージは大きく変わった。

現在は3路線12・７㎞で運営されているトラムだが、およそ1世紀前の１９１４年においては、路面電車の路線網は、93路線４９４㎞にも達していた。首都パリでは、電線が都市の美観を損なうと嫌われていたため、万国博覧会が開催された１９００年に地下鉄が開通した。一方、地上では、古めかしい乗合馬車や馬車鉄道が走り続けていた。第二都市のマルセイユは、１８９２年にフランスで初めて本格的に路面電車を導入し、１

９００年には全路線の電化に踏み切り、他の地方都市の先例となった。当時の多くの絵葉書には、路面電車が新しい世紀における近代化の象徴として写し出された。こうした絵葉書を見ながら、ベル・エポックのマルセイユを路面電車で旅してみよう。

絵葉書は20世紀初頭にブームとなり、大都市の大通りが好んで撮影された。マルセイユでは目抜き通りのカンヌビエール通りが最も多く撮影され、観光客向けに絵葉書が販売された。旧港に面するこの大通りには、大きなカフェやホテル、百貨店、商業会議所などが集まり、大都会の雰囲気が漂っていた。１９０５年に完成した鉄製の運搬橋が最上部に写っている絵葉書を見ると、路面電車がカンヌビエール通りを途切れなく走っている様子がわかる。当時、この大通りの付近からは、約80路線のうち50路線の路面電車が郊外に向けて出発し、運行数は1日５０００便以上に達していた。路面電車がまさに都市を活気づけていた。絵葉書には、自動車や自転車、馬車が何台か見受けられる程度で、路面電車は、少なくとも１９２０年代までは、公共交通機関として重要な役割を果たしていたのである。

１９１０年頃に販売された次

01 カンヌビエール通りと路面電車（１９０５年以降の撮影）［出所：著者所有、國府久郎「20世紀初頭マルセイユにおける路面電車ネットワークと都市化――絵葉書の分析を通じて」『歴史地理学』第56巻 第4号、２０１４年9月］

の絵葉書では、暗い月夜のなかで飛行機がカンヌビエール通りの電線を照らしている。現在の私たちの感覚では、電線を絵葉書の題材にするのは不思議でならない。しかし、マルセイユでは20世紀初頭において、電気の利用は依然としてまれであり、裕福な家庭でガスが使用され始めたばかりであった。パリとは異なり、マルセイユの写真家は、路面電車の架線に価値を見出し強調した。マルセイユでは、市の南部にあるボレリー公園で何度か航空ショーが開催された。そのため、この絵葉書は、電気エネルギーと飛行機という20世紀初頭を代表する二つの技術進歩の象徴を対峙させる目的で作成されたようだ。

絵葉書は普及するにしたがいコレクションの対象となり、その主題はきわめて多様化した。例えば、マルセイユ市は111の街区（カルティエ）に分かれているが、路面電車の終点か停留所を撮影した絵葉書は、ほぼすべての街区に関して一枚か数枚かは残されている。こうした絵葉書をもとに、20世紀初頭のマルセイユ郊外の様子を観察してみよう。フランスは平等の精神を重んじる国だが、じつは公共交通にもその精神が反映されている。マルセイユでは1900年という記念すべき年に、社会主義者の市長が全路線の電化に加えて、10サンチーム市内統一料金の路面電車を導入した。今でいうと、市内すべてが100円で乗車できる感覚である。便宜的に統一されたわけではなく、市内に住むすべての人が、平等に「最新の電車に、同じ低料金で乗れる」ように設定された社会政策であったので

02 カンヌビエール通りの電線と飛行機（1910年以降の撮影）［出所：著者所有］

ある。この安い市内統一料金のおかげで、裕福な市民ばかりではなく、多くの民衆も休日に路面電車で海岸沿いや、緑あふれる内陸の郊外農村部に出かけるようになった。

マルセイユ南部郊外にあるプラド海岸を写した絵葉書では、人々が優雅に散歩を楽しんでいる。現在でも夏のヴァカンスの時期には、この海岸へ向かうバスは若者ですし詰め状態になり、上半身が裸か、水着を着た気の早い男の子たちも多く乗っている。20世紀初頭では、オープンカーの路面電車から降りてきた人々は、主に散歩を楽しむためにここを訪れており、浜辺の楽しみ方が現代とは異なっているのがわかるだろう。他方で、セミの声と緑につつまれた郊外農村部では、路面電車の開通後、終点が村のたまり場となった。この場所で都会の人々は休日に新鮮な空気を吸いにきて、逆に農村の人々は都市中心部に行き来し始めた。路面電車の終点に開業したカフェやバーで一杯やるために多くの大人が集まり、政治談議や都心での買い物の話で盛り上がった。

そのかたわらには、好奇心旺盛な村の子供たちが集まってきた。子供たちは、道路を猛スピードで走る大きな鉄の機械である路面電車や、それを堂々とあやつる凛々しい「ワットマン（路面電車の運転手）」に魅了された。家族の用事や買い物のために、子供たちは郊外から都心までの「冒険」を体験することで、路面電車に徐々に慣れ親しんでいった。彼らが成長した時には、この路面電車で都心に通勤するようになった。路面電車のおかげ

03 プラド海岸と路面電車（1900年以降の撮影）［出所：著者所有］

04 東部郊外の農村カモワン：バー・レストラン（路面電車の終点）（1907年以降、店主のシャベールによる撮影）［出所：著者所有］

で、農民の息子や娘たちが、様々な会社の職員や労働者、百貨店の販売員、新聞社などの速記者やタイピストとして働けるようになった。イタリア人をはじめとする多くの外国人の家族も、郊外農村部に住み着いていた。こうした移民の子孫たちは、路面電車で都心に通い、しだいに「マルセイユっ子」となっていったのである。

　マルセイユは大都会というイメージが強いが、現在でも意外なほど郊外には、海岸や丘陵などの多くの自然が残されている。というのもマルセイユ市は、パリ市の約3倍、リヨン市の約5倍も面積が広いからであり、111もある街区は多様性に富んでいる。マルセイユを訪れ、旧港のレストランでブイヤベースを食べた後は、最新型のトラムとバスを乗り継いで、郊外の海岸や、オリーヴ畑が美しい農村部を旅してみてはいかがであろうか。日本からは遠すぎて難しい場合は、イヴ・ロベール監督による映画『マルセルの夏』と『マルセルのお城』（1990年公開、原作：マルセル・パニョル『父の大手柄』『母のお屋敷』）を観れば、ベル・エポックの絵葉書と同じ世界にどっぷりと浸ることができるだろう。

（國府久郎）

参考文献

- マルセル・パニョル『父の大手柄』『母のお屋敷』佐藤房吉訳、評論社文庫、1991年。
- 望月真一『路面電車が街をつくる──21世紀フランスの都市づくり』鹿島出版会、2001年。
- 深沢克己『マルセイユの都市空間──幻想と実存のあいだで』刀水書房、2017年。

コラム 7

ローマ都市、エクスとマルセイユ

エクス＝アン＝プロヴァンス（エクス）とマルセイユとは共同都市圏を構成しており、実際にエクスの職場に通うマルセイユ住民もいれば、逆のケースもある。

歴史の上でもエクスとマルセイユは交錯する。古代ギリシャの歴史家アンティオコスによると、マルセイユ建国は紀元前600年のフェニキア人船乗りによるパニエ地区入植に遡る。当時の地名はマッサリアだが、ローマ時代にはマッシリアと呼ばれた。紀元前272年、共和政ローマ（前509〜前27）はイタリア半島を統一し、紀元前118年には現在の南仏プロヴァンス地方とラングドック地方を合わせた地域に相当する、越アルプス・ガリア地方の植民地化を敢行する。

当時、エクス近郊のアントルモン集落には土着のケルト系リグリア人が住んでいた。ローマの同盟都市マッシリアは地域の治安を確保するために、リグリア人の制圧を要請した。ローマの執政官ガイウス・セクスティウス・カルウィヌスがプロヴァンス遠征に派遣され、住民を紀元前124年に支配下に置く。2年後の紀元前122年に集落の付近の温泉の湧く土地に駐屯地が整備され、執政官の名を取り「Aquae Sextiae」（セクスティウス湧水）と命名した。これが地名の由来となる。エクスは現フランス領において、古代ローマ帝国が最初に建設した都市ということになる。

エクスはローマにとって戦略的要衝と位置付けられた。平定したばかりの地域の治安を監視するローマ軍の駐屯地としてだけでなく、西方のナルボンヌ＝ガリア地方遠征の補給基地になる。蛮族によるイタリア半島侵攻を防ぐために、その経路である同盟都市マッシリアの防御を固める必要があったのだ。紀元前102年に北方蛮族のテウトネス人（テュートン人）の南進に対して、執政官職にある軍人マリウス（前157〜前86）に率いられたローマ軍はサント＝ヴィクトワール山麓でこれを撃破している。

紀元後1世紀、ローマの都市計画の手法に則り、東西南北の軸を中心に都市が整備される。中心にフォルムを置きながら、役所、浴場、劇場、墓地、城壁などの公共建築が置かれたという。建設には廃墟となったアントルモン集落の石の再利用か、またはマルセイユの建造物にもしばしば使われたカリサンヌ石切場から調達された。また、道路舗装、下水道、緑地公園などの社会資本や、ドムスといわれる富裕層の住宅も建設されており、モザイク、壁画、大理石装飾、立像などが発見されている。浴場の建設は1世紀後半に遡る。2世紀にはサント＝ヴィクトワール山の支脈から水を街へ導く水道橋がいくつか建設され、浴場や街の泉への給水だけでなく住民の飲料水にも活用されたという。下水道の維持・清掃にも使われたことだろう。

これらの多くはフランス革命の前夜に破壊され、残るものは今では少ない。エクスから遠くないサンレミ＝ド＝プロヴァンスに古代ローマ時代のグラヌム遺跡が残っているが、そこで見られる凱旋門、「モゾレ」といわれる死没者追悼の塔、浴場の遺構などは、似たものがエクスにあったのだろうと想像をかき立てる。エクスでもローマ時代の遺構がいくつも発見されており、最も古いものは発見が1704年に遡る浴場跡だろう。後の考古学調査により、ケルト系ガリアの温泉神ボロマヌスへ捧げた祭壇があったことが判明しており、ガリア人とローマ人が共住していたことを示唆する。現在ではその跡に建設された瀟洒なホテル＝スパが操業しており、訪れた人々は古《いにしえ》のローマに思いを馳せていることだろう。

（木田　剛）

22

〈フランス〉

ゴルド

――南仏の美しい村

プロヴァンス＝アルプ＝コート・ダジュールといえば、マルセイユ、ニース、カンヌに代表される海沿いのリゾート地がイメージされるが、内陸の山麓には、多くの画家を魅了した村々が点在する。その一つに、リュベロン地方、ヴォクリューズ山地の南側に位置するゴルド村がある。南仏特有の〝まち〟の形式として知られる「鷲の巣村」の一つであり、岩山の上に張りつくように建物が建ち並ぶ。オリーヴ畑を左右に見ながら狭い一本道を村に向かって進んでいくと、石造りの家々が山の斜面にぎっしりと階段状に建ち並ぶ全景が、突然、視界に現れる。遠くから見るとあたかも空に浮かんでいるように見え、天空の城ラピュタを想起させるには十分だ。人口は2000人に満たず、面積48・04㎢、人口密度わずか41人／㎢の小さな村だ。

町の端に車を停め、はちみつ色の壁と朱色の屋根の建物が連なる道を進み、町の中心の広場へと向かう。そこには歴史的モニュメントに指定されている中世の城塞が残る。1031年に建造された要塞としての性質をもつこの城は、現在は観光案内所のほか、ミュージアムとして活用されている。さらに南に進むと、サン＝フィルマン邸宅にたどりつく。歴史的モニュメントとして登録されているのは、この地下空間にある岩窟住居であり、夏の間だけ一般に開放されている。その他、18世紀に建設されたサン＝フィルマン教会、聖地サンティアゴ・デ・コンポステーラに向かう巡礼者の宿泊所、カラードと呼ばれる自然石材を並べただけのゴツゴツした路面、町並みに調和した古い家々が、この町の歴史的文化遺産だ。曲がりくねった石畳の狭い路地を思うがままに歩いていると、まるでタイムトリップしたかのような気にさせられる。ここでは時が止まっているかのようだ。サン＝フィルマン教会の裏からは、リュベロン山地と谷合の村の緑豊かな景色が一望でき、心が和んでいく。

偶然によって、このような村々が存在しているわけではない。「フランスで最も美しい村」の認定制度が、その要因の一つとしてあげられるだろう。この制度は、1981年当時のコロンジュ・ラ・ルージュ村長だったシャルル＝セイラック氏と『フランスで最も美しい100村』という写真集との出会いにまでさかのぼる。彼は、この写真集の中に、過疎地対策の活路を見出したのである。当時のフランスは失業率が高く、仕事を求めて地方から都市への人口流出が加速

01 ゴルドの全景

するなか、農村では急速に過疎化が進展していた。100村に手紙を書き、村の歴史的遺産の保全・活用を前提とした「美しい村」への参加を呼び掛けた。賛同した66の村長が集まり、1982年3月6日に「フランスで最も美しい村協会」（以下、「協会」とする）が設立された。

この協会は、1901年法に基づくアソシアシオン（非営利団体）に該当し、コロンジュ・ラ・ルージュに本部が設置され、現在、157村をメンバーとする。内部規約である「質憲章」には、「フランスの最も美しい村として認定されている村を保護し、振興し、発展させること」とその目的が記されてある。協会の活動戦略として、「質」「名声」「発展」の三本柱が掲げられ、これらを達成するための活動を実施している。

協会には、総会、理事会（村長やパートナー企業の代表から構成される22名）、事務局（村長から構成される10名）の下に、活動戦略である三本柱に対応した三つの技術委員会が設置されている。認定や取り消しを行う「質委員会」、美しい村の広報・宣伝などを行う「名声委員会」、村の活性化のためのサービスを担当する「発展委員会」の三つであり、これらの委員会は、メンバーである村会議員に加え、専門家から構成されている。

協会の運営にあたっては、美しい村のメンバー村から、毎年、住民一人当たり3ユーロの分担金が支払われるほか、フランス電力公社のようなパートナー企業からの寄付、国や地方自治体からの補助金、美しい村のロゴを使った商品の売り上げなどがあり、年

02 ゴルドの路地

間予算約47万5000ユーロ（約6400万円）で運営されている。

「美しい村」に加盟するためには、審査を受けなければいけない。協会の設立以降、あいまいだった選定基準が見直され、1991年に「質の基準」という選定基準が設けられ、三つの絶対的基準と27の目標基準からなる30の基準により認定される仕組みとなった。

審査は三段階にわたって行われる。第一段階は書類審査であり、①村落・集落人口が概ね2000人以下であること、②歴史的・文化的価値のある指定・登録景勝地もしくはモニュメントが二つ以上あること、③基礎自治体の議会で承認されていること、の三つの絶対的基準を満たしているかどうかが求められる。書類審査を通過すると、次は現地調査となる。審査委員が現地を訪問し、村長との面会に加え、書類の虚偽の有無、町並み環境、加盟へのモチベーションや住民の意識などを評価する。そして、①村の歴史的遺産の価値、②村の建築・都市計画・環境の質、③地域の発展をコントロールし価値を高めるための取り組みの妥当性（都市計画のツール、修景整備、訪問客流入の管理）など27の目標基準を用いて分析し、審査報告書を作成する。最後の第三段階は、年2回、春と秋に開催される質委員会での判定となる。そこでは、審査報告書の内容が議論され、「認定」、将来的には改善が必要な「条件付き認定」、改善により再度申請が可能な「一時的な却下」、再応募の可能性のない「最終的な却下」の四つのいずれかが決定される。認定もしくは条件付き認定の場合は、1年以内に村長と、協会の長が質憲章に署名をする。この署名をもって正式に美しい村のメンバーとなり、住民やメディアへ周知する最初の機会となる。この日をもって美しい村のエンブレムが村の入口に掲げられ、このマークを用いた観光活動が可能となる。一方で、村は歴史的遺産の保全や価値の向上のために努力するとともに、協会が定めた原則を順守し、協会の活動に積極的に参加する義務が生じる。

認定の審査は厳しく、申請された村のうち平均5件に1件しか認定されていない。また、6年ごとに再審査が行われ、認定が取り消されることもある。実際、経済活動などを優先した場合や、認定以降、「美しい村」に関する活動をしていない村は、認定が取り消されている。

こうして、フランスの美しい村々が、現在においても中世さながらの姿で残されているのである。「美しい村」は観光地というイメージが認知されており、ゴルドのようにわずか2000人の村に毎年100万人以上の観光客が訪問する村もある。観光産業が村の自立に大きく貢献しており、そこに住む人々は自分の村に誇りをもち、さらに魅力的な村にしていきたいという情熱をもって生活している。

ゴルドの町を出ようとしたとき、初老の紳士に話しかけられた。「どこから来た？」という当たり前の質問とともに、町の自慢話が繰り広げられた。自分の町をもっと知ってもらいたいという熱い想いがひしひしと伝わってきた。

ゴルド以外にも、誰をも魅了する村々はたくさん存在する。ぜひ「美しい村」のホームページをのぞいて、お気に入りの村を見つけてみてはいかがだろうか。パリという大都市とは異なるフランスの素朴な村の魅力を満喫することができるであろう。（岡井有佳）

参考文献

- 美しい村のホームページ：http://www.les-plus-beaux-villages-de-france.org/fr
- 阿部大輔・黒田真奈未・垣内恵美子「歴史的町並み保全における小規模自治体の連携に関する基礎的考察」『計画行政』32（4）、2009年。
- Les plus Beaux Villages de france (s.f.), La selection des villages: Instruction des demandes de classement.
- Selection du Readers Digest, *Les plus beaux villages de France: Guide officiel de l'association Les Plus Beaux Villages de France*, 2012.

コラム8

プロヴァンスの石とプイヨン

南仏もまた地中海、それも南地中海との縁が深い地域だ。ここでは、ニーム近郊にあるローマ水道橋（ポン・デュ・ガール）、それに「プロヴァンスの三姉妹」の一つとして知られるル・トロネ修道院という2か所の南仏の建築遺産の、地中海の対岸アルジェとの関わりについて簡単に紹介したい。

水道橋はニーム駅から車で1時間ほどの距離にある。この場所は古代から採石場として知られ、今日でも多くの石エアトリエが店を開いている。橋の周辺には岩肌が剝き出しとなっていて、見上げるような水道橋を構成する無数の石材と同じく眩しい黄金色をしている。この「ブロンドの石」に目を向けたのが、建築家フェルナン・プイヨンであった。彼は第二次大戦後、オーギュスト・ペレの下でマルセイユ旧港の再開発に携わり、旧港北岸に多くの集合住宅を実現している。これは当時の流行であった鉄筋コンクリートをあえて使わずに、ブロンドの石による中層の組積造としたもので、マッシブで落ち着いた、それでいて存在感ある建物に仕上がっている。現在でも、水道橋と同様、地中海の青空に映える黄金色の輝きは失われていない。

ポン・デュ・ガールの石エアトリエ店にて

そのすぐ後、プイヨンは市長ジャック・シュヴァリエに請われて対岸のアルジェに渡った。120年以上にわたって植民地であったアルジェリアでも、独立の気運が高まっており、シュヴァリエはキリスト教徒とムスリムの共生を政策に掲げていた。特に後者の住環境はひどいものであった。そこで、誰でも入れるＨＬＭ（フランスの社会住宅）の新しいモデルをプイヨンに託したのである。引き受けたプイヨンは、数年のうちにディアル＝ッサアーダ、ディアル・ル＝マフスール、クリマ・ド・フランスの三つの集合住宅を実現した。デザインは「共生」を意識して、アンダルシアによく見られるムーア様式（西欧とイスラームの融合とされる）を採用した。高層建築は最小限に抑え、小広場と庭園、回廊の形成を重視した建物配置とし、そしてここでも建材としてブロンドの石が用いられることで、どこか北アフリカの旧市街にも通じる穏やかな雰囲気の地区とすることに成功している。石は地中海を経て船で運ばれた。

旧港のプイヨン建築

アルジェのディアル・ル＝マフスール

　プイヨンは学生時代から石造建築の調査に明け暮れていた。中でも地元プロヴァンスのル・トロネ修道院には何度も出かけサーベイをしている。そんなプイヨンであったが、アルジェのプロジェクトからほどなくして、不幸な冤罪によって獄中の身となってしまう。そこで彼が執筆したのが小説『粗い石』である。舞台を12世紀に置き、ル・トロネ修道院が建設される過程を工事監督の日記という視点で描いた作品である。日本語には仏文学者の荒木亨によって1970年代に訳されており、安藤忠雄がヨーロッパ旅行で読みふけったと言われる。荒木はその後、『石叫ぶべし』というタイトルでプイヨンの自伝（原題は"Memoire d'un Architecte"）を訳出しており、プイヨン自身についてはこちらも読み応えがある。

ル＝トロネ修道院の中庭

ル・トロネ修道院をはじめ、セナンク修道院、シルヴァカンヌ修道院の「三姉妹」は、修道院だけあっていずれも山の奥に位置している。石造りの建物は内外とも装飾が限定され、入り口も控えめで、厳格な修行の場を想起させる。ただし、中庭は豊かに植栽され、石柱の間から回廊に注ぐ陽射しは柔らかい。

訪れるなら、奮発してレンタカーを借りることをお勧めする。ゴルドなど、近辺の「フランスで最も美しい村」などと組み合わせると、良いプロヴァンスの建築旅行になると思う。（松原康介）

＊参考文献
前川道郎『ゴシックということ』学芸出版社、1992年。

フェルナン・プイヨン『粗い石　ル・トロネ修道院工事監督の日記』荒木亨訳、形文社、2001年。

西田雅嗣『シトー会建築のプロポーション』中央公論美術出版、2006年。

23

〈フランス〉

エグ・モルト

――カマルグ湿原にまどろむ中世城塞都市

ローヌ河沿いの都市ニームからローカル線に乗って30分、ローヌ河口の三角州に広がる小カマルグ湿原の西端に位置するエグ・モルトに到着する。沼沢地帯に囲まれ、オック語で「死んだ水」を意味するこの地に都市が建設されたのは13世紀の半ばである。それまでフランス王家は地中海に面した都市を持たなかった。マルセイユは神聖ローマ帝国に属するプロヴァンス伯領内にあり、モンペリエの外港であるラト港はバルセロナ伯家が支配していた。そのため十字軍遠征を計画していたフランス国王ルイ9世は、プサルモディ修道院から土地を取得して新たな都市を築き、軍港を設けたのである。

さて、駅を出て南下すると間もなく、町を囲む市壁とガルデット門の威容が目に入ってくる。門をくぐり、壁に沿って右手に進むと、すぐに市壁北西角に位置する円形のコンスタンス塔に着く。この塔は内部を見学することができる。コンスタンス塔は町の建

01 南側の市壁

設よりも早い１２４０年代に築かれ、直径22ｍ、高さ40ｍ、壁の厚さは６ｍという堅固な構えだ。地階の大広間は交差ヴォールトを持ち、パン焼き窯の跡も残る。螺旋階段を上った2階は主に監獄として利用された。著名な虜囚として、18世紀の宗教戦争時に、15歳から38年間投獄されながらプロテスタント信仰を守ったマリー・デュランがいる。2階からさらに階段を上って辿り着く見張り台からは、北西側にセヴェンヌの山並み、南側にミディ塩田、東側に小カマルグ湿原をそれぞれ一望できる。

　この町で最も印象的なのは、近隣の石材を用いて13世紀に築かれた全周１６４０ｍの市壁だろう。各所に石落としや矢狭間のような防備施設を備え、中世の姿がほぼ無傷のまま今日に伝わるフランスでも希有な例である。ルイ9世の息子フィリップ3世が築いた北側の市壁は、ガルデットとサン＝タントワーヌの二つの門がある。南側の市壁はその後フィリップ4世によって建設され、大小五つの門がかつての港へ向かって開いている。

コンスタンス塔の見学を終えたら、市壁上をめぐる守備隊の巡回路を反時計回りに一周してみよう。マリティム運河を眼下に眺めながら、ランブレ門上を通り過ぎて西壁上をしばらく歩くと、南西角の塔に至る。この塔は、百年戦争中の１４１８年に同市を占領したブルゴーニュ派が寝込みを襲われ、その死体が次々に投げ込まれたことから「ブルゴーニュ派の塔」と呼ばれている。その先の南壁上から南の方角にひらけるピンク色の海と白い山の眺望は壮観である。海をピンクに染めているのはプランクトンや藻類で、カマルグ湿原にはそれらを餌にしているピンク・フラミンゴも多く生息している。白い山は塩田であり、「フルール・ド・セル（塩の花）」と呼ばれる最高級の塩を産出する。この塩田では、１８９３年の夏にイタリア人移民労働者が襲撃され、多数の死傷者が出て、外交問題にもなった「エグ・モルト事件」が起きている。南東角のプドリエール（火薬庫）塔を曲がり、レーヌ（王妃）門とコルドリエ門の上を通り過ぎて東壁を歩き、北東角のヴィルヌーヴ塔を曲がると再び北壁上に出る。北壁には二門しかなく、セル（塩）塔とメシュ（火口）塔が建てられており、北側の防備が重視されていたことがうかがえる。北壁上からは、14世紀に守備隊の駐屯所として建設されたカルボニエール塔が彼方に見える。

市壁上から眺める町並みは、狭く曲がりくねった路地が所狭しと走っているというヨーロッパ中世都市のイメージを少なからず裏切るものだ。この町は東西約５６０m、南北約３００mの長方形で、縦横各５本の街路が碁盤目状に交差しており、道に迷うことは少ないだろう。こうした規則的な街路プランは、南西フランスのバスティードと総称される都市群にも見られるが、両者とも13世紀に新しく建設された都市である点が共通している。

市壁を一周してコンスタンス塔横から地上へ降り、ガルデット門から南へ直進するとサン＝ルイ（聖王ルイ）広場へ出る。中央には、王冠を被ったルイ9世の像が舟を象った台座の上に安置されている。ルイ9世は1248年と1270年の二度エグ・モルトから十字軍遠征に出発したが、1270年夏に出征中のチュニジアで死去。1297年にローマ教皇庁により列聖され、聖王と呼ばれることになった。この広場の周囲には土産物屋やレストランが建ち並び、最も賑わっている界隈である。広場の北側に面して、ノートル＝ダム・デ・サブロン教会が建つ。13世紀中頃に建設された当初はゴシック様式の教会であったが、宗教改革期に略奪され、革命時に接収された後、ネオ・バロック様式に改築された。現代美術家クロード・ヴィアラによって1990年代初頭に制作されたステンドグラスが、教会内部の簡素な内装にアクセントを与えている。この教会から町の東側へ進み、近世に建設された灰色苦行信心会礼拝堂および白色苦行信心会礼拝堂の前を過ぎて東壁に突き当たるところで右へ曲がる。壁の内側に沿う道を南下し、さらにかつて海に面していた南壁に沿って西へ歩いていくと、

02

02 聖王ルイ像

左手にアルスナル（造船所）門、マリーヌ（海軍）門、ガリオン（ガレー船）門、オルガノー（錨環）門といった船に関連する名前を持つ門がつぎつぎと現れ、往時の港の活況を思い起こさせる。

この町の繁栄は長くは続かなかった。14世紀中頃には土砂の堆積によって港へ通じる水路が埋まり、浚渫工事や運河の開設といった対策もさしたる効果を上げなかったようだ。18世紀にセットに軍港が築かれると、地中海への窓口としての重要性も失った。1838年にこの町を訪れた文豪シャトーブリアンは『墓の彼方の回想』で「この町はまだ全体が塔と壁と共にあり、砂上に座礁した軍艦に似ている。聖王ルイも時も海もそれを見捨てたのだ」と記している。夕刻に南壁の門の一つから港の跡地である砂地に出てみると、そこにはどこかもの悲しい雰囲気が漂っている。

近代の発展からとりのこされたおかげで、近年エグ・モルトはカマルグ湿原の中の中世の町並みを残す観光地として新たに生まれ変わっているように見える。町の西側を流れるマリティム運河には観光船も往来しており、船上から有名なカマルグの白馬や小カマルグ湿原の景観が楽しめ、途中で下船してガルディアン（カウボーイ）による牛追いの実演を見ることもできる。時間に余裕があれば乗船するとよいが、船には日よけがなく、夏場は南仏の強烈な太陽に2時間晒されるため、日焼け対策は万全にされたい。

フランスの大都市の喧噪を離れ、カマルグの自然を満喫しつつ、中世ヨーロッパの雰囲気を味わってみたい、という方はぜひ訪れてみてほしい都市である。

（加藤　玄）

参考文献

- ジャック・ル・ゴフ『聖王ルイ』岡崎敦・森本英夫・堀田郷弘訳、新評論、2001年。
- アラン・サン＝ドニ『聖王ルイの世紀』福本直之訳、白水社、2004年。
- 朝治啓三・渡辺節夫・加藤玄編著『中世英仏関係史1066－1500――ノルマン征服から百年戦争終結まで』創元社、2012年。

24

〈フランス〉

セット

――ラングドック地方の「ヴェネツィア」？

南フランス・モンペリエの空港（その名も地中海空港！）に降り立ち、車を東に走らせると、左手にリヨン湾沿いの潟湖（ラグーナ）が望め、正面に陸繋島サン＝クレール山が現れる。その東山麓の斜面地に広がるのがセットの港町である。

この町の周辺環境を地図で眺めてみると、潟湖を囲む陸繋島に位置する都市ではあるが、地中海特有の潟湖の周辺に建設されたという地形条件は、ヴェネツィアと似ている。実際に町の中に入ってみると、活気はあるがこじんまりしており、漁港の印象が強い。しかし、都市の歴史性は、現在の都市景観からだけでは測れない。この港町はヴェネツィアになり損ねたのだろうか。

この地方の人々による居住と漁業活動の痕跡は古代に遡ることができるが、初めて港

01 サン＝クレール山麓からサン＝ルイ防波堤を望む。向かって右が外港、左が内港でその奥に中心街がある。右側に一部映っているのが、サン＝ピエール要塞

湾施設と要塞が整備されたのは、16世紀末の宗教戦争期であった。しかし、本格的な街区の整備は、国王ルイ14世が統治する1666年に始まる。この時期、ジャン゠バティスト・コルベールが、財務総監・海事国務卿として、フランスの貿易振興を図るため大西洋と地中海とを結ぶ広域的な交易ルートを作ろうとした。したがって、大西洋から遡行できるガロンヌ川沿いのトゥルーズから地中海に至るミディ運河の造営と、運河の地中海側の出入り口としてのセット港の建設は、同時進行で進められた。ミディ運河建設の立役者ポール・リケがセットの港湾造成の権利を入札で獲得し、同じく運河建設に携わったクレルヴィルが新港の造営を委託されたことは、この二つの事業の強い連関を示している。彼らの貢献により、サン゠ルイ防波堤が建設され、この港で最も古い港湾施設の一つとして現存している。

17世紀末から18世紀初頭にかけて、この港町は経済危機に直面した。まず、地中海貿易のライバル都市マルセイユが台頭してきたことである。コルベールは、古代以来の地中海商業の伝統をもつマルセイユを、新たなレヴァント産品の中継市場とすることで貿易の主導権をフランスが握ろうと考えて

01

いた。しかし、1660年代初めのマルセイユによるフランス王権への反抗に象徴されるように、この都市は歴史的に強く独立性を主張してきた。そこで武力抵抗を鎮圧した後の1669年に自由港王令が発布され、マルセイユ地元商人の商業利害を保証しつつも、外国人商人の来航と定住を奨励する手段を講じた。それ以降、地中海貿易におけるマルセイユの優位性が確立され、セットのこの分野でのプレゼンスは相対的に低く留まることとなった。こうしてマルセイユの後塵を拝することとなった一方で、セットの都市人口の成長も低く抑えられた。なぜなら船乗りや港湾関連の労働者、さらに貿易商人の定着する数が少なかったからである。加えて、この町がラングドック地方の政治的・経済的拠点であったモンペリエに近接していたことも、商業エリートが居住しない一因となった。さらに、ミディ運河と地中海とを結ぶエロー川の河口内に位置するアグド港が、この地域でのトゥルーズ産小麦の輸送拠点となっていたことも、セットの海運業を頭打ちにした。しかし、セットの魅力は、経済活動の広がりとここを行き交う人々の多様性にある。

18世紀の港湾景観を眺めてみると、比較的小型の船舶と大型で遠隔地交易に用いる船舶の姿が確認できる。小型船は、カタルーニャ地方との漁業取引に代表される沿岸交易に用いられ、大型船は、カリブ海のフランス領アンティル諸島との交易や北西ヨーロッパへの商品の再輸出に使われた。とりわけ、ラングドック産毛織物をアンティル諸島へ輸出し、粗糖を輸入する交易特権を1717年に獲得して以降、この都市には4か所の製糖所が設置された。

交易の発展に伴い、様々な文化的背景をもつ人々が流入を始める。最初に、この都市の商業活動を主導したのは、モンペリエ商人の設立した商事会社（セット商事会社、レヴァント会社）であったが、その社員の中には少なからずプロテスタント商人も含まれていた。１６８５年のナント王令廃止以後も、この都市ではプロテスタント系住民の職業活動が比較的自由に認められていたからだ。しかし初期の萌芽的な会社経営の大部分は、アウクスブルク同盟戦争期の不況のあおりを受けて頓挫した。18世紀に入り、１７４０年代以降、セットに来航した外国人としては、スイス、北ドイツ、デンマーク、スウェーデンのプロテスタント商人やカタルーニャ地方の漁民の姿が確認され、コスモポリタンな性格が広がった。18世紀後半には、イングランドやスコットランドを介してアメリカ合衆国ヴァージニア州とのタバコ交易も始まった。18世紀の地中海都市は、大西洋世界との連関の中で活力をもった。

19世紀以降の特筆すべき事情は、１８３９年にモンペリエとセットを結ぶ鉄道が敷設されたことであろう。このことは海上貿易網、工業製品の輸出、国内市場の成長を結びつけるという一般的条件に加えて、ラングドック地方におけるワイン取引に大いに役立った。特に19世紀後半のフィロキセラ禍は、セット港をラングドック産ワインを輸出する港から、被害を受けていないスペイン産や植民地であるアルジェリア産ワインを輸入する港へと転換させた。

02 ジョゼフ・ヴェルネ《セット港の眺め》（パリ・海洋博物館所蔵）

サン＝ルイ防波堤を歩いてみると、外側に広がる「荒れる危険な海」としてよく知られたリヨン湾の一部をなす外港とボートや漁船が係留された穏やかな内港とのコントラストに目を見張る。この防波堤は、サン＝クレール山腹の石灰岩を建設資材として用いて、砂の堆積と強い風を防ぐために造営された。建設者が堆積土砂の処理と内港における水深の確保に苦慮したことは、各種の図版史料からもうかがえる。セットを描いた絵画史料の中で最も有名なものは、ルイ15世の命により、フランス港湾都市の連作を手掛けていた画家ジョゼフ・ヴェルネの作品《セット港の眺め》（1757年制作）であろう。ボルドーやマルセイユを描いた作品とは異なり、彼はセットの都市内部の詳細な描写には関心を示さない。むしろ、港へ接近する2隻の船舶、防波堤、都市、「目印山」としてのサン＝クレール山全体を構図に収め、瞬間的な場面を切り取り、劇的な効果を上げている。ヴェルネは、「今にも嵐が来そうな天候の中で、入港のための尋常ではないが適切な操船技術を備えた2艘の船と港に入るための風」とを描いたと述べている。地中海の晴天をあっという間に曇らせ嵐を呼ぶ鉛色の空の下で、セットに入港しようとする2艘の船は何を表しているのだろうか。向かって左の3本のマストを有する大型船は、安定して入港しようとしており、地中海・大西洋の遠隔地交易を体現しているように思われる（船籍はスペインとの説あり）。画面手前の、マルタの旗を掲げた小帆船ブリガンチンは、かなり入港に苦心しているが、船乗りの操船技術と水夫たちの統御された姿勢は卓越しており、地中海の沿岸交易と漁業の水準の高さを教えてくれる。もちろん、他の解釈もあるかもしれない。いずれにしても、セットには、海と陸、動と静、大波と小波の緊張感がよく似合う。

最初の問いに戻ろう。セットはヴェネツィアと似通った地理環境の下に成長をとげた地中海都市であるが、都市発展に費やされた時間はずっと短く、ラングドック経済の発展規模は相対的に小さく、伝統的な地方の拠点としてアグド、モンペリエが近接し、巨大なフランスの地中海都市マルセイユを追い越すことはできなかったという諸要因から、都市が大きく発展できなかったことは確かである。しかし、都市住民の多様性、運河も含めた港湾インフラの充実、都市についての表象といった点では独自のものが生み出されてきた。何より、リヨン湾の潮風を受けながら成長したブドウを使ったラングドック産の白ワインと潟湖で養殖された牡蠣のマリアージュを楽しめるという芳醇な食文化がここにはあるのだ。

（坂野正則）

25

〈スペイン〉

ジローナ

——中世に最も近いカタルーニャの町

ジローナとはカタルーニャ語であり、カスティーリャ語（スペイン語）表記とは発音が随分異なる（スペイン語ではヘローナ）。町中で聞こえてくる言語もほぼカタルーニャ語であり、ピレネー山脈にもほど近いこの町では時折フランス語も飛び交う。ここジローナはバルセロナよりも一層カタルーニャ色の強い町だ。鉄道の駅では、カタルーニャ語、カスティーリャ語、フランス語の順にアナウンスが流れるような地域になる。

フランスとの国境をなすピレネー山脈から水を集めながら地中海に注ぐテール川という大きな川がある。その流域最大の都市がジローナだ。もう一つの河川オニャール川がテール川に合流するこの地はとても水運が良く、かつてここは、ローマ帝国とイベリア半島の重要都市カディスを結ぶアウグスタ街道が通る地でもあった。ジローナはピレネー山脈以北のフランス、南のバルセロナの中継都市として発展し、カタルーニャの形

01 オニャール川からジローナ大聖堂およびサン＝フェリウ聖堂を望む

成にも大きな役割を果たした。

この地にローマ人が城塞都市を建設したのは1世紀のことだ。オニャール川沿いはもともと丘陵地斜面であり、町を建設するのは容易ではなかっただろう。しかし旧ローマ街道は斜面に沿うように整備され、今日もフォルサ通り（Carrer de la Força）と名を変えつつ、バリ・ベイ（Barri Vell）と呼ばれるジローナの旧市街を南北に貫いている。古代ローマの都市計画手法でいうカルド・マクシムス（Cardo Maximus）と呼ばれる南北幹線道路の名残である。往時の商業、軍事の幹線街道であったとはいえ、今では車の通行も困難なほど幅は狭く、両側を高さのある石造建築に挟まれている。緩やかに曲がっていく趣のある石畳の道は、一歩進むたびに新しい風景が視界に入ってくる城郭都市特有の町並みを残す。ちょっと裏手に入ると、そこは見通しの悪い狭い路地や階段だらけで、まったく方向感覚を失う。外部の者にとってはまさに迷宮都市であり、都市防御の点からは軍事的合理性の高い町であった。中世の都市空間構造をそのまま継承した旧市街は、16世紀の都市図を片手に探検できるほどだ。

町をぐるりと囲う市壁の上を歩くと小都市全体を一望できる。ひときわ目を引くのがジローナ大聖堂の鐘塔（17世紀）とサン＝

01

フェリウ聖堂の鐘塔（15世紀）だ。旧ローマ街道フォルサ通りに面した見事な大階段の上に聳え立つジローナ大聖堂は町の規模にしてはとても大きい。内部は天井の高さが34mもあり、身廊に独立柱を持たない「単身廊形式」の教会堂建築としてはヨーロッパ随一の規模を誇る。23mある身廊幅もヴァチカンのローマ・カトリックの総本山サン＝ピエトロ大聖堂に次ぐ規模だという。バラ窓、交差ヴォールト、フライング・バットレス、クリアストーリーといったゴシック建築のエレメントを微細に観察するにももってこいだ。内部や外周はゴシック様式を見せるが、ファサードはバロック様式、回廊《クラウストロ》は12世紀のロマネスク様式と数世紀にわたる建築様式の変化をじっくりと味わえる。聖職者たちが神に祈りを捧げた中庭回廊は、カタルーニャのロマネスク回廊の中でも最も古く美しく、二重の円柱アーケードは祈りの空間に相応しい静寂さと石工の熟達した技術を今に残す。

アラブ浴場もジローナが誇る都市建築遺産だ。ローマ式公衆浴場なのだが、北アフリカのイスラーム建築の要素を取り入れ、1194年にロマネスク様式の浴場として建設された。保存状態が良く、ここも中世の人々の都市生活の一端を味わうことができる場所だ。スペインの中でもカタルーニャは早くにレコンキスタ（8世紀に始まるイベリア半島のイスラーム支配に対する国土回復運動）を展開するが、すでに9世紀はじめにはキリスト教フランク王国に統合される。カタルーニャ北部にはイスラーム教徒の痕跡が多くあるわけではないが、宗教の違いを越えて互いに惹かれあったであろう建築様式の異文化混成は往時の都市社会の包容力を想像させる。

異文化混成という点でいえば、中世ジローナの町は立派なユダヤ人街があったことでも知られる。9世紀の終わりにユダヤ人家族が居住し始めたとされるが、それから約5世紀間、1492年にイベリア半島からの「ユダヤ教徒追放令」が発せられるまで、ユダヤ人街は確実にジローナの都市組織の一部を形成していた。ただ、カテドラルに近い町の中心部にありながら表通りからはその存在に気付くことはない。フォルサ通りにはクンダロ通りやサン＝リュレンス通りといった、階段とスロープからなる人がすれ違うのも注意が必要なほど狭小な道がつながっている。昼間でも薄暗いこの路地を上っていったところにかつてユダヤ人街があった。金融を中心にジローナの経済を支えていたユダヤ人は13世紀には人口1000人近くにものぼり、シナゴーグやカバラの学校があった。こうした異文化混成の痕跡もジローナが誇る地域資源なのだ。

オニャール川にかかる石造のペドラ橋を渡った旧市街バリ・ベイの入り口からは歩行者専用の並木道ラ・ランブラ通りが人々を町の奥へと受け入れるようにのびている。13世紀から商業活動の中心地であり、通り沿いの不規則な石造アーチの連なりがこの場所をより一層魅力的な空間にしている。その名称も、かつてそこにあった市壁に沿って形成された「線状広場」であることも、実はバルセロナのそれと共通するのだが、ジローナのラ・ラ

02 旧市街フォルサ通りの佇まい

ンブラ通りはなんともヒューマンスケールで、市場広場の性格が強い。ヨーロッパの広場は、教会堂前広場・市庁舎前広場・市場広場の三つの類型が発展したが、ジローナには小広場も多く、あらゆる類型を見ることができる。そもそも広場はラテン語のplatea（幅の広い道）が語源であり、中には単なる道にしか見えない広場やただの四つ辻でしかない驚くほど小さな広場もある。広場や道の名称の由来も興味深い。「大聖堂前広場（Plaça de la Catedral）」という名の広場は他都市でもよく目にするが、「ワイン広場（Plaça del Vi）」「油の広場（Plaça de l'Oli）」「ぶどう広場（Plaça dels Raïms）」「貴金属通り（Carrer de l'Argenteria）」「魚市場街（Carrer de les Peixateries Velles）」といったかつて繰り広げられた商業活動の情景を彷彿させる場所があちこちにある。

ジローナ市では旧市街の開発は厳しく制限され、あらゆる都市建築遺産が市役所でアーカイブ化されている。町の保存には随分と力を入れている自治体だ。ここには地域資源をただ温存するというのではなく、誇りをもって大切に活用していこうという文化がある。ジローナには町中が花で埋め尽くされる「花の季節（Temps de Flors）」と呼ばれる祝祭が年に一度5月に開催される。階段の途中、道幅が広くなったところ、小広場などあらゆるパブリック・スペースを活用して、生花を使った多彩な作品が町を埋め尽くす。非日常的な風景を生み出す作品群はもとより、普段は見過ごしてしまう何気ない街角の風景が、実はどれも魅力的な町の資源であったことに気付かされる。町への愛着を育み、次世代へと伝えていく実に60年以上も続く祝祭として注目される。（加嶋章博）

参考文献

- M・ジンマーマン、M＝C・ジンマーマン『カタルーニャの歴史と文化』田澤耕訳、白水社、2006年。
- Pep Fortià (ed.), *Girona. Pedres i flors. El patrimoni arquitectònic del Barri Vell de Girona*, Col·legi Oficial d'Aparelladors i Arquitectes Tècnics de Girona, 1998.
- Narcís Jordi Aragó et al, *Girona a visitor's guide*, Àmbit, 2000
- Col·legi d'Arquitectura de Catalunya (ed.), *Guide to the Architecture of Girona*, Urban Area, 2008.

26

〈スペイン〉

バルセロナ

――都市としての存在の意思

偉大な魔女、バルセロナ

「バルセロナ！　罪だらけだが、お前は我々の街だ！　我々のバルセロナ、偉大な魔女よ！」

ラナシェンサ時期（19世紀中頃に勃興したカタルーニャ文化の復興運動）の代表的な詩人、ジュアン・マラガイのあまりに有名な一節である。罪深い、とまで表現されたバルセロナの土地の奥底に胚胎する都市の抗えぬ魔力は、いったいどういったものだろうか。都市の「カタチ」の観点からいくつか素描してみたい。

不満足都市、バルセロナ

入り組んだ街路の散策が楽しい旧市街、グリッド状の街区が反復される特徴的な新市街（拡張地区）、かつての郊外の集落を核に発展し小さな広場の連続が楽しいグラシアやサリア、旧漁村と近代の工業地区の二つの顔を持つポブレノウ……バルセロナの特徴的な界隈を挙げればきりがない。こうしたエリアが息を吹き返すのは1980年代以降である。近代以降のバルセロナは、都市としての存在の意思である都市計画をほとんど実現できずに形成されてきた。フランコ独裁政権以降、オリンピックの開催を経て一気に花開くバルセロナの都市再生は、こうした不満足都市としての裏返しでもある。

人をつなげ、まちをつなぐ公共空間

バルセロナの旧市街を歩いてみよう。目抜き通りであるランブラス通りを冷やかしながら歩くだけでは、もったいない。ぜひとも近隣界隈も歩いてみたい。治安は確かに不安だが、思いきって薄暗い街路の続く旧市街地の中に迷い込み、赴くままに逍遥を続けていると、突然視界がひらける瞬間がある。稠密な市街地の中に、あたかもスポンジの空洞のように散りばめられたいくつもの魅力的な広場に入ったときだ。修復が進んですっかりきれいになった建造物に囲まれた広場には、

01

一瞬そこが旧市街であることを忘れてしまうような強く鮮やかな光が差し込み、カフェのテラスでは老夫婦や学生たちが気ままに語らいながら、時の流れにのんびりと身を委ねている。薄暗い旧市街の街路も、ここに出るとすっかり地中海特有の群青色の空と開放感に支配される。

こうした広場の多くは、1980年代以降に生み出されてきた。フランコ独裁政権時代にスラム化が進んだ旧市街では、老朽化した建造物群を取り壊し、そこを新たに公共空間として整備することを連鎖的に実施した。凝り固まった市街地の中に空隙を入れ込む様子から、このやり方は「多孔質化」と呼ばれる。こうして生み出されたささやかな広場をつなぐ街路をさらに歩きやすく整えることで、鬱蒼とした衰退地区の中に新たな人や活動の流れを呼び込んだのだ。かつての集落を核とする歴史的市街地のひとつでもあるグラシア地区の多数の小広場を連続的につなぐ歩行者空間化も、同じ文脈に位置づけられる。グラシアは伝統

02

01 多孔質化によって生み出された広場（旧市街）
02 グラシア地区の広場

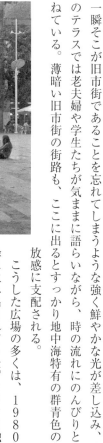

的な夏祭りや個性的な店舗の集積で知られるが、それを下支えしているのはこうした都市政策だ。

新市街（拡張地区）

印象派の流れを汲む画家で、若き日のパブロ・ピカソにも影響を与えたラモン・カサスによって描かれた一枚の絵画がある。「パティオにて」と名付けられたその絵は、旧市街はゴシック地区にある邸宅の静かなパティオ（中庭）を舞台に、紳士と婦人が午後のお茶を楽しみながら、うたた寝する様子を描いている。

カサスは、冒頭で紹介した詩人マラガイと同世代を生きた。当時、旧市街の外側に建設が進んでいたのがイルデフォンソ・セルダの計画に基づく新市街（拡張地区）であった。古くからの歴史的市街地である旧市街と、それとは全く異なる論理で建設が進む新市街の狭間で、都市に対する想いは揺れ動いたことだろう。そんな中、カサスが好んでパティオという街区の内側の空間を描写の対象としたことは興味深い。ここにもバルセロナらしい都市空間の特質が潜んでいるように思う。

バルセロナの新市街の都市風景は、都市形態的には単調な113ｍ四方の住宅ブロックの反復と、建築形態的にはじつに多様な各建築物と、用途の混在が生み出す街路の賑わいとによって、おおよそ規定されている。土木技師だったセルダは、第一に新たな交通手段の出現が都市を変えると予測し、交通の移動にふさわしいだけの空間をつくりあげることを拡張計画の主眼に置いたが、一方で居住環境の成否を街区内に構想したパティオの実現に託した。しかし、地権者の反対もあり、徐々にセルダのユートピアは歪められていく。最終的には街区はロの字型に建て詰まり、パティオは消失してしまう。

拡張地区は旧市街と異なり、廃屋や空き家がほとんどなく大規模な取り壊しによる公共空間の創出や住宅街区の新たな建設が望めない。そうした都心部において、よりよい居住環境を実現するために、低利用の状態にあったパティオ空間の再獲得が実施されていく。街区内の建造物の建て替えに乗じて、街区内に空地を確保し、市民のための小規模な公園とする事業が20年来、展開されてきた。現在では50を超えるパティオが再整備されている。

ラモン・カサスが描いた午睡をとるような生活は、現在のバルセロナの都心部ではもはや一種のお伽噺かもしれない。そして、セルダがかつて夢想したように、すべての街区がパティオを備えるようになるのは、現実的には不可能だろう。しかし、市民の日常生活の中に、徐々にではあるが心地よい小空間が増えてきている。日差しの強い午後に、ふと迷い込んだパティオのベンチに座り、ぼんやりと時の流れに身を委ねるのも、バルセロナにおける新たな日常生活のひとつになりつつある。

03 街区内側に創出されたパティオ

存在の意思が都市を変える

バルセロナと聞くと、私たちはサグラダ・ファミリアやラ・ペドレラ（カサ・ミラ）といったアントニ・ガウディの建築群を思い浮かべるかもしれない。けれども、バルセロナが人々を惹きつけてやまないのは、何よりもまず、都市としての魅力に満ちあふれているからに他ならない。バルセロナの都市としての豊かさは、鮮やかで混じりけのない地中海の天候や、夕方になるとのんびりと散歩を楽しむ生活習慣にのみ帰されるのではない。活気あふれる都市へと変貌し、かつ現在もそうあり続けている背景には、融通無《む》碍《げ》な都市政策の奮闘があることを思い起こしてみたい。

空間をつくることで都市社会問題を解決する時代は、バルセロナにおいても過ぎ去っている。近年では行き過ぎた観光地化をめぐって、バルセロナにも摩擦が目立つようになってきた。そんな中、公共空間や都市の多様性の意味も様変わりせざるを得ない。「都市への権利」、つまり公共空間に居場所を占め、そこに参加することの権利、を「誰のために」「何のために」拡大していくのか。公共空間を中心に浮かび上がるバルセロナの「都市としての存在の意思」が、改めて問われている。

（阿部大輔）

参考文献

• 阿部大輔「社会的弱者と向き合うポスト都市再生のアーバンデザイン」西村幸夫編『都市経営時代のアーバンデザイン』学芸出版社、2017年、98 ～ 111頁。

27 〈スペイン〉バレンシア
――時代横断型サイクリングコース

新駅舎「ホアキン・ソロージャ駅」が建設された現在でも私は可能な限り、旧主要駅舎「ノルド駅」着の列車でバレンシアへ赴くようにしている。新駅舎は歴史地区から約1km離れているのに対し、ノルド駅舎は目と鼻の先に位置している。築100年の美しいモダニズム建築としても見応えがある。列車から降り立つと目の前に、欧州駅舎で典型的な鉄骨アーチによる大空間が広がる。さらにプラットホームからホールへ入ると、壁と天井一面にタイルによるモザイク装飾が施された豪華絢爛な空間が私を歓迎してくれる。駅前広場には、右手に築150年以上の歴史を持つ闘牛場、上空には地中海特有の澄み切った青空が広がる。これらの情景が私に、バレンシアに戻ってきたことを実感させてくれる。

駅舎から大通りを隔ててすぐに、直径約1・3kmのほぼ円形の歴史地区がある。歴史地区内には近年多数のレンタサイクル店が開業しており、容易に自転車を借りることができる。自転車を借りてまず向かってほしいのが、「ヴィルヘン広場」だ。ローマ帝国時代、この広場を中心にバレンシアが創建された。広場中央にはそれを証明するプレートを見つけることもできる。ここをサイクリングコースのスタート地点にしたい。

次の目的地は、ユネスコ世界遺産に登録されているラ・ロンハ・デ・ラ・セダ（絹の商品取引所）と中央市場の間に位置する「市場広場」である。歴史地区は、ローマ帝国時代からイスラーム黄金時代の転換期、そこからさらに中世時代への転換期というように、二度の市壁拡張が行われた。イスラーム黄金時代の市壁は、建設当時存在していた旧トゥリア川支流沿いに建てられた。現在の市場広場が曲線形状を成しているのは、その名残である。ラ・ロンハと中央市場も、旧トゥリア川支流沿いに位置していることになり、当時は舟運により物資が運ばれ、繁栄していた様子がうかがえる。

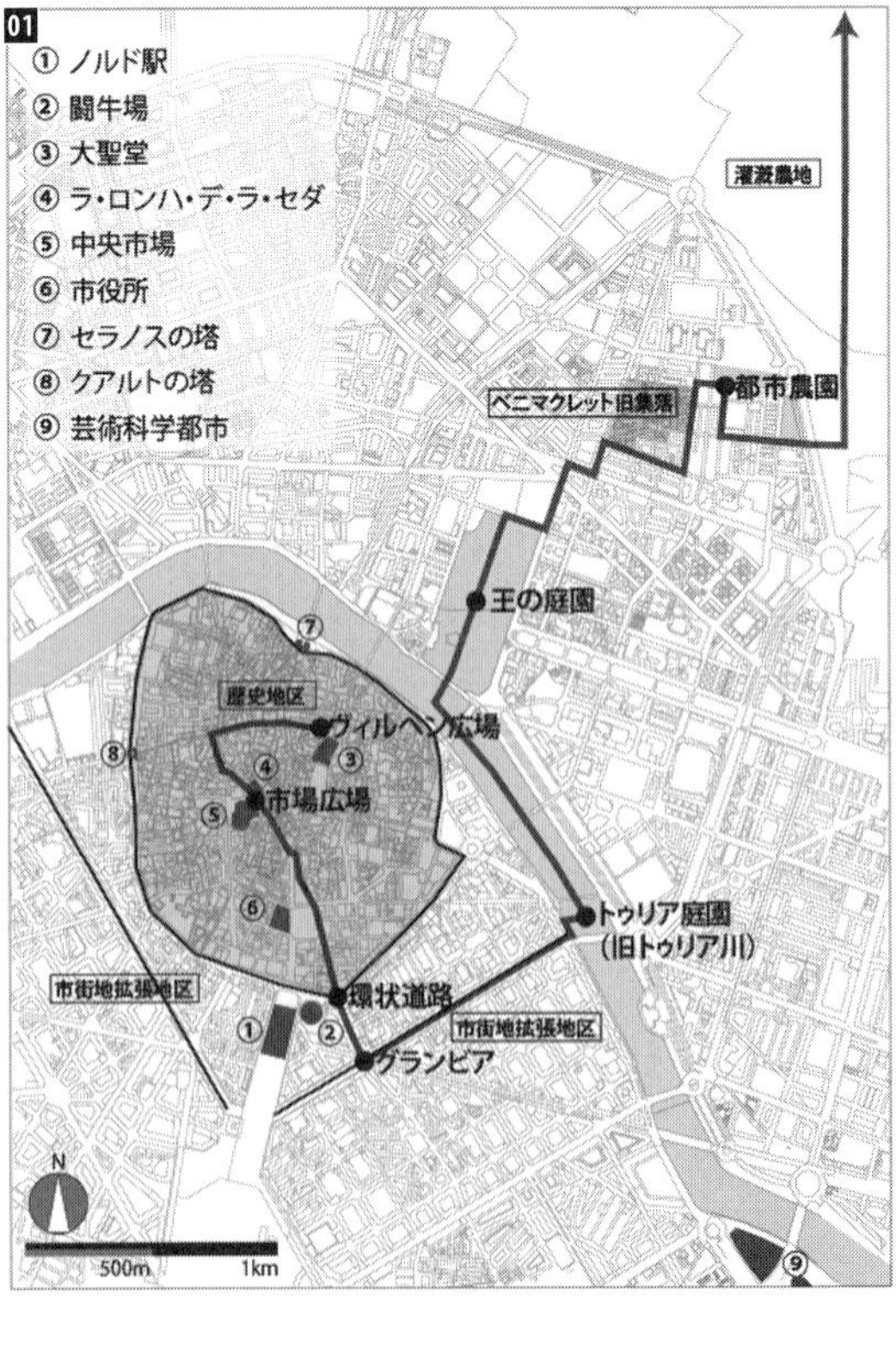

01 サイクリングコース

市場広場から市役所前広場を通り、中世時代の市壁跡地である「環状道路」に出る。市壁跡地を大通りに転用する事例は欧州に多数存在し、古くはルイ14世がパリの市壁を壊して大通りにした例がある。フランス諸都市でよく耳にするブールバールの起源でもある。環状道路を横断すると歴史地区とは街並みが一変し、19世紀後半に近代都市計画によって建設された碁盤目状の市街地拡張地区が広がる。

市街地拡張地区を2ブロック過ぎると「グランビア」に出る。グランビアはスペイン語で「大通り」の意で、近代都市計画の代表的な要素であり、中央分離帯に歩行者、自転車利用者用の並木道を建設する事例が多い。バルセロナ、サラゴサなどスペイン諸都市でも同様の事例が見受けられる。バレンシアの場合は、直交する2本のグランビアが市街地拡張地区の骨子となり、交通の要として機能している。また樹齢約100年の木々が中央分離帯に生い茂り、市民の憩いの場にもなっている。

グランビアを突き当たりまで進むと、突如眼下に「トゥリア庭園（旧トゥリア川）」が出現する。旧トゥリア川はバレンシア創建当初から都市の象徴的存在であったが、近代化に伴い、市民から敬遠される存在になった。人口増加や都市部での工場建設により、河川へ生活・工場排水が流れ込み汚染が深刻化したためである。また旧トゥリア川周辺の住民は、頻繁に洪水被害に悩まされており、1957年に発生した未曾有の大洪水が決定打となり、旧トゥリア川を郊外へ流路変更させる「トゥリア川南遷計画」が翌年に作成され、旧トゥリア川は数km離れた郊外南部へ流路変更された。残った河床部分については、鉄道、高速道路を敷設する大規模土木事業が構想されていたが、1980年代に市民による反対運動が勃発し、最終的に緑地空間、トゥリア庭園として再編された。トゥリア庭園は、市民の公共空間として愛されている。またバレンシア地域自生種の樹木が計画的に植えられ、ランドスケープとしても魅力的である。

トゥリア庭園内を西に向かって走り、右手のトンネルをくぐり、「王の庭園」へと進む。このエリアは、トゥリア川南遷計画実施以降、洪水被害の心配がなくなり、急速に市街地化が進んだが、その中でも最も歴史がある場所が王の庭園である。ここはバレンシア王国（1242～1707）の国王の別荘が建っていた場所であり、庭園になった現在でも様々な年代の遺構を確認できる。

王の庭園を越え北上するとベニマクレット地区に着く。バレンシアは古くから、灌漑水路による灌漑農地が都市を囲んでおり、多数の農村集落が点在していた。ベニマクレット農村集落はその代表例であり、近代化による市街化の波に呑まれながらも集落構造を維持し続けた。都市活動家ジェイン・ジェイコブズは著書『アメリカ大都市の死と生』の中で「都市の多様性のための四つの条件」として「混合一時用途の多様性」「小さな街区の必要性」「古い建物の必要性」「密集の

02

必要性」を謳ったが、この地区は、旧農村集落と、後に建てられた州立大学に近く学生街として栄えた背景から、上記4条件を満たす活気溢れる地区となった。旧集落内を通り、灌漑農地との境界部分まで進むと、近隣住民が農作業しながら談笑している場面に遭遇する。ベニマクレット都市農園として親しまれる場所である。近隣住民が一丸となり、かつて荒廃地と化していたこの空地を大企業から奪取し、都市農園へと転用させた経緯を持つ。今でもこの農園を中心に、地区全体の都市計画へも影響を与える市民活動が展開されている。

最後は千年以上も同じ風景を保つ灌漑農地をサイクリングしよう。近代化に伴い減少の一途を辿った灌漑農地だが、21世紀に入り見直されるようになり、市民に開かれた場所にするための工夫も多数施されている。サイクリングコースの整備もその一環である。約15分走った所に昔ながらの農家を転用した、知る人ぞ知るオルチャータ専門のカフェ(Orxateria Vida)がある。オルチャータはバレンシア名産の植物を使った飲物である。美味しいオルチャータで喉の渇きを潤しながら、一連の都市情景を思い返してほしい。

ここで、私が提案するサイクリングコースはゴールとしたい。帰りは同じコースを戻るのも良し、余力のある方は、灌漑農地を東へ進み、地中海沿岸まで行っても良いだろう。

トゥリア庭園や灌漑農地などの自然との共存の道を歩み始めた都市バレンシア。新たな時代の都市空間がまた一つ、バレンシアを豊かな都市に変えていく。

(佐倉弘祐)

02 ベニマクレット都市農園の農作業風景

ゴルドの路地［撮影：岡井有佳］

第V部

アンダルシアからモロッコへ

28

〈スペイン〉

セビーリャ

――異文化の重なりが生んだ町

オペラ『カルメン』や戯曲『セビリヤの理髪師』の舞台となった町セビーリャ。地中海に注ぐアンダルシア地方最大の河川グアダルキビル川の河口から90㎞ほど遡った内陸都市ながら国際貿易都市として栄えてきた。１４９２年のアメリカ大陸「発見」というコロンブスの偉業はスペインの領土を一気に広げ、セビーリャはその地の利から新大陸との交易独占権を得ることになった。こうしていわばヨーロッパとアメリカとの接点となったセビーリャの町には巨万の富が運び込まれることになった。黄金世紀を迎えた16～17世紀のスペインは「太陽の沈まぬ帝国」と呼ばれ、その中心都市がセビーリャであったのだ。

しかしセビーリャにはその昔もう一つの黄金世紀があった。ローマ時代からコルドバやカディスとともにイベリア半島南部の主要都市であったセビーリャは、8世紀にイスラーム教徒の支配下になるが、11世紀にはセビーリャ王国の首都として繁栄した歴史がある。セビーリャの町はキリスト教徒によって1248年に再びカトリックのカスティーリャ王国に奪還されるが、イスラームとカトリックの類い稀な混成文化を残すことになった長きにわたるレコンキスタ（国土回復運動）の歴史は、セビーリャに特別な景観を植え付けることになった。

アンダルシアの町は狭い街路や袋小路が複雑に入り組んだアラブの迷宮都市に通じるものがある。ここセビーリャの都市の魅力もそこにある。街路だけではなく、そこに暮らす人々の住宅、特にパティオと呼ばれる中庭の数々を目にすることができ、街歩きの楽しさを倍増させる。パティオは一軒一軒美しい幾何学紋様のタイルで飾られ、ゼラニウムなどの花々が咲き、多くの鉢植えがタイル床や白い壁面を埋める。その光景は、迷宮都市にちりばめられたオアシスのようだ。ポルティコで囲われたパティオは住人が椅子を出してゆっくり会話をする場所でもあり、個性溢れるものばかりだ。パティオはもともと暑く乾燥した気候の中、涼をとる空間を確保するイスラーム的な建築文化だ。本来は家族のプライベートな空間であるパティオは外部からの視線が届かない位置にある。しかしセビーリャの場合は鉄格子の扉越しに街路からパティオの様子が窺えることが多い。イスラーム的なパティオはキリスト教社会の中で町に開かれていったものと思われる。

イスラームとカトリックの混成が生み出した独特な光景もまたセビーリャの大きな魅力である。それを象徴するのはやはりセビーリャ大聖堂とその鐘塔であるヒラルダの塔だろう。ここにはレコンキスタ以前、コルドバと同じく大きなモスクがあった。ヒラルダの塔はこの12世紀のモスクのミナレットをカトリック大聖堂の鐘塔として有効活用したものである。鐘塔の半分以上はイスラーム建築、上部はキリスト教建築のルネサンス様式が混合している。見えない基礎部分には近くのローマ時代の城壁の石も用いられているという。レコンキスタを果たしてもなお異宗教の建築文化を継承する寛容さは、土地の風景を築いてきた古来からの時間の蓄積に対する敬意の表れだろうか。

モスク自体もレコンキスタ完了後、建物はしばらくそのまま教会堂として使用されたが、地震による被害などから15世紀になって大きく改造されることになる。レコンキスタも終盤にさしかかっていた当時の教会参事会は「後世の世代が正気の沙汰とは思えないほど美しく巨大な聖堂」の建立を決意したという。およそ1世紀をかけて、16世紀初頭に立派なゴシック様式の建築となったセビーリャ大聖堂は国内では最大、ヨーロッパでも3番目に大きい教会堂建築となった。イスラーム寺院にはつきものであったサフンと呼ばれる中庭も今日のオレンジのパティオとして残されている。セビーリャの街路にもたくさん見られるオレンジの木が長方形パティオに碁盤目状に規則正しく配置され、水盤と幾何学パターンの溝によって水が巡る秩序高い中庭空間として、今ではカトリック教会堂の一部をなしている。パティオを囲うイスラームの馬蹄形アーチと、それ越しに見えるゴシック様式の尖塔アーチやフライングバットレスといった異文化の要素が共存する

01 イスラームとカトリックが混成したセビーリャ大聖堂

様子は、きわめて特異でありながら職人の高度な技術によって見事な調和を見せている。モスク時代の馬蹄形アーチが残る免罪の門の扉が開く光景もまた特別だ。こうした建築資源の魅力が歴史と文化の混成そのものをアイデンティティとするセビーリャを唯一無二の町にしているのだろう。

時代は少し遡るが大聖堂の向かいにあるアルカサル（王宮）もイスラームの精緻な装飾を見せる。実はこの王宮を建てさせたのはイスラーム王ではなく、14世紀のカスティーリャ王ペドロ1世である。アルハンブラ宮殿への強い憧憬があったペドロ1世は、グラナダやトレドのイスラーム職人を集め、馬蹄形アーチ、幾何学文様の木製天井、石膏細工、アラベスク模様の彩色タイルなどをふんだんに取り入れた豪華な宮殿を建てさせた。レコンキスタ後のキリスト教社会におけるイスラーム様式の建築として知られるムデハール建築の極致である。宮殿内では、アラビアの衣装を纏い、アラビア語を話したとも言われる。カテドラル側に面した装飾の少ない重厚な城壁の佇まいからは、ペドロ1世が愛したこのイスラーム様式の複雑な内部空間は今も想像もつかない別世界である。

王宮と大聖堂との間に建つのがインディアス古文書館だ。厳格で均整のとれたこの建物を訪れる観光客は多くはないが、実は植民地時代のあらゆる史料を収蔵するスペインが誇る一大資料館だ。もとはスペインが新大陸との貿易を統制していたインディアス通商院の建物だった。フェリーペ2世国王のお抱え建築家フアン・デ・エレーラが16世紀末に計画したものであり、アルハンブラ宮殿に建つカルロス5世宮とともにスペイン・ルネサンスを代表する建築でもある。1717年に通商院がカディスに移転するまでは、新大陸からの貿易品はすべてここで検閲され、近代ヨーロッパの物流の証人でもある場所だった。

18世紀の国王カルロス3世が、国内に分散しているスペイン植民地経営に関する歴史的史料や行政文書をすべて一か所に保管するよう命じ、旧通商院の建物を活用した壮大なアーカイブが実現した。同時にこれはスペイン植民地史研究の始まりを意味していた。コロンブスやエルナン・コルテスの直筆の手紙やフェリーペ2世による文書など860万にのぼる文書からはスペインがとった植民地政策の実態を知ることができる。私自身、何百という都市を建設した都市計画大国スペインの往時の技師が描いた都市計画図を目当てにここをよく訪れるが、美しい絵画のように精緻に描かれた都市図や地図にはいつも心奪われる。今でも膨大な数にのぼる未知の史料が埋もれており、インディアス古文書館は毎日世界中の研究者が集まる知の交流拠点にもなっている。

セビーリャの町はどこを歩いても層の深い歴史が眼前に迫る。今世紀に入って旧市街北にあるエンカルナシオン広場が整備され、高さ28・5m、70m×150mの巨大な木造大架構が道路をまたいでいる。地下にはローマ時代とイスラームの時代の遺跡を残しつつ、再開発されたこの場所は2000年の時を繋ぐ場所に生まれ変わった。また、グアダルキビル川を渡ったトリアナ地区にも、ローマ時代から現代までの陶器作りの歴史が続く職人の町並みがある。建物や町並みの素晴らしさ以外にも、芸能、食文化、音楽など味わいのあるものが尽きない。伝統を大切にしつつ、柔軟に変化を受け入れ、未来を築いていく町、それがセビーリャという都市なのだろう。

（加嶋章博）

参考文献

- フィオナ・ダンロップ『ナショナルジオグラフィック海外旅行ガイド　スペイン』日経ナショナルジオグラフィック社、2003年。
- 陣内秀信編『アンダルシアの都市と田園』鹿島出版会、2013年。
- María del Mar Lozano Bartolozzi, *HISTORIA DEL URBANISMO EN ESPAÑA II, SIGLOS XVI, XVII Y XVIII*, Cátedra, Madrid, 2011.

29

〈スペイン〉

コルドバ

――中世イスラーム都市の残照とキリスト教文化の遺産

大型の観光バスが続々と到着し、吐き出される団体観光客があれよあれよという間に巨大な石造建築メスキータに吸い込まれていく。30分も経つと、英語、ドイツ語、日本語、中国語の観光ガイドとともに、彼らはメスキータのすぐ北側にある「ユダヤ人街」に連れ去られ、さらに1時間もすると、バスは次の目的地であるセビーリャかグラナダに向けて慌ただしく出発する。世界遺産都市コルドバで見られる日常的な光景である。コルドバ最大の見どころは、メスキータ（大モスク）とその周辺にコンパクトにまとまっているので、数時間もあればそのハイライトを一応体験できるのは確かだが、コンテンツ化された「世界遺産」を消費するこうした観光のあり方では、その背景にある歴史的都市の奥深さや愉楽を体験することは難しい。

ヨーロッパにおける最もイスラーム的な都市の一つでありながら、どのイスラーム都市とも異なるコルドバとは、どのような都市なのだろうか。コルドバは、セビーリャやグラナダと並ぶアンダルシアの主要都市の一つで、かつてイスラーム・スペインの拠点が置かれたことも共通する。このうちグラナダは、地理的にも歴史的にも都市構造的にも前二者とはかなり異なっているが、グアダルキビル川沿いの比較的平坦な土地に発達したセビーリャとコルドバは、地理・歴史的には共通点が多い。両者の最大の違いは、コルドバが後ウマイヤ朝の首都として10世紀という早い段階に数十万都市として栄華を極めた一方、11世紀以降は政治的・社会的重要性においてセビーリャの後塵を拝し、その状況がキリスト教化以降も継続した点にある。このような経緯から、コルドバにはセビーリャ以上に中世イスラーム期の都市構造がはっきりと残されている。

ここで、コルドバの都市空間史を物語ってくれる、一葉の地図を見てみたい（図01）。これは現在の地図ではなく、1851年のもので、建物の外形などは描かれていないものの、街路の幅などはかなり正確に描かれている。この地図を手に現在のコルドバを歩いてみると、19世紀半ば以降、一部（とくに北東部分）に直線道路や広場が開削され、道路が拡幅または直線化され、宗教施設がなくなったり転用されていたりという違いは見られるものの、街路網は驚くほどの割合で維持されていることがわかる。

01

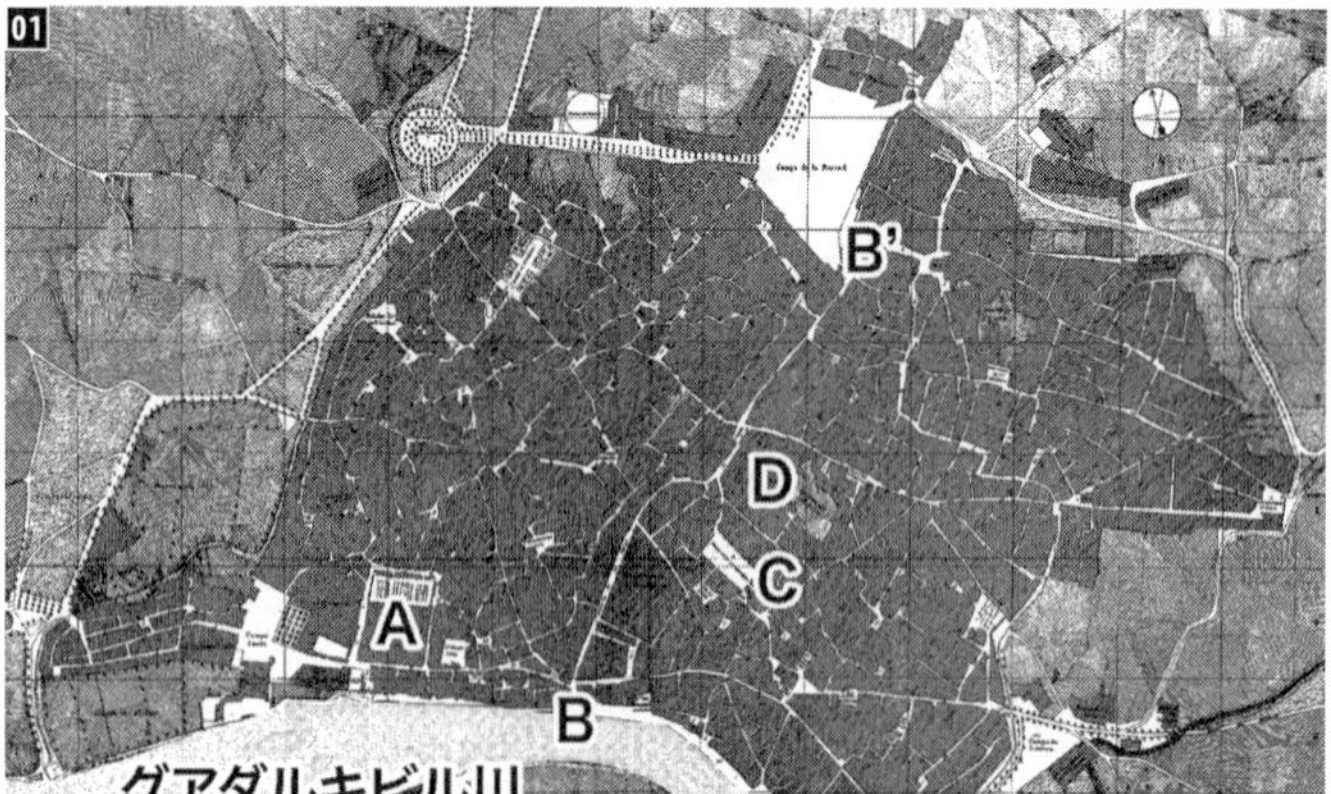

では、19世紀までに形成された都市コルドバはどんな特徴を備えているのだろうか。歴史的経緯や文献史料から判明する情報を補足しながら、あらためて1851年の地図を眺めてみよう。

コルドバの旧市街はアンダルシア西部を貫く大河グアダルキビル川の右岸、川が大きく北に蛇行する部分の外側にある。19世紀半ば時点での市街地は市壁内にほぼ収まっていて、南東部分に突き出た王立厩舎周辺などごく一部を除けば市域は10世紀と変わっていない。この、10世紀に確立した、当時としてはかなり広い市域は、大きく二つのエリアに分けられる。メディナまたはビリャと呼ばれる9世紀までに市街地化された西側と、東側のアヘルキアと呼ばれる10世紀の市街地で、両者を隔てるのが図01のB－B'（現在のサン＝フェルナンド通り～アルファロス通り）である。この境界線の東西で数メートルの地形差があり、西側のより古いメディナ地区の方が小高い。メディナ南部にあるAがメスキータ（現在の大聖堂）であり、隣接するアルカサル（城塞）と並ぶ後ウマイヤ朝期の都市核である。では旧市街の概要がわかったところで、古地図を手に町を歩いてみよう。

町歩きの起点はやはりメスキータが良いだろう。世界建築史上に名高いこの傑作についての詳しい解説は省くが、都市的観点から一点だけ指摘しておくと、メスキータの前庭は中世における市壁内ほぼ唯一のオープンスペースであった。イスラーム諸国で現役の歴史的モスクの前庭に

01 1851年のコルドバ［出所：Archivo histórico del ayuntamiento de Córdoba］

02 コルドバのメスキータ前庭「オレンジの中庭」

入ると、市街の喧噪と隔絶したパラダイスの感がある。かつてはコルドバ大モスクの前庭もそのような場所であったのだろう。観光客がひっきりなしに出入りする現在のメスキータの前庭にそうした雰囲気はあまりないが、オレンジの木などの植栽が整然と植えられた庭園となっており心地よい（図02）。

メディナを初めて歩くと迷宮をさまよっている感覚に陥るが、改めて地図を眺めてみると、細く蛇行しながらも市街地を貫通するいくつかの主要道があることに気づく。この主要道を意識しながら、ときにはあえて横道に入ってみたりしつつ歩き回ってみたい。街区を形成するのは今も昔も中庭型住宅の集合体で、現在は道の両脇の白壁に鉢植えが美しく飾られている。イスラーム時代には街路から隠されていたであろう住宅の中庭「パティオ」だが、現在は一般住宅でも鉄格子越しにチラリと見え、中に入ることができるものも少なくない。このような都市体験は他のヨーロッパ都市でも北アフリカなどのイスラーム都市でも得難いコルドバならではのものである。暑い夏でも心地よいパティオでは、気の置けない仲間とのおしゃべりが楽しい（図03）。規模の大きなものには、コンサートやイベントの会場として整備されているものもある。

アヘルキア地区に入ると、観光客の数も、土産物屋の数もずっと落ち着いて、コルドバ市民の日常生活が感じられるようになる。アヘルキア地区は10世紀に短期間で急速に

03 コルドバ旧市街のパティオ

発達したものの、11世紀以降人口が激減し、その後13世紀半ばにカスティーリャ王国に組み込まれて以降、キリスト教徒によって再入植されていった。そのためカスティーリャ王国各地で見られる都市要素のコルドバ版といえる都市修道院、貴族の邸宅、広場（中世起源のポトロ広場や17世紀末に整備された長方形のコレデーラ広場（図01－C））が点在し、メディナ地区よりも整然とした街区割や直線道路が目立つが、それでも袋小路やクランクする路地といったイスラーム期の特徴も残している。

アヘルキア独特の都市空間に「オリーベの庭」と呼ばれる公園がある（図01－D、図04）。オリーベの庭の起源は13世紀に設立されたサン＝パブロ修道院裏の農園である。大きな街区の内側にあるこの農園は、19世紀に政府によって接収されたものの、その後個人所有地となって、近年、市当局によって再発見されるまで空地のまま残されてきた。2004年から09年にかけて公園として整備され、現在では都市の「パティオ」としてコルドバ旧市街内部におけるユニークなオープンスペースとなっている。

コルドバの町歩きの魅力は、一般的なヨーロッパ都市の街路や広場の美しさというよりは、都市や建築の文字通り内側・裏側を知る面白さにあるのである。

（伊藤喜彦）

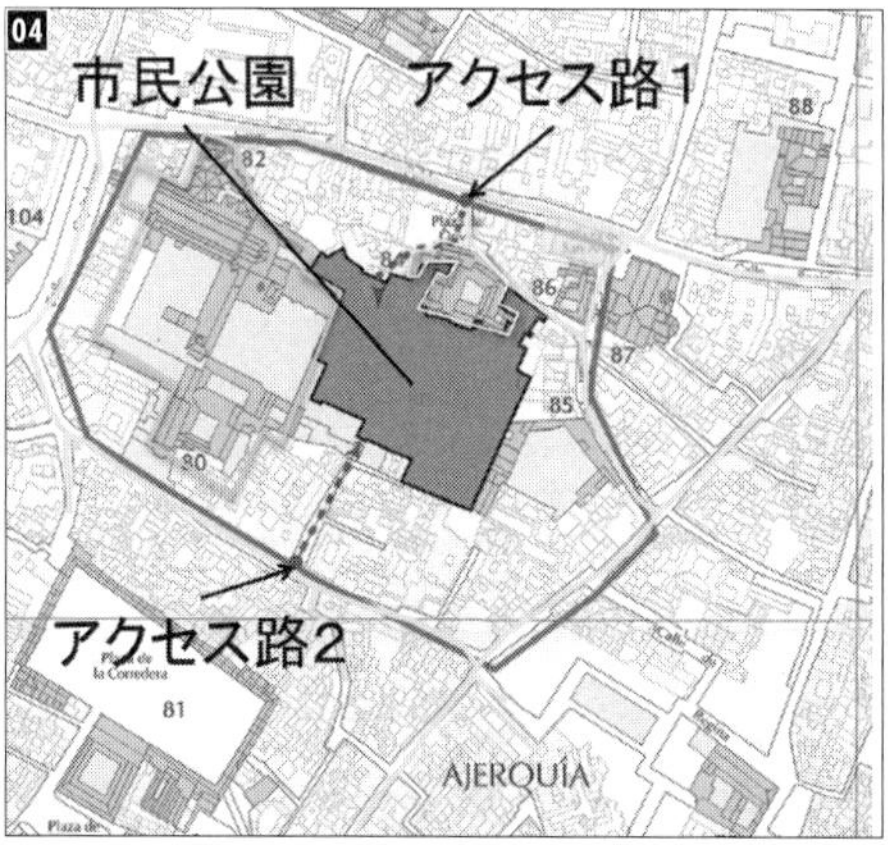

04 「オリーベの庭」公園［出所：Francisco Daroca Bruno, *Guía de arquitectura de Córdoba*, Junta de Andalucía, 2003をもとに岡崎雄作成］

コラム 9

レコンキスタがもたらした共生の都市文化

1492年、イベリア半島におけるイスラーム王朝最後の居城であったアルハンブラ宮殿が陥落し、8世紀にもわたったカトリック勢力による国土回復運動Reconquista《レコンキスタ》の歴史は幕を下ろした。711年以降、イスラーム教徒が支配したイベリア半島をカトリック教徒が奪回していくこのレコンキスタという時代はあまりに長い。その始まりと終わりははっきりしているのだが、その間イベリア半島には両者の対立ばかりの歴史があったわけではない。特に、レコンキスタが長く続いたスペイン南部に残された混成の都市文化は、色濃く今に継承されている。モサラベと呼ばれたイスラーム支配下公認のカトリック教徒によるアラブ化した芸術文化もそうである。宗教の選択を許したイスラーム政権の寛容な態度は、都市における文化共生という課題を受け入れていった。

ヨーロッパを代表する学問と芸術の拠点であったコルドバを再征服したカスティーリャ王フェルナンド3世も、イスラーム建築特有の馬蹄形アーチやミフラーブなどからなる見事なメスキータを教会堂に転用し、保存活用する選択をとった。ゴシック様式のセビーリャ大聖堂もキリスト教建築の中にモスクの面影を残す不思議なカテドラルである。そこに建つ「ヒラルダの塔」は、レコンキスタ後、残されてきたイスラーム建築の鐘楼ミナレットに、アラベスク紋様を残しつつ、十字架やルネサンス様式のバルコニーを加えた鐘塔だ。レコンキスタ最後にアルハンブラ宮殿を手に入れたカトリック教徒も、漆喰彫刻、アラベスク装飾、パティオなど、イスラーム芸術の最高傑作といわれる建築を保存活用する道を選んだ。イスラーム文化特有のパティオを住宅の奥に配置する構成が、レコンキスタ後、キリスト教社会の中で街路に開く形式へと変容していった例もある。異教徒による建築遺産を保存活用するという姿勢は、そこに生活する人々の宗教や文化の違いを超

モスクの面影を残したセビーリャ大聖堂オレンジの中庭

えて育まれてきた都市文化共生への寛容的態度といえるだろう。

スペインはレコンキスタ終了後、大航海時代に入り、多数の海外植民都市を建設する。黄金世紀を迎えたスペイン文化は、地中海を経由し、ヨーロッパの外へと輸出された。そこでも土着文化と交わりながら都市文化を構築していった。植民地政策でとくに着目されるのが都市デザインの技術であるが、実はその手本となったのがレコンキスタ最後に建設されたグラナダの小さな町サンタフェの都市計画であったことはあまり知られていない。

機能性の高い理想的都市計画を実践した都市サンタフェは、まっさらな計画都市として誕生した。中心性の高い都市核、均質パターンの中にも多様な機能を割り当てていくプランニングの考え方には、近代的な「都市計画の誕生」を見て取ることができる。このサンタフェの計画手法は、16世紀以降、スペイン植民地の都市モデルへと発展する。

計算し設計された主要広場《プラサ・マヨール》を中心に多様な界隈

が町のあちらこちらに形成されていく「町と人々が成長していく都市」。その理想都市のデザイン手法は、1573年、「フェリーペ2世の勅令」として文言化され、植民地時代を通じて広く中南米やフィリピンのスペイン人都市の計画に適用されることになる。意図的に「征服conquista《コンキスタ》」という言葉を排除し、キリスト教布教による平和社会の構築という大義に置き換えた勅令に盛り込まれたのは、ある意味、支配欲や軍事的な意味を超越した近代的な都市計画の姿勢であった。都市核のきめ細やかなプランニング、広場のカテゴリー化とデザイン手法、道路と街区の配置と町並み、効果的な施設配置といったコンセプトは、実は多様で豊かな都市文化を生み出すきわめて可能性に満ちた都市デザインの表明であった。

スペイン中世を通して繰り広げられた長きにわたるレコンキスタの歴史は宗教、言語、文化の対立であったがゆえに、スペインには多文化共生の志向が早くから社会に根付いたともいえる。（加嶋章博）

アンダルシアに多い街路に開く形式へと変容したパティオ

30

〈モロッコ〉

ラバト

――歴史の上に築かれた王都

スイカにメロン、桃にオレンジ、おいしそうな果物がカウンターに山と積まれ、バナナの房と胡桃のかごが天井からぶらさがるその下で、山盛りになった洋菓子に、蜂がブンブンたかっているけれども、彼らはお菓子を食べるのに一心不乱で普通は人を刺さないので、気にせずに店に入ってみよう。

ここはモロッコの首都ラバトのマフラバ（牛乳屋さん）。大きなジョッキで出てくる新鮮なフルーツジュースに、サンドイッチやケーキなどの軽食もここで食べられる。フルーツの下に並んでいるのは自家製ヨーグルト。黄色のレモン味に、赤のイチゴ味、緑はメロンなのか。色もあざやかだ。フルーツジュースのおすすめはクリーミーなアボカドジュース。ジュース類では一番高いが、これで15ディナール（約180円）。レーズンの入ったバージョンもある。

経済の中心カサブランカや、観光客でごった返すフェスやマラケシュなどと比べると、王宮と政府機関を擁するラバトの町は行政都市らしい落ち着いたたたずまいだ。タクシーとトラムウェイが町を往来し、インフラは良くモノも豊かなのに、露出度の高い服を着てカフェのテラスに陣取っているような外国人観光客はあまり見かけないし、彼らを食い扶持にする自称ガイドもいない。高級ホテルは別として、道端の靴磨きも、市場の水売りも、モロッコ人相手のビジネスで、外国人にこびるようなところは少しも見せない。モロッコの飾らない素顔を見られるところが、ラバトの良いところかもしれない。

ラバトの集落の起源は古代フェニキア人の時代にさかのぼると言われるが、城塞都市としてのラバトの建設は、ムワッヒド朝時代（1130～1269）の12世紀である。ムワッヒド朝は南部マラケシュに基盤を置いていたが、アンダルスと呼ばれたイベリア半島への遠征のため、北部に軍事基地を必要としていた。そこで建築されたのが、大西洋に通じるサレの港を擁するラバトであった。ハッサーンの塔（サウマアト・ハッサーン）と呼ばれている巨大なミナレット、およびその周辺の遺跡は、ムワッヒド朝3代目カリフで、アンダルスにおける数々の軍事的偉業で知られるアブー・ユースフ・ヤアクーブ「勝利王」（アル＝マンスール）（在位：1184～99）が建設に着手したモスクで、彼の死によってその後放棄されていたものが基になっている。現在はモロッコ独立後に再整備さ

01 マフラバの様子

れたモスクのほか、モロッコ独立時のスルタン、ムハンマド5世（在位：1927～61）の廟も敷地内にあり、観光地・巡礼の場になっている。モスクで最も高い建物は、アル＝マンスール時代に由来するミナレットで、ハッサーンの塔と呼ばれる。ハッサーンの名の由来は部族名説、地名説、建築者名説など、諸説がある。その高さは44mにもなるが、側面が一辺16mに達する塔の規模の大きさから、もっと高く（80mとも言われる）作るつもりだったという説がある。イスラームが定める1日5回の礼拝の際は、この塔のスピーカーからアザーン（礼拝の時間を知らせる呼びかけ）が流れる。

鮮やかな緑と白のムハンマド5世廟は、北アフリカの至る所にある聖者廟によく見られるようなドームの形をしているのだが、天辺が一風変わったモダンなピラミッド型である。白服にモロッコ国旗と同色のマントをまとい、サーベルに乗馬用の長靴という近衛兵とすれ違い、廟の中に入ると、荘厳さをかもし出す照明に照らされ、一段低くなった空間に三つの白い棺がある。中央の大きい棺がムハンマド5世のもので、小さい二つはその子であるハサン2世（在位：1961～99）とアブドゥッラー親王のものだ。こうした造形も、ドームのある廟の中にタープートと呼ばれる棺状のものを置く伝統的な聖者廟とよく似ている。モロッコ王国の現王家・アラ

02 ハッサーンの塔を望む

03ムハンマド5世廟の入り口

ウィー家は由緒正しきシャリーフ（イスラームの預言者ムハンマドの子孫）であるとされ、国王は宗教的権威と、世俗の権力をともに併せ持つ存在である。国王の廟がモスクの中にあり、それ自体も宗教施設のようなつくりをしているのはこうしたわけである。

ミナレットの脇には、ハサン2世の着想で作られたという無名戦士の墓がある。幾何学模様で飾られた角形の空間に、簡素な角形の石が置いてあるだけで、説明書きが何もないので、尋ねなければそれと分からない。戦没者を悼む機会には、ここに花束が添えられる。中世に遡る首都ラバトの長い繁栄と、その支配者の権力を象徴するミナレットを中心としたモスクに、聖者廟に似せて作られた、現モロッコ王朝の王族の廟。そして、国のために死んだ者を悼む無名戦士の墓。イスラーム王朝の歴史と文化が、近代ナショナリズムと溶け合った不思議な施設である。

モスク見物の後はラバトのカスバへ。カスバとはアラビア語で城塞の意味である。カスバといえば隣国アルジェリアの首都・アルジェの旧市街（メディナ）にあるベイの居城（カスバ）が有名だが、モロッコでは城の中の、軍人駐屯所のことをカスバと呼ぶことがある。私が訪ねた場所は、正確には「ウダーヤのカスバ」で、17世紀に始まるアラウィー王朝の古くからの重要な軍事力であり、南部に起源を持つアラブ系の「ウダーヤ」の人々が、時のスルタン、アブドゥッラフマーン（在位：1822～59）の庇護の下で19世紀前半に移住してきた場所だ。

ラバトのカスバの建設は、基本的にはムワッヒド朝時代に始まり、その後増築された。青と白に塗られた壁の続く、入り組んだ町並みと、岸辺に張り出したテラス状の広場からの眺めは、なかなか情緒がある。足下の海では、大西洋の荒波を遊歩道と防波堤でうまく囲いこんだ海水浴場が大繁盛している。この海に流れ込んでいるのが、ラバトと隣町のサレを分かつブーレグレグ河。この河では、大西洋から産卵に来るイワシがたくさん獲れるとのことだ。

たっぷり潮風に吹かれて、カスバからの帰り道は、メディナにずらりと並ぶ土産屋を冷やかしながら。地元の人や、モロッコ人らしき観光客の姿が目立ったが、外国人とはすれ違わなかった。

（渡邊祥子）

04 ウダーヤのカスバとブーレグレグ河

31 〈モロッコ〉
カサブランカ
――寛大な姿勢と相互の理解、都市計画とアール・デコ

見知らぬ土地を訪れる際には、必ず地図を広げるはずだ。冒険心が高まって、旅の準備に力が入る。こうした地図の使い方とは別にもうひとつ楽しみ方があるのだが、それをご存じだろうか。ここでは、ひとむかし前の地図を見比べるという、普段のとは少し異なる使い方を紹介したい。そのための好例のひとつがモロッコのカサブランカだ。

この都市はそもそも１４６８年に到来したポルトガル人がローマ人による港町アンファを破壊して建設したものがもとになっている。低迷が続き、廃墟の狭間に見えた航海の指標「白色の家（Casa Branca）」がその名として定着したようだ。今日のような経済という都市色を得て発展したのは、アラウィー朝のシディ・モハメド・ベン・アブダッラー（在位：１７５７～90）が再建した後、19世紀に繁栄した貿易によるものが大きいという。さらに１９１２年にモロッコを保護領にしたフランスが後押しし、大西洋に面す

るカサブランカが同国最大の都市に成長した。

この街の地図のうち最も興味深いのはフランスによる占領の前後のものだ。占領前の地図を見ると、北東が海辺に面しており、都市はすべて城壁で囲まれている。その内側では、白色の建物がひしめき合い、その間を狭い道がくねくねと折れ曲がるように走り抜ける。人と家畜しか通らないからだ。この道の両側には商店が連なり、その上に人々が暮らすという街である。城壁の外に出ると、海辺には港が開かれ、内陸側には大きく区画された田園が広がっており、南東のはずれが墓地といった具合である。こうした城壁都市を原住民の居住地メディナといい、モロッコにはこのような形の都市がいくつも現存している。世界中の人々がモロッコを観光に訪れるのは、この魅惑に溢れたメディナに魅了されているからに違いない。「迷宮都市」の名で知られるフェス（第36章）のメディナがその代表で、この都市の名を聞けば、想像するのは難くないはずだ。

では次に、占領後の地図を広げると、趣がまったく異なり、どこがメディナなのか探さなければならない。また誰もがフランスのある都市の地図を見ているかの

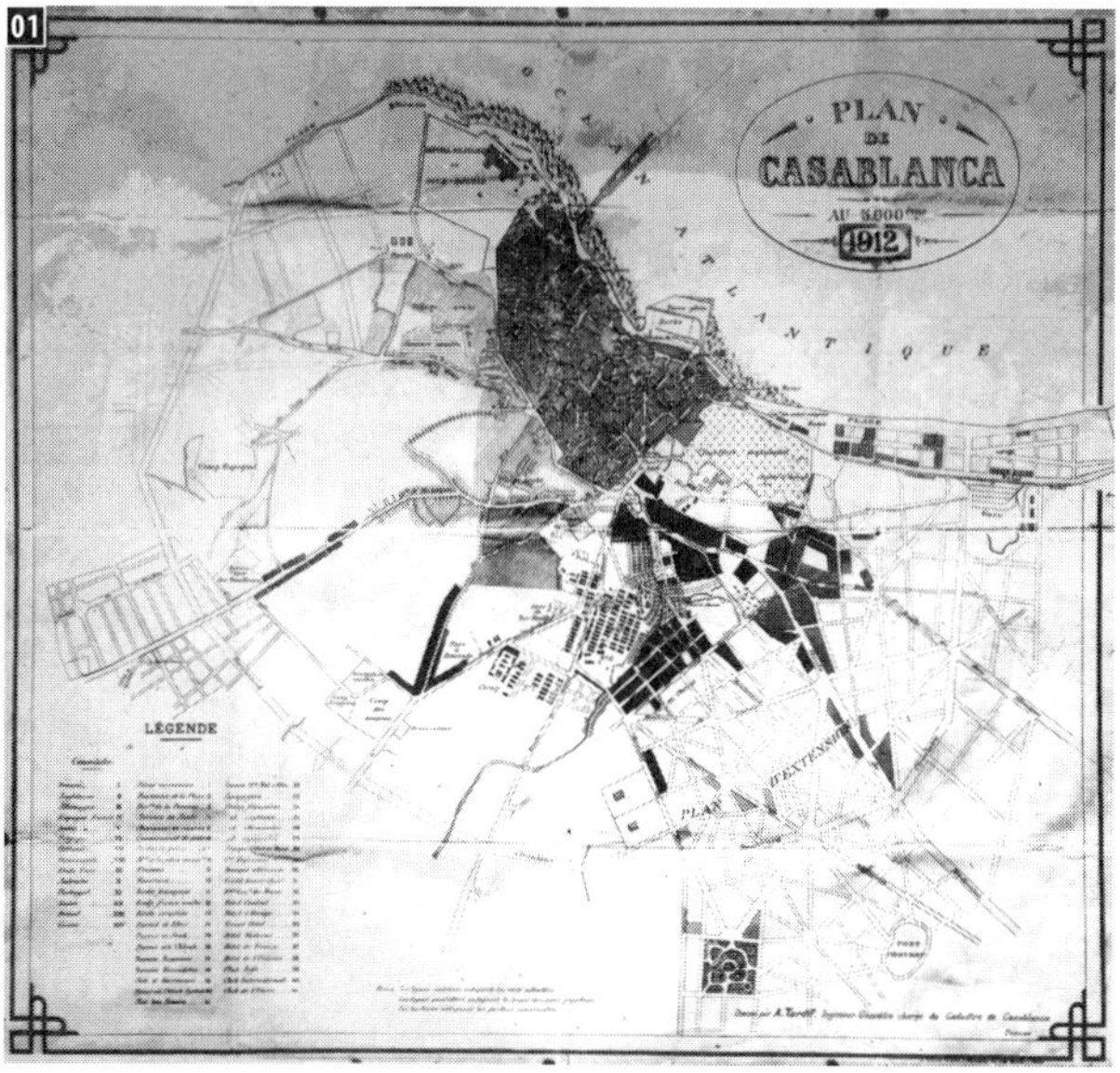

01 カサブランカの地図（1912）［出所：Fonds Henri Prost］

ような錯覚に陥ってしまうはずだ。それほどに広大な地域にブールヴァールを張りめぐらした新たな都市が計画されて、たった20年弱の間に実現したのだ。その面積はメディナの10倍に達するように見える。実際に訪れると、街の真ん中を並木の連なる大通りが貫き、その両側に中層建築が建ち並び、公共建築が大きな広場を囲むように建設されたことがよくわかる。人と自動車が忙しく行き交う街だ。東側の街のはずれには旅客のための中央駅舎が、海辺には突堤が張り出した港湾と倉庫街が整備されている。トラムは２０１２年に開業し、街中はパリの周辺部の街並みと見間違うほどそっくりだ。

　それはなぜか。フランスの建築家・都市計画家アンリ・プロスト（１８７４〜１９５９）が、エリア毎に用途を定めるゾーニング、幹線道路と街区道路を組み合わせた整備計画、中層の都市建築を組み合わせて開発を実施したからだ。カサブランカは格別に規模が大きいため、誰にとっても地図を見比べるのにはわかりやすく、実に面白い。

　もうひとつ都市で重要なのは建築である。どのような街になるのか、鍵を握っているからだ。カサブランカの場合、プロストから声のかかったフランスの若手建築家たちが、当時１９２５年にパリで開催された装飾美術・工芸美術国際

02

博覧会で認められるようになったアール・デコの建築を次々に建設した。アール・デコは当時、まだ様式という認識のない漠然としたものであったから、ある種の流行のように捉えられることもある。しかし後世に建築デザインの統一感が認識されるようになり、ある種の美学がここにあることは間違いない。もうひとつの特徴は、異国の文化を受け入れる非常に寛大な一面を兼ね備えている点だ。ゆえに、アール・デコそのものはフランスから持ち込まれたものであるが、カサブランカでは、装飾や細部にイスラーム建築特有の幾何学紋様が取り入れられたものが幹線道路や街区道路に沿って次々に建設された。量の面でも質の面でもレベルが高い。こうした異文化に対する相互の理解は、過去の様式をすべて否定したアール・ヌーヴォーとは異なり、時代や地域を問わず多様な芸術を受容しつつ世界の主要都市に波及したアール・デコの特徴に合致しており、建築や美術に関心のある向きであれば、それにすぐに気づいたはずだ。単に様式の輸出入にとどまらず両者の融合が、アメリカやイギリスのみでは本質的な理解の難しいここカサブランカに秘められたアール・デコの特徴なのである。

さて、メディナはというと、地図の上側の真ん中にぽつんとまったく変わらない形で残されているといえば、すぐに見つけられるだろう。これは原住民と入植者の居住地を分離する植民地経営を採用した初代総督ユベール・リヨテ（1854～1934）のおかげだ。リヨテがプロストを起用したのも、第一次大戦を挟んだ近代主義全盛の時代に、歴史主義を主張した建築家であったからに違いない。1925年にヴォワザン計画を発表し、パリの建築・都市の破壊を企てたル・コルビュジエ（1887～1965）らのよ

02 カサブランカの地図（1929、斜線部分が旧市街のメディナ）[出所：Fonds Henri Prost]

うな前衛の建築家とは正反対の考え方の持ち主である。アール・デコとプロストはともに異文化に対して非常に寛大で、メディナの保全と新市街の建設という相容れない事業を推進する上で、適材であり、適役であったことは間違いない。20世紀前半のカサブランカの飛躍的な発展の背景には、こうしたフランスによる介入があったのだ。ここに挙げた2枚の地図には、このような歴史が隠されており、それが読み解けた時の喜びは一《ひと》入《しお》である。是非こうした地図の楽しみ方をおすすめしたい。

では最後に最大の功労者についてもう少し触れておこう。リヨテは後に大臣そして元帥にまでのぼり詰めた軍人で、その人柄はナンシー近傍にあるシャトー・リヨテの図書室と私室を訪れると垣間見られる。1階の図書室にはさまざまなジャンルの辞典ばかりでなく、世界中から集められた全集がびっしりと所蔵されており、これが文人との交流があり、数多くの著作を残したフランス屈指の植民地統治者のもうひとつの顔だ。さらに屋根裏階に上がると、そこにはまるでモロッコの権力者スルタンの部屋と見間違う私室がいくつも続いており、原住民を尊重する寛容な政策を打ち出したリヨテが同じ装いで現れる姿が目に浮かぶ。異文化間には寛大な姿勢と相互の理解が不可欠なのである。

（三田村哲哉）

32 〈モロッコ〉 エッサウィラ

――グナワが聞こえる芸術の港

カサブランカ以南の大西洋岸を旅するにあたって目星をつけた都市はエル＝ジャディーダ、ワリディア、それにエッサウィラであった。エル＝ジャディーダには、はるか昔に大学院の指導教員とともに訪れたことがあったが、はっきりとした印象は得られず、その後世界遺産に登録（2004年）されたと聞いていた。今の私には、当時の自分自身と同様、フェスの南方60㎞のアトラス山中に位置するイフランのアル＝アハワイン大学に交換留学中の学生たちがいる。せっかくの機会なので彼女らにラバトで合流してもらい、そこから大西洋岸を車で南下することにした。最初に寄ったエル＝ジャディーダでは、ポルトガル時代の城壁が前回の記憶を疑うほどにくっきりと再生されており、城砦や教会、シナゴーグ、邸宅等が美しく再生されていた。そこから海沿いをさらに下ったワリディアというのは、コミュニティ開発の分野で日本の青年海外協力隊も活動した素晴らしいラグーンが存在する漁村で、水揚げされたばかりの生牡蠣と冷えた白ワインを楽しむことができる。こうしてさらに数時間ほど車に揺られるとエッサウィラに到着する。車を降りた途端に潮の匂いがしてくる。

エッサウィラは長らく「芸術の街」として知られてきた。毎年夏に行われる音楽祭グナワ・フェスティバル（後述）が広く知られているが、街の雰囲気を「芸術的」たらしめているのはなんといっても都市空間そのものである。城壁内の旧市街地であってもフェスやマラケシュのように曲がりくねってはおらず、道幅も広くて遠くまで見通せるため開放感がある。沿道の建物は白とブルーを基調に塗装されており、1階部分はほぼ全てが商店街、それも色鮮やかなオレンジやグリーン、ブルーの絨毯や衣装、ラクダの乳房の革から作るランプ、その他様々な民芸品を並べたスークの連続である。城門から入った学生らは例外なく「おおおー！」と声を上げる。

歴史については車内で要点を解説してきた。エッサウィラはもともとモガドールと呼ばれる港町であったが、時のアラウィー朝スルタン、スィーディ・モハメド・ベン・アブダッラーにより新たにエッサウィラと名付けられ、1767年にフランス人技師テオドール・コルニュの都市計画に基づき刷新された。同時期に、エル＝ジャディーダがスルタンの猛攻の前に陥落している。つまりエッサウィラの新設とは、

01 スークに色とりどりの衣類が並ぶ

盛り返したモロッコが大西洋岸をヨーロッパのキリスト教勢力から取り返していく、そのための軍事拠点の確立が目的であった。

ところでこのコルニュは、ルイ15世の下で七年戦争に参加し、北フランスの港湾都市サン＝マロの防衛計画に携わった経験もある軍人技術者であった。コルニュの設計が、いかつい城塞と近代的街並みからなるエッサウィラの特徴をもたらしたのである。計画図を見てみると、海に突き出た地形を利用して三角型の市街地を構想し、先端には城塞が作られている。緑地は現在でもオーソン・ウェルズ公園として存続している。

ホテルは城壁内の旧市街内に集中している。邸宅を意味するリヤドと呼ばれることも多い。増改築を経て複雑な構造となったリヤドには共通して屋上やバルコニーが存在し、間近に迫る大西洋の潮騒を感じ取ることができる。私たちは荷物を部屋に運び込むとすぐにロビーで落ち合い、街歩きに出る。視界には直ちに、広くて真っ直ぐな通りの白い壁面に並べられた鮮やかな産品が広がる。絨毯やジュラバ、木工品、貴金属といった伝統的な産品もあれば、現代的な手法でサハラ砂漠を描いた油絵やフランス語の詩集が売られている。

そうした産品の中でひときわ私たちの目を引いたのは、アルガンオイルの店舗であった。アルガンオイルとは、スース地方と呼ばれる周辺一帯の土漠に自生しているアルガンの木の実から採れるオイルで、食用油としても、化粧品としても使える。私はこれまで何度か、日本から来られた教授たちにモ

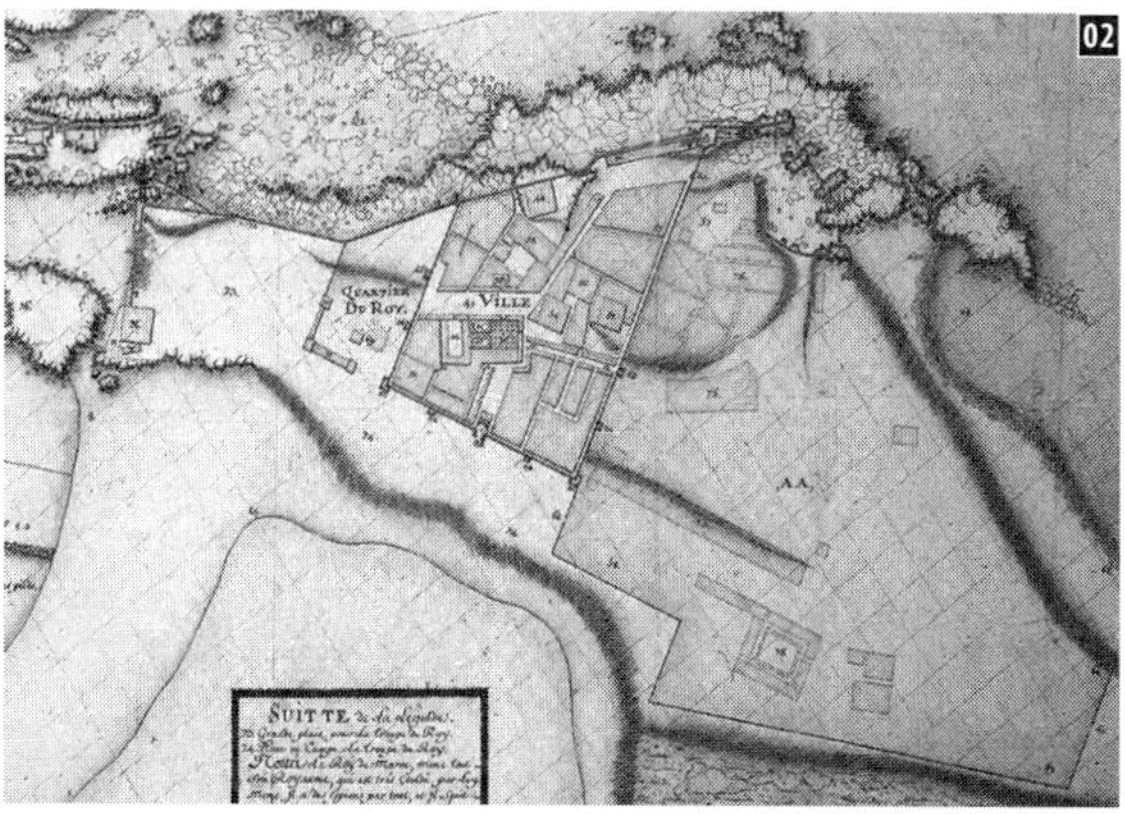

02 テオドール・コルニュの都市計画図

ロッコの街を案内したことがあるが、そのたびにアルガンオイルの店に連れて行くよう要望された。それは教授たち自身の意志というよりは、その奥様方の要望なのであった。モロッコのこの地方でしか産出されないアルガンオイルについて知っているのは、日本でも女性たちなのであろう。

　私たちが店頭で立ち止まると、待ってましたとばかりにヒジャーブを被った女性店員がデモンストレーションを始める。アルガンの実から巧妙に取り出した核を煎り、専用の石臼の中にぱらぱらと落とし、重い取っ手を回すとドロリとした液体が搾油されてくるというプロセスで、全て手仕事で行われる。アルガンオイル屋も様々であり、こうしたいかにも観光客向けのデモンストレーション後に商品を売りつけてくる店もあれば、フランスのブランド品よろしくパッケージされた品物を扱う高級店もある。

　旅は、街全体を一つのコンサート会場にした感のある、グナワ・フェスティバルの演奏からクライマックスを迎える。通りは夕方になるといつのまにか、民族衣装を着こんだ楽団で埋め尽くされている。グナワとは西アフリカを起原とし、モロッコを含むマグリブ諸国で広まった伝統音楽の意であるが、広義にはアフリカ音楽全般を指しているようで、フェスティバルにはアフリカだけでなくヨーロッパや中東から来た歌手や楽団が参加している。街のいたるところにある広場や浜辺にスポットライトと舞台が設置され

03 海を望む城砦
04 グナワ・フェスティバルの準備風景

ており、観客は綿密に構成されたスケジュールに基づき街中を周遊することになる。グナワはスーフィズムに通じる集団的法悦のための音楽である。主な楽器は片手で挟んで鳴らすハンドサイズのシンバルと、両手で打ち鳴らすタムタム、それに高い音の笛であり、それらが一定のリズムに基づき延々と繰り返されるのが特徴だ。その一方の起原を知るためには、機会を改めて北方の集落ジャジューカを訪れなければならないだろう。私は聴き入っている学生らと別れると、外国人の入り混じる路地を抜け、すでに夕陽の落ちた海辺を歩いてから宿に戻ることとした。

04

もし、アガディールやマラケシュからエッサウィラに来るのであれば、道中にアルガンオイルの製油工房がたくさんあるので寄ってみるとよい。アルガンオイルは伝統的に女性の仕事であり、現在では女性組合によって運営されており、エッサウィラの街中で見るのよりも詳しいデモが見られる。お土産屋さんもある。詳しい製造のプロセスについては、第35章を参照してほしい。

（松原康介）

参考文献

- 宮本薫『彩りの街をめぐる旅　モロッコへ』イカロス出版、2015年。
- Hamza Ben Driss Ottmani, *Une cité sous les alizés MOGADOR des origines à 1939*, Editions la porte, 1997.

33

〈モロッコ〉

マラケシュ

――歴史都市に遺産の継承を学ぶ

ベルベル語で「神の国」を意味するマラケシュは大アトラス山脈の北麓に発達した魅力に満ちた都市である。砂漠でラクダに乗り、山でスキーも楽しめるので、海のリゾート地アガディールに対して山のリゾート地マラケシュと捉えるとわかりやすい。この都市にはもうひとつ歴史都市という顔がある。モロッコを見渡して、大西洋岸に並置された政府機関の集まる首都ラバト（第30章）と最大の港湾を擁する経済都市カサブランカ（第31章）、迷宮都市という名の歴史都市フェス（第36章）に分類すると、遺産の充実したマラケシュは間違いなく歴史都市である。それほどに充実しているのだ。

都市の建設は1162年にムラービト朝がこの地を幕営地にした後からだ。マラケシュを代表する建築のひとつクトゥビーヤ・モスクのミナレットは、ムワッヒド朝（アルモハード朝）の創始者アブドゥルムウミンがこのモスクに着手した後、次々に建築が進み、おおよそ60mの大塔になった。昼間は大道芸や蛇使い、夜には屋台が加わって、活況をむかえるマラケシュの顔、ジャマ・エル・フナ広場から西に見えるのがそれだ。真相は定かではないが、ラバトのハッサーンの塔ばかりでなく、セビーリャの象徴のひとつ、ヒラルダの塔など、こうした形をした塔は後世になってから数多く建設されたが、どうやらこの大塔がひとつのモデルであったという。

このメディナ(旧市街)にはこうした遺産がいくつも点在している。南側にはメディナに次ぐほど広大なアグダル庭園が広がっており、城壁を巡れば、同じ時代に建設された20に及ぶ門のうちのひとつアグノウ門にいずれ辿り着く。宮殿の入口であった門のアーチは美しく、見過ごせないもののひとつだ。サアド朝ではメディナ内に最大のベン・ユーセフ・モスクが建設されたほか、正方形の中庭を囲むように合理的に計画された神学校ベン・ユーセフ・マドラサばかりではない。今は亡き遺構のエル゠バディ宮殿は四半世紀を費やして建設されたもので、広大な中庭と水面を囲む装飾豊かな部屋の数は360に及んだという。さらに同朝のスルタンが眠る墳墓群は、当時の繁栄を今に伝えるマラケシュで最重要遺産のひとつだ。いずれもサハラ

01 クトゥビーヤ・モスクのミナレット

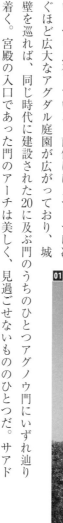

交易によって生まれた富に基づいているが、その中でもマリ帝国のトンブクトゥで発掘された金《きん》がこれらの建築をさらに豊かにしたことは言うまでもない。

ヨーロッパを中心としたいわゆる建築先進国では実にさまざまな建築に関する課題に取り組んでおり、フランスやアメリカではその幼児教育まで始まっている。わが国では考えもつかないことかもしれないが、これが先進国の現状だ。そのなかでも建築遺産の保全事業は、文化の継承という観点から最大の課題のひとつと捉えられており、ユネスコが中心になって、研究・教育活動ばかりでなく、新たに観光事業などと組み合わせながら、文化的価値の高い歴史的建造物から次々に保全事業が進められている。その勢いは、保全の理論や手法、遺産の権利や監理にさまざまな課題が残っているが、ここまでの事業展開が過去のヨーロッパで見られたことはあったのかと首を傾げたくなるほどだ。今、それほどに建築遺産の保全事業が進んでいる。

こうした観点から保護領モロッコの植民地経営を振り返ると、フランスは実に賢者であったと言わざるを得ない。初代総督ユベール・リヨテ（1854〜1959）は原住民と入植者の居住地をメディナと新市街に分ける分離政策を採用した。具体案を描いたのは、フランスの建築家・都市計画家で歴史主義者のアンリ・プロスト（1874〜1959）で、建築家アルベール・ラプラド（1883〜1978）ら若手建築家とともにモロッコの15都市で都市計画を遂行したのだ。モロッコのどの都市のメディナを見ても、大方で相変わらずの営みが続いているのは、すべての都市でこの分離政策という考え方に基づいて、メディナの保全と新市街の建設という相異なる事業の同時並行で実施したから

02 保護領時代の航空写真
[出所：Fonds Henri Prost]

だ。これは生活圏の保全であるが、多くの遺産がメディナ内にあるため、分離政策に基づいたメディナの保全はその基本であったことは間違いないのだ。

もうひとつ重要なのは文化財指定だ。リヨテはこれまでの入植地における都市開発の失敗を振り返り、モロッコを保護領にした同年に早速、歴史的記念物と碑文の保護に関する王令を制定している。本国にあるものと同じような指定制度が驚くべき速さで取り入れられたことになる。さらにこの王令は2年後には美術品や古美術品、記念物周辺・景観・天然記念物まで保護の対象になるように改定されたのだ。当時の官報を紐解くと、文化財指定に関する記述が一例一例ぽつぽつと現れる。その対象の都市はモロッコ全体に及んでおり、特にリヨテは四つの旧王都ラバト、フェス、マラケシュ、メクネスを優先したようだ。マラケシュについてみていくと、歴史的建造物が門や泉、城壁なども含めておよそ30点、景勝地ほかがおよそ10点、そのほか景観の保護や隣接地の整備に関するものが5点、いずれも第二次大戦以前に指定されている。プロストが描いた案にもこうした歴史的建造物が記されており、おおよそ間違いない。これは現代の保全事業とは異なるが、単体の保護ばかりでなく、景観や隣接地といった高度な保全政策が実施されており、参照に値する。このように第一次大戦を挟んだ近代主義全盛の時代に、フランスによる賢明な政策が実施されたことで、マラケシュの遺産が継承されたのだ。

最後にプロストが設計したホテル「ラ・マムーニャ」を紹介しておこう。これは1923年に西側の城壁に沿うラ・マムーニャ庭園の北側に建設された宿泊施設で、イスラーム建築の幾何学紋様による装飾がふんだんに散りばめられたアール・デコの傑作だ。イギリスの元首相ウィンストン・チャーチル（在位：1940～45、51～55）が重職からはずされた1930年代中頃、マラケシュに魅せられて「サハラ砂漠のパリ」と呼び、「ラ・マムーニャ」に滞在して絵を描いて過ごしたという。今の「ラ・マムーニャ」はこれまでに度重なる増改築が実施された後の姿であるが、ホール、レストラン、室内プール、ビジネスセンター、客室のどこを見ても建築意匠は継承されているようだ。

（三田村哲哉）

34

〈モロッコ〉

オートアトラス南麓の街々
——海岸線から沙漠へ続く道

北アフリカを地中海に沿うように横断するアトラス山脈は断続的につながっている山々の連なりで、地域ごとに別々の名称がある。オートアトラスはアトラス山脈西側のモロッコにあり、アトラス山脈最高峰のツブカル山がオートアトラスに含まれる。アガディールからオートアトラス南麓に沿って走るモロッコの国道10号線と、ワルザザードから沙漠へ向かう国道9号線を使って西から東へ向かえば、アガディール、タルーダント、タリウィン、ワルザザート、ザゴラを経由して、海から沙漠をつなぐことができる。

アガディールは、海岸沿いの道にヤシの木が植えられ、近代的なホテルが建ち並ぶビーチリゾート地として栄えている。ヨーロッパをつなぐ国際空港もあり、多くの外国人が休暇を楽しむためにアガディールを訪れる。しかし、アガディールでは状態の良い歴史的な建造物を見ることは期待できない。なぜならアガディールは震災から復興した街であるからだ。１９６０年2月29日深夜に発生した地震によって、多くの犠牲とともに歴史的な建造物も崩れてしまった。現在も高台の上にある16世紀に建てられたカスバ跡などを見ることができるが、城壁を残してほとんどの建物は崩れている。歴史的な街並みは失われてしまったが、アガディール地震から約60年が経過し、街の大半は復興を遂げた。市場に行けば食品や日用品の売買が活発に行われており、海岸沿いのレストランに行けば多国籍のレストランが賑わっている。一方でモロッコ人としてのアイデンティティを示すような伝統的な街並みを再現した場所もある。開かれた観光都市と守りたい伝統文化が共存している新しいアガディールの街並みには、モロッコが将来どうあるべきかを示すような世界観が感じられる。

アガディールからスース川流域の農業地帯を内陸に向かって80㎞ほど移動すると、タルーダントという街に到着する。タルーダントは、アガディールとは違ったモロッコらしい街並みである。この街の特徴は旧市街が巨大な城壁で囲まれている城塞都市という点である。国道10号線を走っていると道沿いにしばらく城壁が続く。城壁の中はほかの都市同様に旧市街や市場があるが、雰囲気が少し違う。マラケシュやフェスのような巨大な市場では、「見ていけ」「寄っていけ」と、あの手この手を使った呼び込みが行われているが、タルーダントの市場はそれほどしつこくない。日本人がゆっくり買い物をするには向いているかもしれない。

01 観光地化が進むアガディール

タルーダントからさらに内陸に120㎞ほど移動すると、タリウィンという小さな街に到着する。このあたりはアンチアトラスを横断することになるため、少し標高が高くなる。タリウィンは、周りを山に囲まれて何にもないような小さな街だが、モロッコでも最も品質の良いサフランの産地で有名である。サフランはもともとアジア原産のアヤメ科の植物クロッカスの一種から採集され、雌しべの柱頭部から細長く伸びた3本の赤色をした筒状の部位だけがサフランとして扱われている。サフランは黄色の染料にも使われる香辛料で、北アフリカで金曜日に食べるクスクスの調味料として使われており、サフランを入れると独特の黄色味を帯びたクスクスになる。日本人にはときどきカレー屋で見かけるサフランライスという黄色いライスのほうがイメージしやすいかもしれない。インドもまたサフランの産地であり、サフランライスという食文化がある。個人的な感想になるが、サフランの味についてはほとんど感じられない。ほんのり香りがする程度だ。しかし、この色と香りを楽しむためにサフランは珍重され、高級な香辛料として取引が行われている。味の感想には個人差があるため、ぜひ試してみてほしい。サフランはタリウィンの

02 タルーダント城塞

街中でも入手することが可能で、薄紫色の建物やサフランの絵が描かれた看板が目印だ。

タリウィンから徐々に乾いていく荒涼とした山肌を見ながら内陸に向かってさらに170㎞ほど移動すると、ワルザザートという街が現れる。ワルザザートは砂漠の玄関口で、モロッコの沙漠に向かう人々の多くはここを経由する。ここは昔から交通の要衝であり、マラケシュから国道9号線を経由してアトラス山脈を越えてくることもできる。アガディールからの国道10号線とマラケシュからの国道9号線が合流して、周辺の生えている植物も少なくなって、いよいよ沙漠が始まると感じてくる頃に突然現れる小さな街には、旅の準備を整えるための安心感を覚えるだろう。ワルザザートはドラア川の山麓オアシスであり、街道沿いの宿場町として栄えた。交通の要衝ということもあって周辺の観光地を日帰りで訪れることができる。国道10号線を使って北東方向に向かえば、ダデス川と交差するところにあるブマルヌ・ダデスという街があり、特産品のダマスクローズを使ったバラの香水やローズウォーターなどが手に入る。国道9号線を使ってマラケシュ方面に行けば、観光地として有名なアイトベンハッドゥという世界遺産にも登録されている古代都市の集落を見ることができる。このようにワルザザートは旅の拠点として使いやすい街である。

ワルザザードから国道9号線を使って南東方向に165㎞ほど移動すると、沙漠の街

03 バラのモニュメント

ザゴラにたどり着く。しかしその道のりは簡単ではない。ワルザザードを出発してしばらく平坦な道が続くが、途中からアンチアトラスの渓谷を縫うように走る道路を左右に揺られながら移動することになる。渓谷を抜けるとアカシアが生えるサバンナのような景色になり、ドラア川にぶつかるところからザゴラまではオアシスが続く。オアシスにあるナツメヤシのプランテーションの緑色と乾いた大地のコントラストには、生命と水の関係を強く感じられる。ザゴラは砂漠の中にある小さな街である。街の様子はきれいに整っており、ホテルやレストランなど一通りの施設はあり、砂漠をしっかり体験したい場合はここを拠点にすることができる。オテル・ド・ラ・パルムレのテラスでオアシスを眺めながらコーヒーを味わうのもよい。ここまでたどり着けば、砂漠の世界を見てきたことになるが、ここに来るまで日本人がイメージするような遠くまで砂丘が連なる沙漠を見ることはできない。砂漠は構造物によって岩石沙漠、礫沙漠、砂沙漠、泥沙漠の4種類に区分される。モロッコで見ることができる沙漠のほとんどは岩石沙漠か礫沙漠であるため、砂丘が連なる沙漠を見るためにはピンポイントで砂沙漠を訪れるしかない。観光地として有名なメズルーガか、ザゴラのさらに先、マアミドという国道9号線の終点がある街まで行けば砂沙漠を見ることができる。

（川田清和）

04 ザゴラの先にある沙漠

35

〈モロッコ〉

農村の生活を支えるアルガン

――南西部スース＝マサ地方の女性協同組合の活躍

モロッコ経済を支える主要産業の一つは農業である。地中海沿岸からアトラス山脈以北に広がる広大な農地では、雨季のささやかな降雨によって小麦や大麦が栽培され、主食たるパンの原料として国民の生活を支えている。マラケシュ周辺に広がる肥沃な農業地帯を旅すると、モロッコという国の安定感を感じることができよう。これに対して、マラケシュから南西部アガディール方面に抜け、半乾燥地帯に入ると、アルガン林が広がる。アルガンは、アーモンドのような実がとれるモロッコ固有の植物である。アルガンの精油は、アガディールやエッサウィラの農村部の伝統的生業である。アトラス山脈からアガディール市に流れるスース川流域のスース＝マサ地方では、ナツメヤシやオリーヴが栽培され、その周囲を囲む山岳地帯の斜面にはアルガン林が広がり、バランスの良い一つの生態系を形成しているようにみえる。また、アルガンの木は乾燥に強く、限界乾燥地でも生息することができる。アガディール南部の山岳地帯では、アルガン林を除けば、荒れ野がひろがるのみである。アルガンオイルはモロッコのお土産として有名であると同時に、農村の生活を支える貴重な資源である。

アルガンはモロッコ南西部の農村部での生活に欠かせないものである。アルガンオイルは伝統的に自家消費用に精製され、食用、薬用、化粧用オイルとして使用されてきた。アルガン実の収穫期である7月から9月にかけて、主に村の女性が落果した実を収集する。収穫期の実の収集は「アグダル」と呼ばれる伝統的慣行によって、村ごとにアルガン林への用益権が割り当てられている。集めた実は、2から4週間ほど天日干しされ、果肉をむいた種を石で割り、中身の仁がとりだされる。この仁を集めて石臼ですりつぶし、弱火をかけて練っていくと、ようやくアルガンオイルが搾れる。1ℓのアルガンオイルの精製には、2・6kgほど仁が必要であり、そのためには約38kgの実を集める必要がある。この量の実を集めるにはおおよそ2週間ほど要し、種子から石で砕いて仁をとりだすには熟練を要する。つまり、アルガンオイルの精油は手間暇かかる作業であり、搾られたオイルはとても貴重である。

アルガンの伝統的用途はオイルにとどまらない。アルガンの果肉や搾りかすは家畜の飼料に、種子の硬いからは燃料に、アルガンの木は家具や建築用資材に使用され、アマジグの人々の生活はアルガン林によって支えられている。アルガン林の面積はモロッコ全体で86万7000haあるとされ

01 モロッコ中西部スースニマサ地方の農村風景

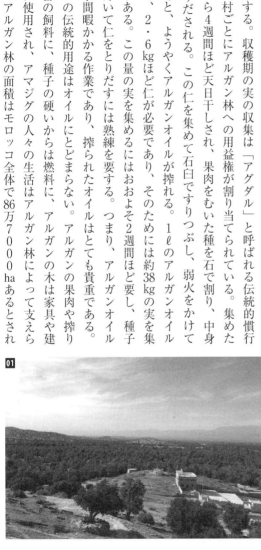

ている。そこからとれるアルガンオイルは、年間2500tから4000tほどである。アルガンの木は、その希少価値から1998年にユネスコによる生物圏保存地域に登録されたが、近年、過放牧、干ばつ、実の乱獲などにより、年間600haが消失しているといわれている。

従来、アルガンオイルの精製作業は家内産業として村の女性によって伝統的に行われてきた。モロッコでは、オリーヴオイル精製や乳製品加工には主に男性が従事しているのに対して、アルガンオイルの精製は女性が従事することが多い。村の女性が家内で精油したアルガンオイルは自家用に消費されるほか、仲買人が買いとり、市場で販売されることもある。また、集めたアルガン実を民間企業や商人が買いとる例もある。ただし、アルガンの実やオイルが低く買いたたかれることも多かった。このような状況に対し、1990年半ばより、村の女性がアルガンオイル精製のために作業場に集まり、協同組合をつくる動きが活発になった。協同組合では、付加価値の高いアルガンオイルの生産や生産性向上、販売における交渉力とマーケティングの強化、これによる女性の経済的自立支援やアルガン保全が目的とされている。一つの女性協同組合には20名から60名ほどの女性が所属しており、アルガン実の収集、オイルの精製や販売が共同で行われている。

02 アルガンの実
03 女性協同組合におけるアルガンオイルの搾油

アルガンオイルの精製は伝統的に手作業で行われるのに対し、協同組合では作業工程の機械化が一部進んでいる。種子を石で砕き、仁をとりだす作業は手作業で行われるが、仁をすりつぶしてオイルをしぼる搾油機やオイルの濾過、オイルの瓶詰などには機械を導入している組合もあり、生産過程の効率化が図られている。また、瓶に組合名やグループ名を記したラベルをはり、鮮やかな製品として仕上げる組合もある。また、女性協同組合が集まり、組織やグループが形成されている。このようにアルガンオイル生産者の協同組合化や組織化が進んだ背景には、ＧＴＺ（ドイツ政府の国際協力機構）の支援があった。また、モロッコ政府が２００５年より掲げている「人間開発に関する国家イニシアチブ」でも、女性協同組合の支援が行われている。

　多くの女性協同組合で、食用、化粧用アルガンオイルに加え、アルガン石鹸や保湿クリーム、アルガンシャンプー、洗顔料など、様々な製品が開発されている。また、アルガンオイルのほかに、蜂蜜やアムルー（アーモンドのペースト、蜂蜜、アルガンオイルを混ぜたペースト）など、地域の特産品を開発・販売している組合もある。女性協同組合で生産した製品をブランド化し、販売店や窓口を設置し、インターネットを通じて外国にも販売網を広げている組合もある。また、地域の特産品をベースに、観光客の誘致に積極的にとり組んでいる協同組合もある。

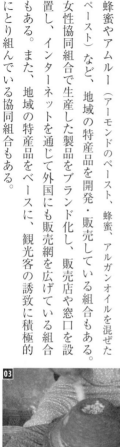

このように女性協同組合は、モロッコ南西部農村地帯の主要な生産主体であり、村の女性にとって重要な雇用機会を生み出している。女性協同組合が精製したアルガンオイルや様々なアルガン製品をみると、高いポテンシャルを感じる。ただし、アルガン実の安定的確保や資金制約、輸送のコスト、販路の開拓など課題は多い。また、女性協同組合よりも安価で原料を調達し、大量で安価なアルガンオイルを生産・販売している民間企業との競争も課題である。

アルガンオイルの成分には医療・薬用面での様々な機能性がある。食用アルガンオイルには、利胆薬、胆汁排泄促進薬、肝臓保護作用、高コレステロール血症治療、アテローム性動脈硬化治療、流産防止などの効用があるといわれている。また、化粧用アルガンオイルには、肌の腫物やにきび、水疱瘡の膿胞に効果があるといわれている。近年の研究では、内皮機能不全、前立腺がん、高脂肪血症、脂肪低下、コレステロール低下、美白などの効果があると分析されている。アルガンオイルの機能性解析を進め、科学的エビデンスを基にアルガンオイルに新たな価値を吹き込むことは、女性協同組合の支援やモロッコの農村開発にとって重要であろう。

アルガンオイルをはじめ様々な地域特産品を扱う女性協同組合は、さながら「道の駅」のようである。モロッコ南西部の農村に出かける際は、女性協同組合に一度足を運ばれることをおすすめしたい。

（柏木健一）

36 〈モロッコ〉 フェス
――迷宮の中の秩序

8世紀末にベルベル人によって奉戴されたイドリース1世により創建されて以来、フェスは文字通りモロッコの首都として成熟してきた都市である。フランス語でフェス、アラビア語の発音ではファースと呼ばれる。英語読みでフェズとなるのは、恐らくフランス語における語末のsを濁音として転写したためであろう。このフェスをはじめとして、モロッコにはひときわ良好な保存状態のまま存続し、世界遺産にも登録されている旧市街が多く存在する。その一つの理由は、フランス植民地時代の都市計画にある。初代保護領総督ユベール・リヨテはベトナム、マダガスカルでの経験から、相手国の文化を尊重してみせることが統治の安定につながることをよく知っており、まさにモロッコ文化の集大成ともいうべき旧市街をそのまま保全するという政策をとった。その下で実際に都市計画を担当した青年期のアンリ・プロスト（コラム1参照）は、モロッコ人のための旧市街と、フランス人植民者たちのための新市街（ヴィル・ヌーヴェル）とを明確に分けて計画図を描いた。その結果、旧市街では原則として近代開発は行われず、中世以来の稠密で複雑な旧市街空間が、今日まで、少なくとも物理的には存続してきたのである。一方の新市街は、パリを真似た近代計画都市であり、幅60ｍもの大通りが存在する。この明確な分離政策には、当然ながら矛盾も多く含まれており、実際に数十万人が居住する都市として、保全と近代化の両立がその後の課題とされてきた。

ともあれ、旧市街の入口の一つ、ブー・ジュルード門から入ると、市街中心部に向かう主要通りを少しずつ下っていくことになる。主要通りはタラア・ケビーラ（大きな坂道）とタラア・セギーラ（小さな坂道）の2本がありいずれも等しく賑わっているが、終盤で合流する。沿道は無数の小さな商店で埋め尽くされており目を奪われるが、よく見るとエリアごとに業種がゆるやかに分かれているのがわかる。例えばブー・ジュルード門周辺では肉屋が多くを占めており、カラウィーン・モスクの裏手では真鍮製品の工房がそれに代わるといった具合である。このように一定の範囲に同業店舗が集中するものをスーク（市場）と呼ぶ。つまり通りを進むにつれて「肉のスーク」「木工品のスーク」「アッタリーン（香辛料）・スーク」「真鍮のスーク」と移動していくことになる。

また、こうしたスークを構成する店舗のほとんどすべてはハブス店舗である。ハブスとはモロッコ方言であり、正則アラビア語のワクフ、すなわちイスラームの喜捨を意味

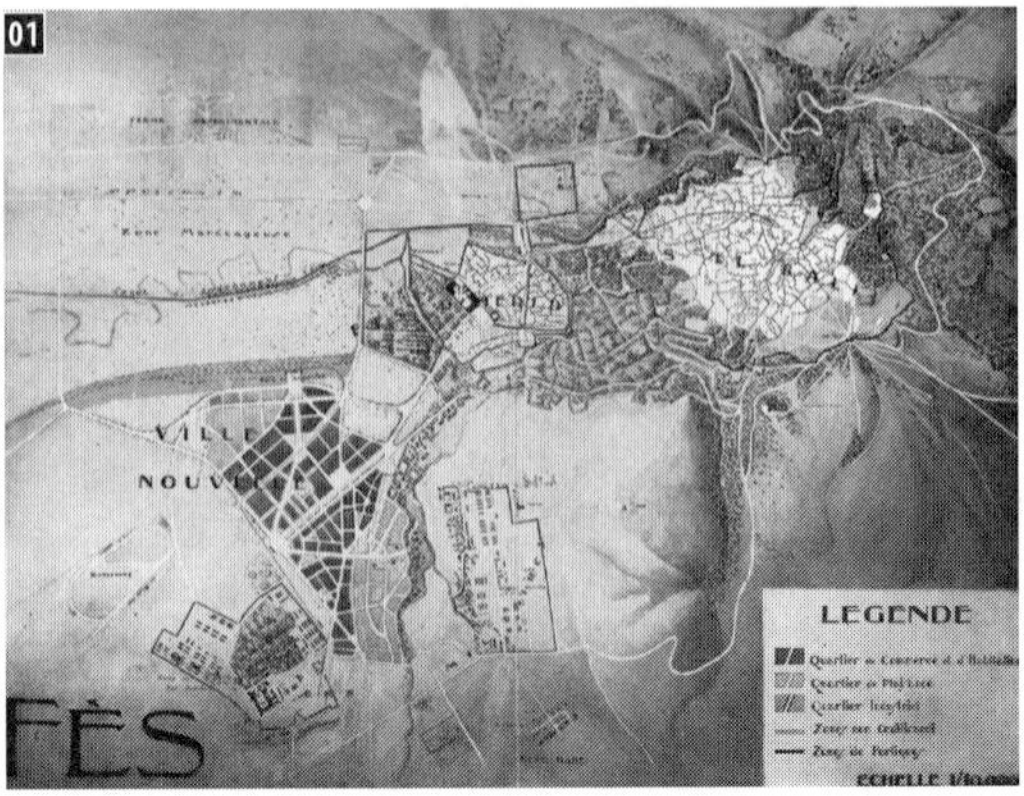

01 アンリ・プロストによる最初の都市計画

する。ハブス店舗の売り上げの一部は、モスクやマドラサ（神学校）といった周辺のハブス施設に寄進され、その運営と維持管理費にあてがわれる。こうして祈りと学びの場が長く存続できることになる。イスラームの社会を根底から支えてきたハブス店舗は、時代を経るに従ってハブス施設の外側壁面にあらかじめ埋め込まれて建設されるようになっていった。

たとえば、タラア・ケビーラから少し入ったところにあるブー・イナニア・マドラサは、その典型的な姿を示している。入口から中に入ると噴水のある中庭があり、その奥にミフラーブのある礼拝室がある。宗教施設であり噴水のある中庭と、角にはミナレットもある。中庭がいわば教室であり、ミフラーブとは壁面に穿たれた窪みである。この窪みはサウジアラビアにある聖地メッカの方向（キブラ）を示している。イスラームでは偶像を禁止するために、聖地の方向に向かって礼拝を行うのである。また、中庭を囲むギャラリー（廊下）には小部屋が連続している。これはそこで学ぶ者たちの宿坊である。かつて、フェスはアフリカ一帯に聞こえた学問の名所であり、学生の多くはそれら外国からの寄宿学生であった。狭く湿気を感じる宿坊の一つに入ると、イスラームの教義を基軸に政治学や歴史学、科学や天文学を一心に学ぶ学徒らの息吹が感じ取れるようだ。そして、見学を終えて外に出ると、通りに沿ってきたスークの店舗群が、ここではマドラサの外壁に埋め込む形で続いていることがわかる。すなわち売り上げをマドラサに寄付していたハブス店舗の名残である。

02 タラア・ケビーラ

タラアをさらに下っていくと、そこかしこの路地からフンドゥク（隊商宿）の入口が覗いている。フンドゥクは、その名の通り、かつて中東・北アフリカ一帯における都市間を往来していたラクダの隊商のための宿である。1階がラクダたちを休ませる場所、2階以上が商人たちの宿舎であり、中庭は商品を卸売りするための取引所といった態である。現代においてはすでにラクダの隊商は歴史的役割を終えており、中庭がちょっとした広場となって、商店や倉庫、時には革なめし工房となっている。観光のお勧めは中心部にあるネジャリーン・フンドゥクである。商人がラクダに乗ったまま入館できるよう、背の高く幅広い馬蹄型の入口が目印である。ネジャリーンとは木工品を意味し、周辺は木工品のスーク、工房となっている。内部にはかつて使われていたであろう、商品の重さを測る天秤と錘《おもり》が置かれており、かつての宿舎は木工品の博物館となっている。

中心部に至ると、見ておくべきなのは聖廟ムーレイ・イドリースと、最も古いモスクの一つであるカラウィーン・モスクである。もっとも、いずれも非ムスリムが入ることは禁じられており、入口から覗き見るだけである。前者では蠟燭店と菓子店ばかりの一帯に入口があり、フェスの創建者であるイドリース1世の棺が垣間見える。後者にはいくつかの入口があるが、中庭に面したものが正面入口であり、噴水を隔てて、鮮やかに

03ネジャリーン・フンドゥク中庭

彩色された漆喰装飾と、イスラームの象徴色である緑色に塗られた瓦屋根が見える。入口では常に物乞いがクルアーンの一節を唱えている。

モスクの裏側はセファリーン広場と呼ばれ、真鍮製品の工房が集合しており、鉄を打つ音が喧《かまびす》しい。ここの路地から入ってしばらく細い道を行くと、子供から大人までが寄ってきて、「テラスはここだ」としきりに呼び止めようとする。モロッコは昔からモロッコ革で知られ、フランス語で鞄屋を意味するマロキネリはモロッコが語源である。フェス川に沿った一帯に点在するなめし工房では、地面に穿たれた無数の穴に、白と茶色、それに赤、黄、青の塗料が満たされ、そこに文字通り剝がされたばかりの動物の革が次々と漬け込まれていくのだ。作業はまったくの手作業、というより足作業であり、半裸の労働者たちが穴に入り込み、自らの足をもちいて革を塗料につけ込んでいく。「テラス」とはそれを上階から眺めることのできる、革製品の店舗である。製品にはバブーシュ（モロッコスリッパ）やクッション、鞄などがある。臭気がきついので、店員がミントの葉を配っている。これを鼻に充てることで臭気はごまかされるのだ。

ひとまずの観光を終えるとラスィーフ広場に出る。ここは60年代に中心を流れるフェス川を埋め立てた暗渠道路と接続しており、現在では川の親水空間整備が進んでいる。ここではぜひ、近辺にあるテラス式のカフェに入ってもらいたい。フェスは「すり鉢状」とも言われ、フェス川のあたりが最深部である。テラスからはこれまで下ってきた街並みを一望の下に見上げることができる。そこで初めて、この街が横方向にのみ迷宮なのではなく、高低差のある上下方向に対する迷宮なのだと実感できるのだ。（松原康介）

参考文献

- 米山俊直・村川敏弘『モロッコの迷宮都市フェス』平凡社、1996年。
- 陣内秀信・新井勇治『イスラーム世界の都市空間』法政大学出版局、2002年。
- 松原康介『モロッコの歴史都市 ── フェスの保全と近代化』学芸出版社、2008年。

テラスからフェス（モロッコ）左岸を見上げる［撮影：松原康介］

第Ⅵ部

地中海の南——マグリブ

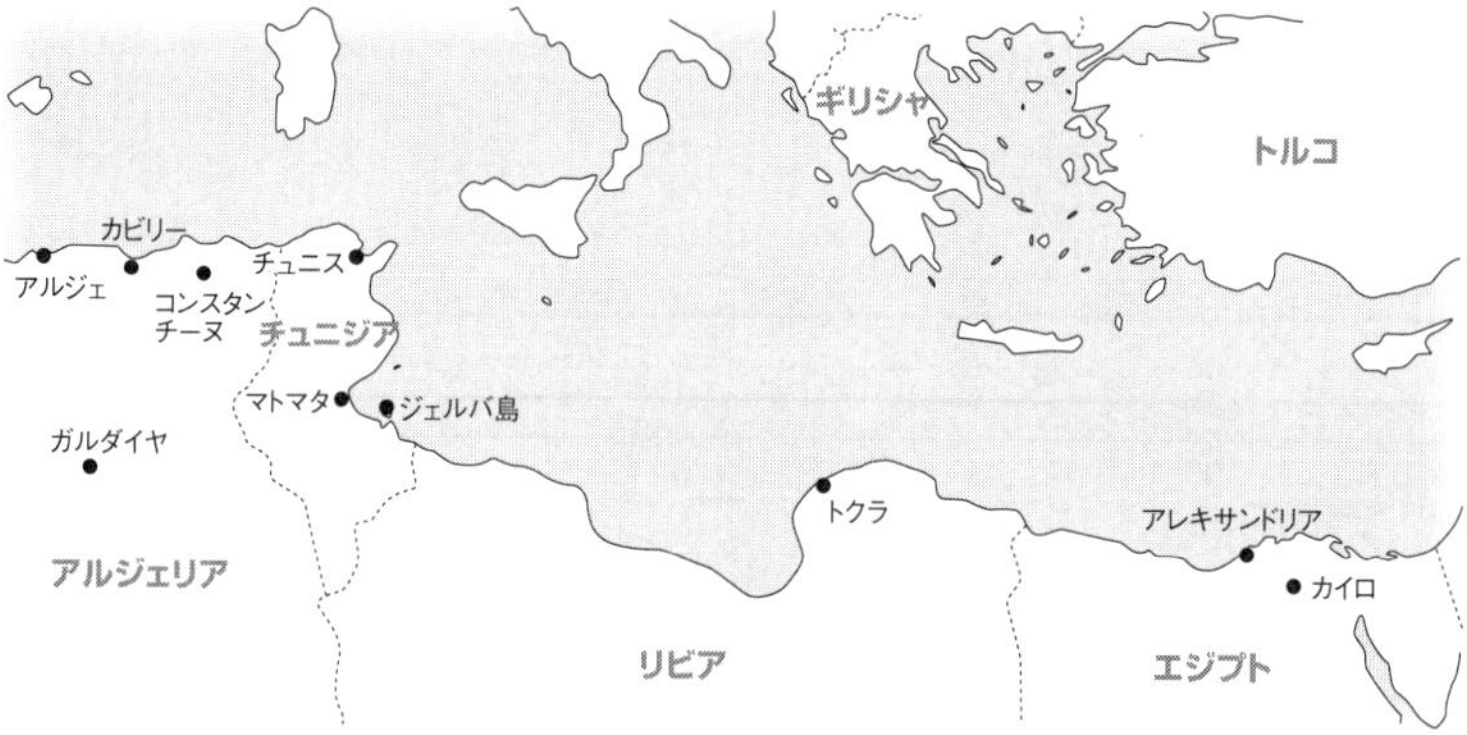

37

〈アルジェリア〉

アルジェ

――街を飛び交う複数の言語

130年余りのフランス植民地支配を経験したアルジェリアでは、ナショナル・アイデンティティの醸成に困難を来し、その一つの表れがアラボフォン（アラビア語話者）とフランコフォン（フランス語話者）との対立である。その内実はベルベル語（タマズィグト）話者も交えてより複雑ではあるものの、両者は一般に「イスラーム的価値観を重んじる一般大衆と西洋的価値観に精通したエリート層」という対峙として理解されることが多い。しかし、首都のアルジェに暮らす人びとを見ているとアラボフォンは会話の中にフランス語の語彙や表現を用いるし、フランコフォンは逆に、しばしばアラビア語を差し挟む。この街で耳にするのは、両言語がごちゃ混ぜになった会話である。

私が出会ったナディアも、このようなアルジェを生きる一人であった。2014年、私はアルジェで女性支援団体を複数訪問しながら具体的な調査に着手するための対象を絞り始め、そのうち旧市街カスバにあるカトリック系およびイスラーム系団体という対照的な二つの団体に着目した。後者の団体は、アラビア語、クルアーン、調理といった様々な授業を周辺の女性住民を対象に開講している。この団体は全国各地で活動を展開しているが、私はカスバ支部の許可を得て、授業に参加するとともにスタッフおよび受講者への聞き取りを始めた。

まもなくして私は別の女性団体を通じて知り合ったある女性宅へ招かれ、その娘ナディアを紹介される。カスバから5㎞ほどの新市街に暮らすこの母娘は、多くのアルジェ居住者同様、アラビア語とフランス語をごちゃ混ぜで会話していた。ナディアはアルジェで修士号を取得後フランス・パリの大学院に進学していたが、社会学的調査と帰省を兼ねてアルジェに一時帰国中だという。彼女は、私がカスバのイスラーム系団体を訪れていることを知ると関心を示し「私はアルジェ出身のアルジェリア人なのに、カスバには一度も行ったことがない」と言って同行を申し出た。

オスマン朝時代の16世紀にアルジェ領主（デイ）が城塞を築き、その名が付いたアルジェのカスバは、独立戦争中にはフランスのパラシュート部隊8000人が独立派の闘争員と衝突したゲリラ戦「アルジェの戦い」（1957年）の舞台としても知られ、アルジェリアの侵略と抵抗の歴史を象徴する街区である。他方、カスバ外のアルジェ出身者は低中所

01

01 カスバから望むアルジェ港。奥には独立記念塔が見える

得層が主に暮らすこの地区を相互監視に基づく閉鎖的な地区であり、ナディアのように外部の若い未婚女性が容易に立ち入る場所ではない、とみなしていた。カスバ居住者の間でもこのような認識は共有されており、父方が三代続いてカスバ出身・在住というある女性住民は「ここは誰と誰が親しくしているか監視し合っているから充分に注意しないといけない」と言い、近隣の女性支援団体が開講する授業に関心はあっても参加しづらい事情があると説明していた。そのような話を聞いていたにもかかわらず、私は数日後にナディアを同行させることで了承してしまった。彼女の母親も女性に手芸を教えてきた経験があるため、互いに知り合う機会になればとの思いもあった。

　中庭式住居が密集した高カスバ地区と、役所や商店が軒を並べる低カスバ地区に分けられるアルジェのカスバは、両地区の境に延びる通りにはシナゴーグから転用されたモスクや学校、市場（スーク）が建ち並び、近隣住民の日々の生活を支えている。私はナディアを伴い、高カスバ地区にあるカスバ支部を訪問し、女性スタッフの一人に「フランスで社会学を専攻するアルジェリア人学生」としてナディアを紹介した。するとスタッフは改めて「アルジェリア人ですか」とアラビア語で尋ねたので、私は当然ナディアがアラビア語で肯定するものと疑わなかったが、その予想に反し、彼女は「アルジェ生まれのフランス人です」とフランス語で答えたのである。私は一瞬あっけにとられ、すぐにそれが意味することを考えようとした。

　確かに、ナディアは留学中にフランス国籍を取得した二重国籍保持者であるため、その回答に間違いはない。しかし、アルジェでアルジェリア人の両親のもと生まれ育ったムスリマの彼女が渡仏したのは20代も半ばを過ぎてからのことであり、彼女の母親は、アルジェリアの風景をモチーフとした手芸品や絵画を多数制作している。その彼女が同胞であるはずのスタッフを前に自分はフランス人だと、しかもフランス語で断言したことに私は驚いた。「私はアルジェリア人なのにカスバには一度も行ったことがない」と言ったのは何だったのだろうか？ 彼女のこの一言によって、スタッフとナディアの関係は同等どころか「イスラーム的で教育レベルの低いアルジェリア人」と「西洋的でインテリかつエリートの在外アルジェリア人」という対立が否応なく醸し出されてしまった。スタッフの表情は瞬時に強張ったように見え、その後のやり取りは表面的な会話に留まり、後日改めてカスバ支部を訪問すると「申し訳ないけど、私たちは外国人とは仕事ができない」と協力を断られてしまった。

後でわかったことだが、ナディアはアルジェでの大学の環境に満足できず渡仏を決めたものの、研究は頓挫し、大学院を満期退学後は失業手当を唯一の収入源としてパリで生計を立てていた。パリの移民街にある彼女の自宅を後日訪問すると、アルジェから持ち込んだという家具や民芸品、菓子の詰まった箱が置かれており、長い海外生活の中で故郷への想いは高まっているかと思えば「パリの方がまし」だと言う。しかし、こうした捉えどころ

02 狭い路地と階段が続くカスバでは、生活ごみの収集にロバが利用される

のない彼女の言動には、アラボフォンが大半を占める祖国の社会学界にはもう戻れないという焦燥感と、失業状態でも二重国籍でフランス在住という優越感の間で葛藤する、複雑な心情が滲み出ているようにみえた。

そう考えると「アルジェ生まれのフランス人」というフランス語での回答は、生まれ故郷で行き場を失ってしまったゆえの彼女の自尊心の揺らぎが、アルジェで職を得ているスタッフへの羨望として露呈したと言えるかもしれない。彼女は高学歴でありながら自国の社会で疎外感を抱き、異国の地では失業中であるという自身の立場を咄嗟にカムフラージュしようとしたのだろう。しかし一方で、場面に応じてアラビア語とフランス語を使い分け、アルジェリア人としてもフランス人としても振る舞いうるナディアの場当たり的な器用さは、衝突や融合を重ねながら複数の文化が混在してきたアルジェにおいてこそ培われる、都市を生き抜いていくための彼女自身の戦術でもある。

アラボフォン／フランコフォンの対立は、これまでナショナル・アイデンティティという、均質的で調和がとれていることを前提とした「全体」の形成を阻害する対立として捉えられがちであった。しかし、ナディアや団体との一連のやりとりを踏まえて理解するのであれば、むしろある部分では相互に混交し、影響しあい、揺らぎも含みながら存在する、他者に対する二様の態度という、不均質かつ辻褄の合わない出来事も足し合わせた結果としてのもうひとつの「全体」が見えてくるのではないだろうか。私にとってアルジェとは、そのことをわからせてくれた街なのである。

（山本沙希）

参考文献
• 私市正年編『アルジェリアを知るための62章』明石書店、2009年。
• バンジャマン・ストラ『アルジェリアの歴史——フランス植民地支配・独立戦争・脱植民地化』小山田紀子・渡辺司訳、明石書店、2011年。

38

〈アルジェリア〉

ガルダイヤ

――建築の聖地

8世紀以後、バグダードの中央政府から追われてきたイスラーム教イバード派のムザブ族が、流浪の末にアルジェリアの奥地にたどり着き、そこで集落を形成したのがムザブの谷である。谷には七つの集落があり、県庁所在地はそのうちの一つ、ガルダイヤに置かれている。日本大使館に教わった情報では、ベルベル系の政治運動が続いている他は、過激派等の危険はないということであった。それでも空港には軍のチェックがあるし、市内を観光するには公認ガイドの同行が不可欠だという。アルジェで定宿としていた寄宿舎グリシンの神父から紹介された現地ガイドに電話してみると、ちょうど空いているという。私は翌日に現地入りすることに決めた。

そうまでしてガルダイヤに行きたかったのは、その秘境めいた集落が建築や都市を学ぶものにとって一つの聖地と言われていたからである。学生時代に読んだ原広司の『集

落の教え』には、部分と全体が入れ子状の関係にあることが指摘されていた。また、パリ在住の建築家・早間玲子さんは、交換留学中だった学生とともに押し掛けた私に、ル・コルビュジエがインスピレーションの源とした集落の、質素だが手のぬくもりを感じさせる魅力を語ってくれていた。

　ホテルに出迎えたガイドに最初に案内されたのは、集落の水回りであった。モロッコのサハラ砂漠で見たカナート（地下水路）に見かけは似ているが、実際はだいぶ異なる。冬の短く激しい雨季に、雨水を堰状の取水口から取り込んで一気に貯めておく仕掛けの半地下の貯水槽である。さらに、オアシスの中の住宅地では路地に沿って取水用の水路が設けられており、これが迷路のような地下水路を通って貯水槽まで流れるようになっている。白亜紀に形成された谷は基本的には不毛地帯であるが、こうして谷底のオアシスではナツメヤシをはじめとする豊かな果実の実りと木陰をもたらし、それが集落の生活を支えてきた。

　翌日には別のガイドが現れ、いよいよ集落内部を案内

01 堰状の取水溝
02 街路隅の取水口

してくれる。入口は店舗に囲まれた広場であり、そこに立って上を眺めると、長らくイメージだけであったミナレットが高く聳えているのが見える。土産物屋で絨毯をチェックしてみると、モロッコでも見かけるベルベル絨毯のデザインと似ており、質素だが力強い。路地から入るとひたすらに曲がりくねった上り坂が続いていく。建物は日干し煉瓦で3、4階建てが多い。交差路では井戸があり、それが集落にとっての公共の水場である。坂を上り切り、裏手のがけを少し下ったところで、どうやら中心らしいモスクに行き当たる。モスクもまた日干し煉瓦製である。分厚い漆喰で何重にも塗りたくられており、御世辞にも綺麗とはいえないが、全体として丸みを帯びていて、やはり手のぬくもりとしか表現できない暖かさを感じる。中に入ると、分厚い壁を穿つ複数の小さな窓から差し込む光が薄暗い堂内を照らしている。

ル・コルビュジエがガルダイヤを訪れたのは、両大戦間期にあたる1931年のことであった。アルジェの都市計画を市長に売り込んでいたル・コルビュジエは、アルジェに土着の建築遺産や集落を賞賛し、その保全と活用の必要性を訴えている。とりわけ、彼が訪れた七つの集落のうちの一つ、エル＝アテフでは、スィーディ・ブラヒームモスクに強いインスピレーションを受け、

03 広場と店舗

それが後年の大作、フランスのロンシャン礼拝堂につながったと言われている。むろん、ル・コルビュジエ自身がそこまで正直に書いたのではない。単に、見たものの多くがそう確信するのである。たとえば、ル・コルビュジエの伝記作者として知られるモースがその一人である。

ガルダイヤへの旅の後、ほどなくしてロンシャン礼拝堂を訪れる機会を得た。正統な建築学徒にとって、この順は逆であろう。建築学を最初のディシプリンとしなかった私は、そうした逆転をしばしば経験してきた。礼拝堂への交通の便は良くはないが、パリからでも早起きすれば十分に日帰りができる。TGV（高速鉄道）で行くと付近の駅のどこかで降ろされ、そのあとは在来線もあるが、待ち時間が長いのでタクシーを往復チャーターしてしまうほうが効率はよいかもしれない。

礼拝堂は見晴しのよい丘の上にある。第二次大戦中にはドイツ軍に対する監視塔の役割を課せられたために爆撃を受けて破壊されたカトリックの礼拝堂の復興を、ル・コルビュジエが引き受けて全面的に再建したものである。まだ脳裏に焼き付いているスィー

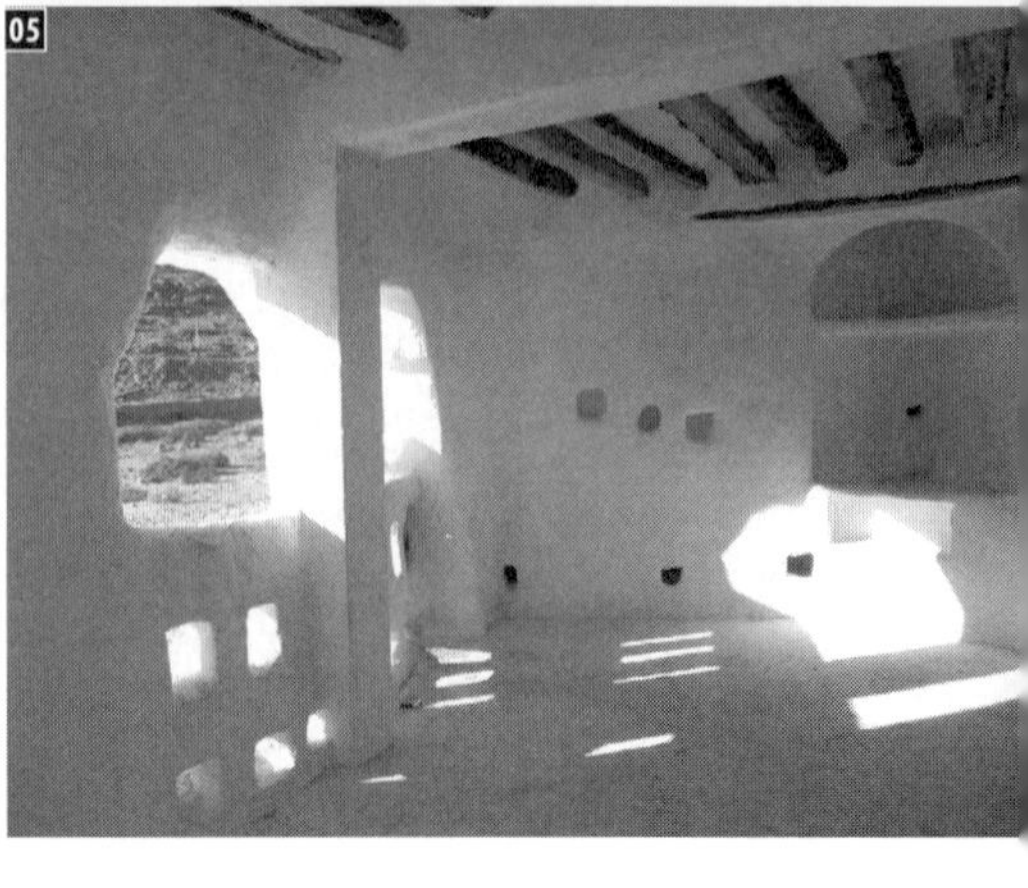

04 スィーディ・ブラヒームモスク遠景
05 モスク堂内の窓と差し込む光

ディ・ブラヒームモスクの姿を思いながら丘を登っていくと、意外に大きくて真っ白な建物が見えてくる。青空の下に建つ白い建築という点ではモスクとの共通点があるが、よってたつ地盤は乾いた赤土ではなくて緑豊かな芝生である。礼拝堂は、その不整形の外観によって、ル・コルビュジエの作品群の中で特別な位置を占めている。緩やかなカーブを描く分厚い壁面に大小の窓が穿たれている様は確かにガルダイヤで見たモスクの外観を彷彿とさせる。白い壁には大きさの異なる四角い窓が多く穿たれており、打ちっぱなしのコンクリートの屋根とあいまって、不整形の印象を一層強くさせる。

ぐるりと回って小さな入口から薄暗い内部に入る。入口は窓のある壁に正面し、礼拝室の長椅子の向こうに不揃いの窓から四角く切り取られたいくつもの光が差し込んでいる。スィーディ・ブラヒームモスクの堂内を演出する光の束は、確かにここでも再現されているように見える。それはこちらを見つめてくる複数の目のようであり、かといって不信心を責められるような感じは毛頭なく、ただ地中海という観念を負った設計者の強いメッセージを感じる。その日から、私のル・コルビュジエに対する印象は大きく変わった。

（松原康介）

06 ロンシャン礼拝堂遠景

参考文献

- 原広司『集落の教え100』彰国社、1998年。
- André Ravéreau, *Le M'Zab – une leçon d'architecture*, Sindbad, 2003.

39

〈アルジェリア〉

カビリー
――歌とビールと宗教と

サハラ砂漠が有名なアルジェリアだが、人口の大半が住まう北辺には東西にアトラス山脈が走り、地中海沿いの暮らしの風景はむしろ山や丘に縁取られている。ささやかながら平野に位置する首都アルジェの土地も、海岸線からなだらかに傾斜していくつもの丘へと延びてゆく。港の前の長距離タクシー乗り場にはあちこちに向かう黄色い乗用車が蝟集しているから、近郊の町に出かけるには目当ての車を探し出して、乗合客の数が揃うのを待てばよい。東に向かって山道を1、2時間走ればもうカビリーである。

ベルベルと呼ばれる北アフリカの先住民（自称はアマジグ）の中でも、ここに住むカビール人たちは独特の存在感を放っている。カビールとは、アラビア語のカバーイル（諸部族）の転訛と言われるが、アラブ化を免れ、独自の言語・慣習を保った山岳地帯の人々がこう呼ばれ、そこからカビリーという地域名が作られた。彼らはベルベル語の一種であるカビール語を話し、フランス語を取り混ぜることもしばしば、アラビア語が不得手な人たちもいる（年配であればあるほどそうだ）。アラブ中心主義的な右派に「分離独立主義者」と罵られることもあるが、

地理的な近さもあってかアルジェにも大きな人口を有し、政府機関や軍で活躍する者も多い。出稼ぎの長い伝統があり、一説によればフランスのアルジェリア系住民も過半はカビール人であるという。豊富な口承詩の伝統を持ち、今なお多数のフランス語作家を輩出して文学方面でも際立った存在感を示している。特筆すべきはカビール語で歌われる現代音楽で、最も人口に膾炙した詩はルネス・マトゥーブやルニス・アイト＝メンゲッレト、イディルらシンガーソングライターの歌とも言えるだろう。西のオランに口語アラビア語の現代歌謡「ライ」が響きわたるように、カビリーの街々には彼らの歌が溢れている。

大カビリーと呼ばれる西半分の中心地がティジ＝ウズ、東半分に当たる小カビリーの都がベジャーヤだ。アルジェからティジ＝ウズまで、道が空いていれば2時間もかからない（朝夕の渋滞に

01 ティジ＝ヒベルの村からジュルジュラ山脈を望む

捕まると際限なく遅延するのだが）。初めて訪れた際は、現地の友人に連れて行かれたバーが白昼堂々酒を出すのに驚かされた。山道を車で流すと路肩に掘っ建て小屋がちらほら見え、周りにはビール瓶が散らばっている。聞けば峠の茶屋ならぬ峠の酒場とのこと。その友人いわく「われわれカビール人はビールをたくさん飲む」のだと。かつてのアルジェリアはワインの一大生産地であったが、宗教復興の流れで飲酒の習慣はずいぶんと息を潜めるようになった。アルジェにもひっそり酒屋はあるが、中が見えないように包んでワインを売る有様だ。それに比べるとカビリーの方が少しだけアルコールに寛容なのかもしれない。

南に車を走らせていくと、突然マトゥーブの顔写真の入ったパネルが路傍に現れる。内戦状態にあった1998年に彼が何者かによって暗殺された現場だ。近くの旧居は記念館になっており、生前の様々な写真や墓碑のほか、78発の銃弾を撃ち込まれた車も展示されている。アルジェに戻ってからマトゥーブ邸を訪れた話をすると、ある大学教授に「それが思考の罠なんだ」と厳しい口調で言われたことがある。アラブだとかベルベルだとか言ってアルジェリアを概念的に分断してはならない、というのは一つの立場として理解できる。しかし、独自の言語文化の承認を求める人々にとっては到底承服できる話ではあるまい。ベルベル語がアルジェリアの国語の一つとして認められたのは2002年、アマジグ性高等評議会といったベルベル語推進のための政府機関も設けられており、口承文化の保存、教育や普及といった課題に人々はいままさに取り組んでいるところなのだ。

しかしマグリブの最初の大作家と言われるムールード・フェラウン（1913〜62）や文明論的な視座を持った学匠作家ムールード・マムリを生んだのもまたカビリーである。前者の自伝的小説『貧者の息子』（1950）が「村の建物が互いに身を寄せるようにして尾根のてっぺんにへばりついている様子は、先史時代の恐竜の巨大な背骨を思わせる」（青柳悦子訳）と形容していた故郷ティジ＝ヒベルは、没後半世紀の3月に訪れた折には桜と見紛うばかりのアーモンドの花が咲き乱れ、南に望むジュルジュラ山脈に美しい白雪が嶺を飾っていた。

その後、アマジグ性高等評議会の主催するシンポジウムに招聘されてベジャーヤに行く機会があった。アルジェ空港に降り立ち、入国審査の列に並ぼうとすると脇の通用口から請じ入れられ、入国スタンプは代わりに押しておくからと係員にパスポートを持って行かれて「裏口入国」した。そのままタクシー運転手に引き渡されて一路東に4時間の旅である。

土埃の舞う山の幹線道路は片道一車線で、傍らの野原では羊たちが草を食み、ところどころで小さな集落が現れ、色とりどりの民族服が吊られていたり、果物が大きなカートで売られていたりする。建物は2階建てくらいのささやかなものが多く、赤いハニカム構造のような穴あきレンガを積んではコンクリートを塗って

02 ティジ・ヒベルの村

いるのが見えた。あまりの無造作な作りに不安を覚えながら、2000人以上が亡くなった2003年の大地震や、それを描いた小説を思い出す。終いに山道を下って平野に出ればベジャーヤ、フランス人がブジーと呼んだ港湾都市だ。中世ヨーロッパには蜜蠟の産地として知られ、ブジーはそのままフランス語で蠟燭を意味するようになった。『歴史序説』の著者イブン・ハルドゥーンが滞在していたことでも知られている。

アルジェリアにおける演劇的伝統をテーマにしたシンポジウムは、華々しい国際演劇祭の傍ら（劇場は外交の舞台ともなり、日本大使も能役者を連れて参加していた）、ホテルの会議場でひっそりと開催された。研究者や演劇家がフランス語やアラビア語で発表したほか、一部カビール語によっても報告がなされたことに強い感銘を受けた。その夜、私が司会を務めたセッションの発表者の部屋に呼ばれ、彼がわざわざ持ち込んで冷蔵庫に冷やしていた缶ビールをご馳走になった。おしゃべりなアルジェリア人の常で座談の糧は尽きせぬ様子だったが、突如強い語調で彼が非難し始めたのは、別の発表者がビールを分けてほしいとこっそり頼んできたことだった。「あんなコソコソせずに堂々と言えばいいんだ。一緒に飲めばいいじゃないか。あれが欺瞞でなくてなんだ……」。どうやらビールの飲みっぷりは政治的スタンスに直結するようである。それから、「僕だって原理主義者どもに死刑宣告されていたけどね、用心深いからこの通り無事だったんだよ」と彼は事もなげに言ってのけたのだった。

（鵜戸　聡）

参考文献

- Boualem Sansal, “La femme sans nom,” *Les Belles étrangères: 13 écrivains algériens*, L’Aube, 2003.

40 〈アルジェリア〉コンスタンチーヌ
――難攻不落の山城の町

アルジェリア東部の内陸都市コンスタンチーヌは、渓谷のなかの岩山の上に建てられた「山城」だ。現在人口45万人のこの町は、２０１４年に完成したばかりのサーラフ・ベイ橋も含め、８本の橋に囲まれている。町の東側の周縁は目もくらむ断崖絶壁であるため、町の南西の山岳部からアプローチするのでなければ、いずれかの橋を渡らないと町に入れない。代表的な橋の一つである20世紀初めの建設のスィーディー・ムスィード橋は、はるかな谷底を見下ろす吊り橋で、風光明媚なたたずまいで知られている。しかし、高所恐怖症の筆者には、橋がきしむたびに足がすくむ難所だった。

近世のオスマン朝時代には、コンスタンチーヌはアルジェリア東部のベイリク（ベイと呼ばれる君主の支配する州）の首都であり、多くのモスクやマドラサ（学校）を擁する文化都市だった。そして、上記のようなきびしい地形的条件から、難攻不落の町として知られていた。アルジェリアでは、1830年にアルジェがフランス軍に占領されて以来1848年頃まで、各地におけるフランスの「征服戦争」が続く。コンスタンチーヌに対しては、クローゼル元帥（アルジェリア総督：1835～37）率いるフランス軍が1836年に包囲戦を行った。しかし、南西の山岳部から町を攻撃するクローゼルの兵法は、失敗に終わった。そこでクローゼルはエル＝カンタラ橋を突破する作戦に出たが、アフマド・ベイ（在位：1826～48）率いるオスマン軍の守りは固く、フランス軍はオスマン軍の反撃による多くの死傷者を出し、撤退を余儀なくされた。このコンスタンチーヌ包囲戦の失敗は、クローゼル元帥を引退に追いやった。

その後、総督に任命されたダンレモン将軍（アルジェリア総督：1837）は、2万人の兵士を率いてコンスタンチーヌに再び包囲戦を仕掛けた。激戦の中でダンレモンは戦死し、ヴァレ将軍（アルジェリア総督1837～40）に取って代わられる。ついに、大砲による攻撃で城壁に開けられた穴から、フランス軍はコンスタンチーヌ内部への進軍に成功した。敗れたオスマン軍の兵士たちは峡谷を伝って逃走したが、一部の者たちはロープを使って絶壁を滑り降りようとし、岩にたたきつけられて死亡した。町を逃れたアフマド・ベイは、さらに南部に転戦し、フランスへの抵抗戦争を続けることになる。

01 オーラス・ヴェルネ《コンスタンチーヌの征服》

フランス軍にとって、ダンレモン、ヴァレに並ぶこの包囲戦のもう一人の英雄が、ズワーヴ部隊（北アフリカ風の衣装を着たアルジェリア人、後にヨーロッパ人からなる歩兵連隊）を率いて、城壁突破のために獅子奮迅の戦いぶりを見せたラモルシエル中佐（1806〜65）である。ラモルシエルは戦闘中火薬の爆発に目を負傷し、胸に二つの弾丸を受けながらも戦いつづけたという。

ラモルシエル率いる部隊がコンスタンチーヌ城壁に開けた「突破口（brèche）」は、「突破口広場」として植民地期の地図に名を残している。さらに、迷路のように複雑に入り組んでいた旧市街を直線的に切り開く形で、「突破口広場」につながる3本のまっすぐな大通りが建設され、ヨーロッパ風の町並みが整備され始めた。1850年代から70年代の間に建設されたダンレモン通り、フランス通り、帝国通りである。現在これらの通りの名前は、スィー・アブダッラー・ブーフルーム通り、ディドゥーシュ・ムラード通り、ラルビー・ベン・ムヒーディー通りとアラブ風に変えられている。これらの通りを歩くと、旧来のアラブの町に、19世紀にフランスが作った大通りが食い込んでいる町の構造がよく理解できる。舗装された大通りから一本道を入ると、途端に入り組んだ細い路地に導かれ、活気あふれるスークや、古い商店からなる旧市街の世界を覗くことができる。

植民地期には1880年代以降、市庁舎、県庁舎、裁判所、劇場、郵便局、銀行といった植民地インフラを支える建築物が次々と整備された。1909年には、コンスタンチーヌの征服を記念して、サーベルを頭上高く振り上げて兵を率い、まさに城壁を打ち破ろうとするラモルシエルの姿を表した像が「突破口広場」の向かいに設置された。アルジェリアの独立（1962年）とともにこの像は撤去され、フランス本国に移送された（紆余曲折を経て、この像は現在、フランス北西部のサン＝フィルベールに設置されている）。現在はアルジェリア独立戦争の開始を記念する「11月1日広場」となっているこの場所は、今日も郵便局、裁判所等が建ち並び、町の政治経済の中心をなしている。

植民地期にコンスタンチーヌに建設された建物の中には、アラブ風の建築もある。アラビア語とフランス語による二重言語教育を実施し、ムスリム植民地官吏を養成していた学校、公認マドラサの校舎がそれだ。公認マドラサは1850年にアルジェリア全国に3か所設置され、コンスタンチーヌ校は創設当初、町の中心的なモスクの一つスィーディー・アル＝カッターニー・モスク（通称サラーフ・ベイ・モスク、18世紀の建設）に置かれた。しかし、1909年に別の敷地にネオ・モレスク風の校舎が新設された。公認マドラサは、ドーム型の天井と中央の螺旋階段に彩られた白亜の建物で、今は大学関係施設となっているが、現在でも崖の上に映えるその姿を見ることができる。

植民地期における都市空間の変貌は、町のモスクにも及んだ。12世紀以来の歴史を持つ町の大モスクと、上述のスィーディー・アル＝カッターニー・モスクは、公認モスクとしてアルジェリア総督府の管理下に置かれた。モスクのこうむった変貌のもっとも極

02 旧公認マドラサ（ドーム屋根の建物）［撮影：山下康之］

端な例は、18世紀に建設されたスーク・アル＝ガザール・モスクである。このモスクは、1838年に改修され、ヨーロッパ人入植者の多くが信者であったカトリックの大聖堂にされた。アルジェリア独立後は、再びモスクに戻されている。コンスタンチーヌ中心街にあるもう一つのモスク、スィーディー・ラフダル・モスク（18世紀の建設）は逆に、アルジェリア人によるイスラーム文化復興運動の舞台として知られる。アルジェリア文化はフランス文化の一部ではなく、アラブであり、イスラームであると提起したイスラーム学者、アブドゥルハミード・イブン・バーディース（1889〜1940）がここで教鞭を執っていたのだ。コンスタンチーヌ出身のイブン・バーディースはアルジェリアのナショナル・アイデンティティを定義した建国の精神的父ともみなされている人物で、町の誇りである。道を行く人々に尋ねれば、このモスクの象徴的な意義について詳しく教えてくれるだろう。

山城の町は、オスマン軍とフランス軍の激しい戦闘の舞台だっただけでなく、文化と象徴をめぐる植民地当局とアルジェリアの人々の静かな闘争の場でもあったのだ。

（渡邊祥子）

03 旧公認マドラサよりペレゴー桟橋を望む

41

〈チュニジア〉

チュニス

――都市空間のつながり、建築様式のつながり

地中海岸のうち、北アフリカの沿岸を辿っていくと、ちょうどその真ん中に少し突き出たところがある。シチリアの目と鼻の先がチュニジアだ。古代ローマ時代、こうした地の利を活かして当時最大級の都市に発達したカルタゴの遺跡は、その北東に位置するチュニス湾の西側にある。神殿や劇場、浴場の址ばかりでなく、特にドーナツ型の画期的な港の遺構を訪れるとその繁栄ぶりが目に浮かぶ。ここカルタゴは、今も発掘や発見が続いており、古代に関心のある向きであれば、間違いなく必見の史跡である。

一方、近代に興味があれば、その南西に位置するチュニスをおすすめしたい。北アフリカの都市、特に旧フランス植民都市は、メディナと呼ばれる街路の入り組んだ原住民のための旧市街メディナと、大通りによって整然と構成されたヨーロッパ人のための新市街からできている。イスラームの迷宮都市と洗練された「パリ」が楽しめる！とい

うキャッチフレーズをよく耳にするのはこうした都市の形に由来する。チュニスも基本的にはまったく同じように二つの異なる秩序に基づいて形成された都市であるが、カサブランカやフェス、マラケシュなどの典型例にはない特徴があり、古代のカルタゴと同じくらいに魅力があるのだ。

それを少しでも理解するためには都市がどのような形で発達したのかを知る必要がある。1860年の地図を広げると、まずはじめに二重の城壁に気がつくはずだ。内側の城壁で囲まれたメディナの中心部と、もともと城外だったことを示すフォーブール（Faubourg）、つまり郊外として開発された北側と南側の地域から構成されており、その周囲に外側の城壁が築かれた。チュニス湖の西側に広がるこの城壁で囲まれた部分がメディナで、その西側の奥にカスバが設けられた。注目すべきはその外側の城壁のうちの東側の部分、すなわちチュニス湖側には城壁が描かれておらず、しかも湖面まで土地が緩やかに続いている部分である。このように外側の城壁は完全に完成したわけではなかったようだが、この土地に建設された新市街を考えると、この未完の城壁が功を奏したと言わざるを得ない。

フランスがチュニスを正式に保護国にしたのは1883年6月であるが、1862年に領事館を開設した前後からこの土地の測量を皮切りに新市街の建設がはじまり、世紀末には碁盤目状の街区、先に「パリ」と称した新たな市街がメディナの東側に整備された。そしてメディナでは細い道がくねくねと迂回しているが、その中心に港からカスバに向かってシャンゼリゼ大通りのような目抜き通りが通されたのである。これが中央に細長い広場のような歩道の続くアビブ・ブルギバ通りで、この大通りを湖面から進んでいくと、チュニス大聖堂を右に眺めて通り過ぎ、しばらく進むとフランス門に辿り着く。そしてさらにこの先を奥に進むと、いつの間にかメディナの中に吸い込まれていたことに気づくのだ。通常、旧市街と新市街は城壁で分断されており、そもそも街区や道路の形や大きさが異なるため、どちらにいるのかはすぐにわかる。こうした新・旧の街区が連続した類例のない市街は論理的には説明できないので、現地で実体験するほかない。これはいかにも街歩きに凝ったマニアの話のようだが、なかなかお目にかかれない密かな都市の魅力を発見できたようで、なんとも楽しいものである。

もうひとつチュニスの魅力を挙げるとすれば、それは建築である。これまでの建築史では一般にこうした入植地の近代建築は、何もかも一緒くたに、いわゆる植民地建築という言葉でまとめられてきた。しかし近年ようやく入植地が時代や特徴毎に分類されて、建築史に位置づけられるようになった。それによると、1912年にフランスの保護領になったモロッコでは第一次大戦後に興隆するアール・デコ、その後のモダニズムが主要な建築様式として採用されたのに対して、チュニジアの場合は19世紀半ばの入植後、保護国になったため、折衷主義、アール・ヌーヴォー、アール・デコ、モダニズムというフランスと同じように近代前半のさまざまな建築にめぐり合うことができる。

その中でも中心地を歩いているとよく目にするのは、フランス植民地帝国全盛期に入植地で採用されたアール・デコの建築に違いない。これらは建築家別に見ていくと、第一にパリ国立美術学校に学び、アール・デコの建築を手がけるようになった者が多いことに気づく。そのうち筆頭に挙げられるのは同校卒業後3年で、後にアール・デコの代表作のひとつになる1925年パリ現代装飾美術・工芸美術国際博覧会（別名：アール・デコ博）のギャルリー・ラファイエット百貨店館、4棟のギャラリーのうちの1棟を手がけた気鋭の若手ジョゼフ・イリアール（1888〜1946）にほかならない。バイヨンヌ出身のイリアールはわが国ではほとんど無名だが、その南サン＝ジャン＝ド＝リューズばかりでなく、パリとチュニスに事務所を構えて、国内外に数多くのアール・デコの建築を残した代表者なのである。チュニスで活躍したのは第二次大戦を挟んだ1923年から46年までで、アンバナ通りの集合住宅（1934）やカルタージュ大通りの集合住宅（1938）などの典型例を残している。

もう1人は、アール・デコの傑作、パリの劇場「フォリー・ベルジェール」の設計者ジョルジュ・ピオランク（1881〜没年不詳）だ。当時弱冠28歳の画家で彫刻家のモーリス・ピコ（1900〜77）がダンサーのロシア人リラ・ニコルスカ（1904〜55）をモデルに制作したという巨大な黄金の舞踏女の彫刻を見れば、どの劇場かすぐにわかるはずだ。ピオランクは、ブリュッセルを代表する集合住宅「レジデンス・パレス」（1926、現・欧州理事会・欧州連合理事会本部）の設計者ミシェル・ポラック

01

01 集合住宅「ル・コリゼ」（1932）ジョルジュ・ピオランク設計

（1885～1948）や、マルセイユのオペラ座の改修や裁判所別館を手がけたガストン・カステル（1886～1971）と協働の経験があるという。ともにアール・デコの建築を数多く手がけた代表格である。そのピオランクは集合住宅「ル・コリゼ」（1932）や商店街「パルマリウム」（1931、1943戦災破壊）などを通して、イリアールとともにパリからアール・デコを伝えたことは想像に難くない。このように新市街はアール・デコの宝庫で、フランス人ばかりでなく、イタリア大使館（1930）の設計者でファシズム期の植民地建築の優者フロレスターノ・ディ・ファウスト（1890～1965）をはじめとしたイタリア人やチュニジア人によるものも数多く散見される。

アール・デコの建築はモダニズムのように主義・主張がなければ、歴史や伝統、風土や習慣を否定することもない実に寛大な一種の様式である。そのため建築家であればおよそ誰もがどこでもそれなりに、それぞれの文化圏の様式や造形、装飾などを融合しながら手がけることができた。そのためその広がりはヨーロッパばかりでなく、南北アメリカ、アフリカ、アジア、オセアニアと、おおよそ全世界に達したのだ。チュニスの建築を見て回ると、合理主義や機能主義、実利主義に基づいた厳格なモダニズムの建築よりもむしろ、あらゆる面で緩やかにつながることを重視したアール・デコの建築の方が波及と愛好という面で優れていたような気がしてならない。そしてこうした都市の構成や建築の様式が、相互理解に基づいた異文化圏同士がつながることの重要性を示唆していると読み取りたい。

（三田村哲哉）

42

〈チュニジア〉

マトマタのアマジグ村落

——荒野に実るオリーヴ

オリーヴの産地というとどのようなイメージが浮かぶだろう。スペインの海沿いの温暖な平野、あるいはギリシャの丘陵地帯のオリーヴ畑などであろうか。世界第4位のオリーヴ生産国となったチュニジアの南部の土漠では、枯れ谷の中の煤けた灌木や棘の多い草以外には何も見当たらない。人でも動物でも、動くものの気配がしない。しかしよく目を凝らすと彼方にある低い山あいの谷地に堰が築かれ、その内部には青々とした巨大なオリーヴの木々が生えており、美しい緑色の実を星の数ほど実らせている。特に古いオリーヴの木の下に人々が集い、「オロロロロロロ」という女たちの歓声が聞こえる。彼のヘロドトスも聞いたという、リビュア（現在の北アフリカを指す）の祝福のザガリートである。これは古くから続く聖なるオリーヴの木への参詣の一場面である。

山間部に残るアマジグの村

チュニジア南部のガベス港はカルタゴ、ローマ、イスラーム諸王朝を通して地中海の要衝であった。ナツメヤシのオアシスと国内最大級の工業地域の混在した都市から内陸に進むことおよそ40㎞、車で1時間弱で風景はがらりと変わる。切り立った崖の連なるダハル山系を登っていくと、スターウォーズの撮影で有名な旧マトマタ村に着く。ダハル山系はこの辺りを北端としてリビアまで100㎞以上に渡ってつながっている。その東は海に面した肥沃なジェファラ平野、西はゆるやかなスロープでサハラ砂漠へと続いている。北アフリカにはアラブ化以前から独自の言語、文化、習慣をもつ先住民、アマジグ（ベルベルとして知られる）が暮らす。チュニジアでは国民のおよそ1～2％がアマジグ系言語を話すといわれ、そのほとんどがこの地域に集中している。アルジェリアやモロッコに比べてこれほどアマジグ語話者が減少した理由としては、深い山間部が少なく東からやってくるアラブ文化の影響に晒されやすかったことなどが挙げられる。その中でもこの山系はその東側の平野や、西側のショット地域にアラブ部族が入り込んだ後も、特異な地形のためアマジグ部族の砦となり、わずかに残るその文化を今に伝えている。

アマジグの人々は、タメズレット、タウジュート、ズラウワといった集落を山頂に形成して軍事的脅威に備えていたが、生計は牧畜と農業であったために村人は十数㎞離れた放牧地に出かけていることが多かった。また土漠の中に点在する前述のようなオリーヴ谷近くに住居を構えている氏族も多くいた。

山頂集落のひとつタメズレットは氏族ごとに住区が分けられ、斜面を取り囲んでいる。

モスクを中心とした円錐状の集落には、同心円状と放射状にいくつも細い道が作られ、中にはアマジグの女性たちが人目につかぬよう別の住区に行くことができる、高い壁に囲まれた小道などもある。家々は石を積み重ねて作られた構造物だが、各住居の最奥部には山肌を切り込んで作られた洞窟がある。このような集中型洞窟住居は、外から見たのでは洞窟があるとは分からないようになっている。洞窟の内部は、一年を通じて室温が一定に保たれており、貯蔵にも居住にも適している。しかしさらに洞窟の奥に進むと、隣家の洞窟につながる通路へと至る。これは外気の採り入れのためだけではなく、外敵から攻められた際に抜け出す避難路として確保されていた。「我々はいつも戦っていたんだ。アラブ系氏族やフランス軍とね」。明るい顔でアマジグの男はいう。アラブ系氏族の移住や観光客を受け入れるようになった今でも、山の民の保守性は彼らの本質として保存されているように思われる。村では土地所有を巡るアラブ系氏族（そのほとんどがリビアとの国境の町デヒーバからの移住者）との諍いが多く、アマジグ氏族以外との婚姻も、あまり奨励されていない。アラビア語の普及が進む一方で、ベン・アリ政権下では表立って口に出せなかったアマジグ文化の独自性を、革命以降はモロッコやアルジェリアの団体と連携して強く主張するようになり、村の祝祭もテレビやラジオといったメディアで広報され、アイデンティティを主張する場になっている。

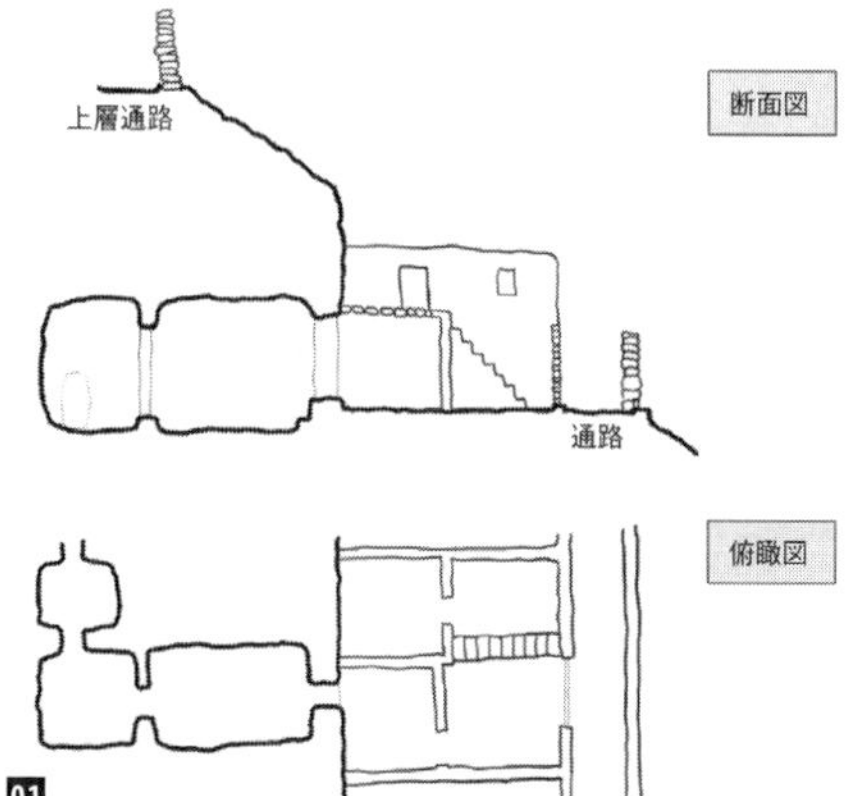

01 集中型洞窟住居

秘密のオリーヴ畑

村の人口はこの10年間で4割近く減少しているが、村から数km、時には15kmほども離れた土漠の山の奥に、ヤギの放牧とオリーヴの栽培地を求めて家族だけで暮らす人々もいる。彼らは比高3～5mほどの谷地の崖際に洞窟住居を掘り、雨期に裏山に降った雨水を地下に貯めて生活する。洞窟住居はたいてい門をくぐると円形に切り抜かれた中庭に出る。それを囲むように家族の人数に応じて5～10の部屋が掘られる。家のそばには家畜小屋も掘られる。オリーヴの谷では堰によって雨期に土が潤い、周囲の荒涼とした風景とは比較にならない生命に満ちた光景が生まれる。オリーヴやナツメヤシの大木が育ち、アーモンド、イチジクが植えられ、地面には可憐な花々が咲き乱れ、野生のローズマリーなどの香草も多く生える。

我々から見れば穀物の育たない不毛な土地であっても、彼らアマジグにとっては実り豊かなオリーヴ畑を秘めた、先祖から受けついだ大事な土地である。彼らは雨の到来と豊作を願って、土漠を渡って聖なるオリーヴの木に参詣する。現在では荒野に暮らす家族の数は減り、村で暮らすようになったため、ほとんどのこうした単独型洞窟住居は廃墟となっている。それでも先祖に由来するオリーヴの木には折々に訪れることを欠かさない。聖なるオリーヴの木には、しばしば彼らの祖先の聖者の名前が付けられる。それは弘法大師に因んだ杉の木が、弘法杉として祀られているのとよく似ている。豊作祈願だけでなく、結婚や出産、商売や学業など、多岐にわたった願いごとをしに、アマジグ

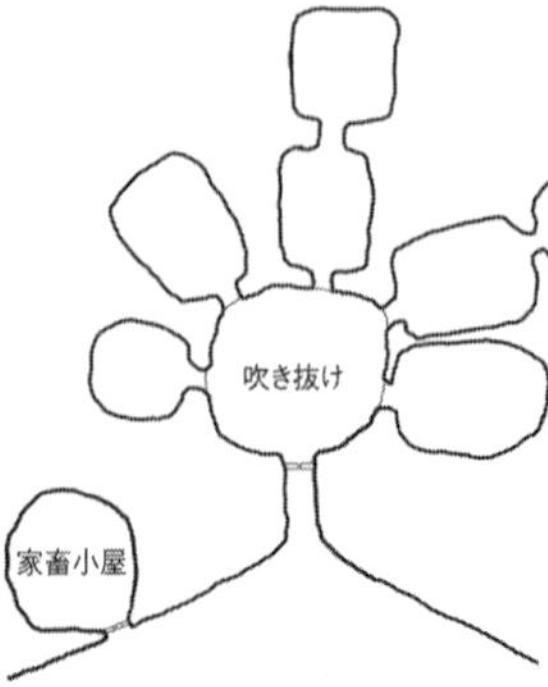

02

02 単独型洞窟住居

の人々、特に女性がオリーヴの木を訪れる。時にはオリーヴの木の下で眠り、その晩見た夢で願いごとの成就を占うこともある。落ちてきそうな星空の下、オリーヴの木にランプやろうそくを灯したその様子は、クルアーンの一節にある、神の灯をガラス（ランプ）に湛えた「西方のものでもなく東方のものでもない祝福されたオリーヴの木」（中田香織／下村佳州紀訳、24章35節）を思い起こさせる。アマジグ文化、イスラーム文化双方において、オリーヴは豊かな宗教性を有しており、二つの宗教的伝統を矛盾なく和解させる象徴として機能していた。

近代におけるイスラームの厳格化、直解主義や都市化が進む中で、アマジグの文化はその担い手を失いつつある。「オリーヴ聖者はイスラーム教の教えではない。かつての悪習だ」とチュニスで長く働くタメズレット出身の男性は語る。また一方、アマジグのアイデンティティは政治・経済活動のため理念化され、アマジグ優位主義も生み出しつつある。けれどもアマジグの人々の文化の基盤になっているのはオリーヴや聖者に対するような素朴な信仰であるように思う。そうした信仰を可能にしたイスラームの懐の深さについても、我々は見方を改めなければならない。

（喜田川たまき）

03 土漠の中の聖なるオリーヴの木

43

〈チュニジア〉

ジェルバ島

――イバード派の遺産が残る島

首都チュニスには何度か国際会議で訪れていたものの、モロッコやアルジェリアに比べてチュニジアという国の特徴をいまいち摑みきれていなかった私は、思いたって南部の島、ジェルバ島を訪れてみることにした。地中海で10番目に大きなこの島（514㎢）には、パリのオルリー空港から3時間程のフライトで行ける。着陸態勢に入った飛行機の窓からは、海に縁取られた島の輪郭と、土漠のような大地に点々と生えるオリーヴの樹木、そして大地に張りつく白い集落が見える。そんなジェルバ島の景観と、その背景にある人々の暮らしや自然の成り立ちについて当たりをつけることが旅の目的であった。

ジェルバ島の歴史は、島の外からやってきた様々な人々の受け入れの歴史であった。前15世紀には、原住民がフェニキアの植民国家であるカルタゴと交易していたといわれる。続いて交易と漁業、農業によってゆるやかに栄えていた島にやってきたのが、前5

86年に陥落したエルサレムからディアスポラ（離散）を開始したユダヤ人であった。トーラー（律法書）を抱えて流浪した後にジェルバ島に辿りついたユダヤ人は、漁業と農業には目もくれず、自らの集落としてハーラ・ケビーラ（大きな地区）とハーラ・セギーラ（小さな地区、現在はエリアーダと呼ばれる）を内陸部に形成し、もっぱら商業に従事した。多いときには5000人を超えていたユダヤ人住民は、しかし、今日では1000人に満たない。私は沿岸部のリゾート地帯を避けて、このエリアーダに一軒だけある、古いフンドゥーク（隊商宿）を改修したホテルに宿を定めた。

ユダヤ人の伝承によると、雷に打たれながら美しいままで亡くなった佳人にまつわって創建されたのが、島のほぼ中心に位置するエル゠グリーバのシナゴーグである。厳重なチェックを経て礼拝堂の中に入ると、青いアーチが連なる空間が広がっている。壁面は中東風のやや大柄な模様のタイルで装飾されており、その上のステンドグラスから日差しが入り込んでいる。堂内は、柱廊がモスクのようでありながら、絨毯ではなく木の長椅子が縦横に配置されている点では教会のようでもある。奥の間にトーラーが収められているという祭壇がある。人影はまばらであるが、奥の長椅子に腰掛けて旧約聖書を一心に朗誦している老人がおり、クルアーンにも似た高い声音が天井に響き渡る。

集落を車で抜けると土漠のような大地が続く。道路に沿って背の高い

01 かつての隊商宿を改修したホテル

ナツメヤシが並んでいる。ホメーロス『オデュッセイア』では、島に漂着したオデュッセウスがその甘美な味わいに帰国をしばし忘れたという「ロトスの実」が描かれているが、それがこのナツメヤシだといわれている。チュニジアの名産であるオリーヴの木もそこかしこに生えている。島には雨は少なく、土地は決して肥沃とはいえないが、住民は井戸を掘って農業用水とし、羊やヤギ、鶏などのわずかな家畜とともに生計を立ててきた。住宅に接してよく見かける、子供用プールのような白い漆喰塗りの平たい水槽は、雨水を集めて地下に貯める形式の取水槽である。このように、住居を中心に井戸、家畜小屋、作業場、倉庫、などからなるいわば屋敷地をホウシュと呼び、平坦な土漠地帯に特徴的な居住形態の一つとみられている。

島ではさらに、遠浅の海に木材と網で仕掛けを設置して魚を生け捕る伝統的な手法による漁業も発展していた。島がローマの支配下に入ると、海上にはチュニジア本土とつながる橋が建設され、現在でもエル＝カンタラにその遺構を見学することができる。

農業と漁業、それに陶芸といった産品が集まるのが、島でもっとも栄えているホームトスークである。7世紀以来のスンナ派ムスリム住民が多くを占め、集落というよりは都市の風格がある。曲がりくねる街路にそって街並みは白く塗られており、カフェやレストラン、みやげもの屋が並ぶなか、壁に張りついた鮮やかな草花が地中海を思わせる。

02 シナゴーグ内部（中央に祭壇）

ずっと後になってオスマン帝国時代に建設されたモスクも存在するが、そのミナレットは、小さいながらもペンシル型で、遥かイスタンブルのそれと同じ様式である。広場は陶器の市場となっており、無数の大皿、小皿、それにタジン鍋が並べられている。その奥の魚市場では新鮮な魚が競りに出されており男たちが大声をあげているが、そのさらに後ろでは分け前を狙う猫が機をうかがっている。魚市場に併設された食堂の名物はリ・ドゥジェルビーと呼ばれるタコや白身魚の炊き込みご飯である。

島へのさらなる来訪者は、イスラームの異端であるイバード派の人々であった。バスラで成立したイバード派は、スンナ派の中央政府に追われ、8世紀にアルジェリアのターハルト(ティアレット)に逃れてルスタム朝を建国したが、10世紀に滅ぼされた。この際、南に逃れた人々がムザブの谷に秘境ガルダイヤを建設する一方、ジェルバ島に逃れた一派はそこでスンナ派と和解しつつ、独自の教義を守りながら今日に至っている。

おそらくそのためであろう、ジェルバ島の白くなめらかな漆喰塗りのモスクには、以前に訪れたガルダイヤのそれを思い起こさせるものが多い。そのうちの一つ、島の東北に位置するファドゥルーン・モスクは、14世紀にイバード派によって創建されたモスクである。訪れてみると、モスクを中心に、複数のドームを持つマドラサ(学校)と、製油臼小屋、パン焼き釜、それに大規模な取水槽が付設された複合施設である。全体が低い壁で囲われており、その全てが白く分厚い漆喰により塗り固められている。モスク本体は、地盤と軀体、軀体をしっかりと支えるバットレス、そして短めのミナレットから構成されている。構造的には木造と日干し煉瓦造の混交であるが、漆喰のおかげでなめ

03 リ・ドゥジェルビー

らかで丸みを帯びて、かつどっしりとした印象を与える。室内を覗くと、やはり白く塗られた柱廊空間が広がっている。中庭はなく、薄暗い本堂にわずかな光が窓や階段から差し込んでいるさまが、ガルダイヤのスィーディ・ブラヒームモスクに確かに似ている。施設周辺にはヤシの木のオアシスが隣接している。

　なるほど、ここには確かに、島の秘境といった趣きがあるのだろう。宗教に無頓着な私にも、そこまではわかるような気がする。聞くところによると、イバード派の教義はガルダイヤにおいては秘儀とされ近づくことすら容易ではないが、ジェルバ島の生活様式からわかることもあるということで、近年は研究者が注目しているそうだ。イバード派を経由して、ジェルバ島からガルダイヤ、そしてル・コルビュジエのロンシャン礼拝堂を幻視することができるとしたら、それは近代建築論において決して少なくない意味を持つであろう。

（松原康介）

04 ファドゥルーン・モスク遠景
05 ファドゥルーン・モスク本堂

参考文献
- 鷹木恵子編著『チュニジアを知るための60章』明石書店、2010年
- Ali Djerbi, *L'architecture vernaculaire de Djerba*, R.M.R. Editions, 2011.

44

〈リビア〉

トクラ（タウケイラ）遺跡

――潮風に消えゆく遺跡

棘の生えた背の低い灌木を避けながら、凸凹した茶色い地面を進む。地面の途切れた先は紺碧の地中海だ。しかし周囲を見回しても、巨大な石壁や林立する列柱は見当たらない。同じリビアのレプティス・マグナ遺跡やサブラタ遺跡のような壮大な遺跡を期待する人は、きっと拍子抜けすることだろう。ペンタポリスの一つに数えられたという古代都市タウケイラは、いったいどこへ消えたのか、と。

エジプト国境に接するリビア東部地域は、古代都市キュレネーにちなんでキレナイカと呼ばれている。ヘロドトスによれば、紀元前631年頃、ギリシャのサントリーニ島にあった都市ティラの人々が、長年の不作と飢饉の末にデルフォイの神託に従って海を渡り、キュレネーを築いたという。開拓者たちの努力が実り生活基盤が安定すると、新たに多くの人々がキュレネーに到来し、周辺の土地に進出し始めた。ギリシャ人たちの勢いはすさまじく、先住のベルベル人だけでなく救援に駆けつけたエジプト王の軍隊をも打ち破り、この地域の支配権を確立した。こうしてキュレネーからあふれ出した人々は、沿岸地域に新たな都市を次々に創設し、繁栄を享受したという。タウケイラ、現在のトクラ遺跡は、そうして築かれた都市の一つである。

キュレネーの娘とも呼ばれるタウケイラは、本国ティラだけではなくコリントやアテネ、ロードスといったギリシャ世界と交易を行い、また周辺の肥沃な土地と豊かな地下水に支えられて堅実な発展を遂げた。紀元前4世紀のアレクサンドロス大王の大遠征ののちには、その部下プトレマイオスを開祖とするエジプト王国の支配下となる。彼の孫にあたるプトレマイオス3世は、キレナイカ王を宣言した叔父マガスの反乱を平定し、継母にちなんでアルシノエーという名前を与えたという。

ローマ時代には、リビア東部を代表する五つのギリシャ都市（ペンタポリス）の一つに数えられるほど繁栄した。デーメーテールとコレー（ペルセポネ）やキュベレなどギリシャ・小アジアの神々だけでなく、エジプト由来のアメンも崇拝され、また1世紀頃には多くのユダヤ教徒が生活するなど、国際性豊かな都市でもあった。一方で、325年のニケーア公会議や425年のエフェソス公会議にタウケイラの司教が出席していることから、古代末期にはキリスト教都市へと変貌していったことがうかがえる。

ローマ帝国の衰退と混乱のなかで、他の北アフリカの都市と同じくタウケイラも衰退を余儀なくされるが、6世紀にはビザンツ帝国のもとでアポッローニアに代わるキレナイカ地方の防衛拠点となり、強固な城壁が築かれた。しかし、642年頃にはイスラーム勢力が攻め寄せ、数年にわたって撃退するもあえなく陥落した。近年の調査では、その後もイスラーム支配下の都市としてしばらく繁栄したと推定されている。

残念ながら、前述のように、現在のトクラ（タウケイラ）遺跡に過去の繁栄の面影を見ることはなかなかに難しい。その理由の一つは、この地域特有の脆い石灰岩にある。強い潮風が長年月のなかで石材を浸食し、遺跡の保全状況に悪影響を与えてきた。もう一つの理由は、未だ発掘途上であることだ。1930年代末から数度にわたって発掘が行われてきたが、未だ土に埋もれている部分も多い。都市の全貌が明らかになるまでには、さらなる発掘の進展を待たなければならないだろう。

現在見られる城壁は、6世紀の歴史家プロコピオスによればユスティニアヌス帝の命令によるもので、その大部分はヘレニズム時代の城壁の上に築かれている。海岸沿いの防壁も含めれば、城壁の総延長は約2㎞に達するという。厚さ2mの幕壁と31か所の側防塔を組み合わせ、前壁も備えるなど、ビザンツ帝国の築城技術を注ぎ込んだ堅固な城壁であった。今では見る影もなく崩れ去ってしまったが、ユスティニアヌス帝時代のタウケイラの戦略的重要性を証言する遺構である。

01 侵食される海岸線

また城壁に開かれた東西の門は、デクマヌス・マクシムスに相当する一直線に延びた大通りで結ばれている。路面は方形の切り石で舗装され、深く刻まれた轍の跡から行きかう人や馬車の賑わいが目に浮かぶ。通りの南側にはビザンツ時代の官邸とローマ浴場の遺構があり、周辺には商店の遺構が建ち並ぶ目抜き通りであったろう。この大通りと直交する街路によって、碁盤目状の街区が構成されていたと考えられている。

西門のそばから海岸へ向かって坂を上がれば、謎の多い「西教会堂」がある。この遺構は、東側に馬蹄型のアプシス（聖域）と円弧状の聖職者席を持つが、西側は大小さまざまな部材が散乱し、壁体の基礎も複雑に交錯していて空間構成は判然としない。アプシスの形状が明らかに他の教会堂とは異なることや、円柱ではなく角柱をアーケードに用いていること、そして複雑な壁体の構成から、特別な役割を持つ複合施設であったのではないかと思われる。

さらに海岸へ向かって進むと、ビザンツ時代の邸宅の遺構がある。筆者が訪問した際には、ベンガジのガル・ユニス大学考古学部の学生たちが実習を兼ねて調査を行っていた。西教会堂に小道で通じることからこの遺構は司教館であった可能性が高い、と学生を指導する教授が説明してくれた。このト

02 遺跡で学ぶガル・ユニス大学考古学部の学生たち

クラ遺跡は、ただの未発掘の都市遺跡ではなく、リビアの考古学界の未来を担う人材を育成する教育現場でもあるのだ。

茶色い石灰岩の大地は、やがて急に崩れ落ち、大小の石が転がる波打ち際へ続く。しかし、かつて白帆を掲げた交易船が寄港したであろう港の姿は跡形もない。トクラ地方特有の柔らかな石灰岩に覆われた海岸線は、荒波と潮風に晒されて年々後退し続けているのだ。近年の研究では、この40年の間に約20ｍも海岸線が後退したという。ユスティニアヌス帝が築いた堅固な城塞都市は、自然の絶え間ない攻勢を前に儚く消えゆく運命にあるのだろうか。

２０１１年2月にキレナイカ地方のリビア第二の都市ベンガジで始まったリビア内戦の際には、略奪を避けるために、ベンガジからトクラに多くの文化財が運び込まれ、保護されたという。遥か長い時を経て、今度はキレナイカ地方の文化財を守るために、トクラは再び防衛拠点となったのだ。

住民とこの遺跡で学ぶ考古学者の卵たちは、見事にキレナイカの文化財を守り抜いた。次はトクラ遺跡そのものをどのように守るか。未発掘の都市遺跡を調査し、さらに人間と自然の両方から守る戦いは、まだまだこれからである。

（高根沢　均）

参考文献

- R. G. Goodchild, “Chiese e Battisteri Bizantini della Cirenaica”, XIIIe Corso di Cultura sull'*Arte Ravennate e Bizantina*, 1966, pp.205-203.
- J. B. Ward-Perkins, R. G. Goodchild, edited by J. Reynolds, *Christian Monuments of Cyrenaica*, Society for Libyan Studies Monograph 4, 2003.

45

〈エジプト〉

カイロ

――マムルーク（軍人奴隷）たちの遺産

カイロは、イスラーム建築の宝庫である。建物が石造で頑丈なことにくわえ、19世紀後半以来、修復され、中にはいきすぎた修復もあるけれど、南北7㎞、東西4㎞あまりに、数多くの遺構が現存する。しかも、歴史的な都市組成にうめこまれ、建立者や被葬者などの情報をえることもでき、土地と建物と人との関係をたどることができる。ここでは、2016年からトヨタ財団の助成を得て、文化遺産の啓蒙プロジェクトを行っている地域に焦点をあて、マムルーク朝時代の街にタイム・スリップして、建物と人間関係を交えて、街の一角を描いてみたい。

カイロという名は、10世紀末に北アフリカの海岸部をチュニジアから東進し、エジプトを征服したファーティマ朝の宮殿都市アル＝カーヒラにちなむ。アフリカ中部から流れるナイル川のデルタの要の位置を占め、有史以来、いくつかの都市が存在した。ローマ時代にはバビロンという名の要塞都市があり、642年にアラブ軍によって征服され、バビロンの北に軍営都市（アラビア語でミスル、転じてエジプトをさす）フスタートが設営された。その後、都市はナイル川に沿って北へ延び、矩形に市壁を回した先の宮殿都市が作られる。さらに12世紀には、十字軍で有名なサラディンが東側の丘に城塞を築く。

私たちが活動するスーク・シラーハ（武器市場通り）は、城塞と宮殿都市の南門をつなぐ通りだ（図01参照）。城塞の麓には、14世紀中葉の大作スルタン（君主）・ハサンのモスク（1356～62年建造）が聳える。19世紀初頭のナポレオンの地図を見ると、向かいに建つリファーイー・モスクはまだなく、城塞の西門前に125m四方ほどの広場がある。スーク・シラーハ通りはここからスルタン・ハサンの北沿いに続いていた。通りを北上していくと、マンジャク・ユーズフィーの宮殿（1346年）の入口が左手に見え、武器持ち（シラフダール）の紋章が今も残る。100mほど進むと、右手にイルゲイ・ユーズフィーのモスク（1373年）がある。このモスクは、背の高いドームとミナレットのヴィスタで有名だ（図02参照）。

150mほど北上すると、十字路があり、南西の角にアミール（総督）・バシュタークの公衆浴場（13

01
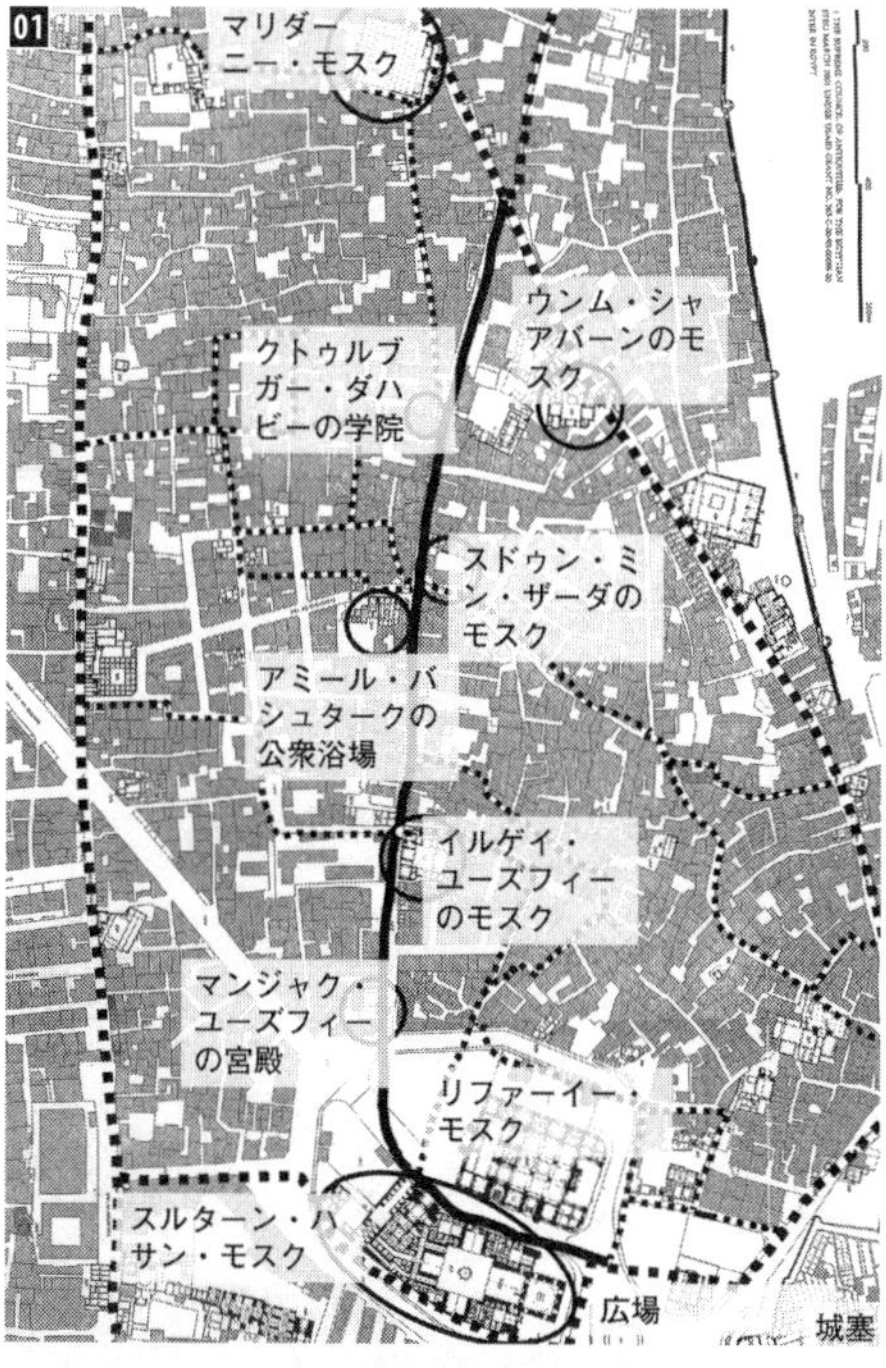

01 スーク・シラーハ通りのマムルーク朝遺構
太実線：スーク・シラーハ通り
太点線：ナポレオン地図記載の大通り
細点線：ナポレオン地図記載の通り抜け街路

41年建造）、北東の角にスドゥン・ミン・ザダのモスク（1401年建造）があった。公衆浴場は改築を重ね、2000年代初頭まで使い続けられ、出来栄えの良い色大理石造の入口ファサードは、700年の時を経て健在である。一方、モスクは北と東の壁を残すのみで、1960年代に公共住宅に建て替わった。

200mほど進むと、左に小ぶりなクトルブガー・ダハビーの学院（1347年）があり、その先で道は分岐する。左の道（マリダーニー通り）はマリダーニーのモスク（1339／40年造）へ達し、右の道（スーク・シラーハ）はワジール通りを斜めに交差し、ナバウィー通りと名前を変える。ワジール通りは600mほど南で城塞へ達する。この交差点を150mほど南下すると、ウンム（母）シャアバーンのモスク（1368年建設）がある。わずか800mに、14世紀中葉の建築が建ち並ぶ。武器市場の呼称は19世紀になってからで、14世紀にスゥエイカ・アル・イッズィ（イッズィの小市場）と呼ばれたが、まさに城と軍人を結ぶ通りだった。

これらの建築のパトロンには、絶大な権力を誇ったマムルーク朝君主ナーシル（1285年生まれ1341年没、1293～94年、1299～1309年、1310～41年在位）と息子たち、あるいは彼らに仕えたマムルークが大きく関わる。マリダーニー・モスクを建設した、アルトゥンブガ・マリダーニー（1343年アレッポで死す）はナーシルのアミールで、君主の娘と結婚した。そのモスクは君主が城塞に建立したモスクと同様、列柱広間に木造大ドームを挿入するこの時代最先端の建物だ。

公衆浴場を残したアミール・バシュタークは、美貌で昇進も早かった。やはりナーシ

02 イルゲイ・ユーズフィーのモスク、ドームの下には彼の墓がある

ルの娘を娶り、宮殿都市の中央に建てた住まいが有名だが、彼の死後、ライバルであったカウスーンとの戦いに破れ失脚、アレキサンドリアで没する。

目抜き通りに宮殿を構えたマンジャク・ユーズフィー（１３７５年没）もナーシルのマムルークだったが、前の二人が君主の死後程なく没したのに対し、彼はナーシルの息子、ハサン（１３３４／５年生まれ１３６１年没、１３４７～51年、１３５４～61年在位）が弱冠12歳で即位したときには、彼の摂政を務めた。

ナーシルには数多くの子供たちがいて、相次いでスルタンの座につくが長続きはしない。ハサンの治世は比較的長く、一旦退位した際に、ハレム（後宮）に入り、腹違いの兄の妻、後述するフワンド・バラカのもとで、イスラーム法学に勤しんだという。ヨーロッパから黒死病が伝わりカイロの人口が激減する中、２度目の在位中に、４法学派を教授する大建築（スルタン・ハサン・モスク）の建設に着手し、モスクがまだ未完成のときに、死に追いやられる。不遇な死を遂げた彼の遺体は行方不明で、モスクには彼の息子たちの遺体が眠る。瀟洒な学院を建立したクトゥルブガー・ダハビー（１４０６年没）は、スルタン・ハサンを死へ追いやったアミールの一人である。

初めて捻りリブ・ドームを導入したイルゲイ・ユーズフィー（１３７３年没）は、ハサンのマムルークとなり、その後、ハサンの甥で１３６３年に即位するシャアバーン（１３５３／４年生まれ１３７７年没、１３６３～77年在位）に仕える。シャアバーンの母は、先に述べたフワンド・バラカ（１３７２年没）で奴隷出身であったが、ナーシルの息子アムジャド・フセイン（１３６３年没）との間に彼をもうけ、夫の没後、イルゲイ・ユーズフィーと結婚した。ちなみに、君主シャアバーンは、母バラカの死に際し、義父ユーズフィーを弾劾し、死に追いやる。ユーズフィーはナイル川に身を投げ、遺体はナイル川から運ばれ、彼の建てたモスクの一角に眠る。一方シャアバーンは、母のためにワジール通りにウンム（母）・シャアバーンのモスク（1368年建設）を寄進、母とともにそこに眠る。ちなみに義父イルゲイ・ユーズフィーのモスクの北西部にあるサビール・クッタープ（給水所学校複合建築）は彼女の寄進で、後添えの夫ユーズフィーの墓室を見守っているかのようだ。

マムルークたちは、遠くウクライナやカザフスタン、モンゴルなどの遊牧草原地帯から奴隷商人に買われ、エジプトやシリアへとやってきた軍人奴隷だった。ナーシルは、第8代スルタン、カラーウーンの息子で、ナーシルの孫の代までは、多少の不連続はあるものの彼の子孫がスルタン位につくので、スルタンたちはエジプトやシリア生まれとなった。しかし、彼らのマムルークは相変わらず、遠隔地から購入された人々で、高位（アミール等）についたものはスルタンの娘たちと縁組みをした。また、ハレムの女性も遠隔地から購入された女性奴隷が多かった。権力と富を得た者は、束の間の人生に、競うようにモスクやマドラサなどの建造物を寄贈し、その一角に生きた証として、ムスリムとして天国を待つ場となる墓建築を建立する。「モノ」に固執しながら自身の存在を残そうとする14世紀の人間模様が、スーク・シラーハの建物に凝縮する。彼らの確執や情愛などの心模様は、もはや時間の奥底に消え失せてしまったが、それらを昇華した「モノ」は、彼らの歴史をまざまざと物語る。

（深見奈緒子）

46

〈エジプト〉

アレキサンドリア

——古代都市と近代都市の狭間で

アレキサンドリアはアレキサンダー大王が建設した都市として有名で、アレキサンダー大王自身が眠るとも言われ、ローマ時代にも学芸の街として繁栄を遂げ、キリスト教の司教座が置かれる。一方、近代になるとヨーロッパとの接点として多くのヨーロッパ人建築家が活躍し、近代的アレキサンドリアが形成され、今なおその面影を伝える。本章では、比較的語られることの少ない前近代のイスラーム時代に焦点を当て、時代を紐解きながら都市の様相を捉えてみたい。

641年、カイロ（当時はバビロン）をも攻略したアラブ人将軍アムル・イブン・アースが14か月の戦いの後に、アレキサンドリアを占領した。当時の人口は4万人、あるいは7万人と伝わる。645年の反乱に際し、古代市壁が破壊され、多くの人々が街を離れたと言われる。ちなみに、古代ローマ時代の市域は、東西5・3㎞、南北2・4㎞に及び、東西に延びる現在のホレイヤ通りと、アレキサンドリア図書館からホレイヤ通りに直交する南北道路が道が街を十字に区切る中央大通りとなり、直交街路網を持つ巨大な都市であった（図01参照）。世界の七不思議とうたわれるファロスの灯台は、古くは北沖の島の東岬に位置し、陸地とは７スタディア（約１・３km）の土手道で結ばれ、その東と西が港であった。

アラブ侵入後、６６６年にアレキサンドリアを訪問したアーカルフ司教は多くの人々が市内に居住すると述べる。８世紀には、古代の銅像を壊して銅貨を鋳造することも許可され、地中海の交易都市として繁栄を享受するようになった。当時エジプトはイスラームの支配下に置かれたが、アレキサンドリアの統治者にコプト教徒がなることもあったという。

アラブの侵入後、東西通りのほぼ西端にあった聖テオナス教会は千本柱のモスクに（現在はサンタ＝リタ教会）、東西通りを東に進んだ聖アタナシウス教会は香辛料商のモスクに改築された。８２８年にサン＝マルコの聖遺物をヴェネツィア商人がアッバース朝下のアレキサンドリアから盗むという事件が生じた。

カリフ・ムタワッキルの時代（８４８〜８６１年）には、破却された市壁の修復が行われた。１００の塔で囲まれた市壁の周りに濠が

01

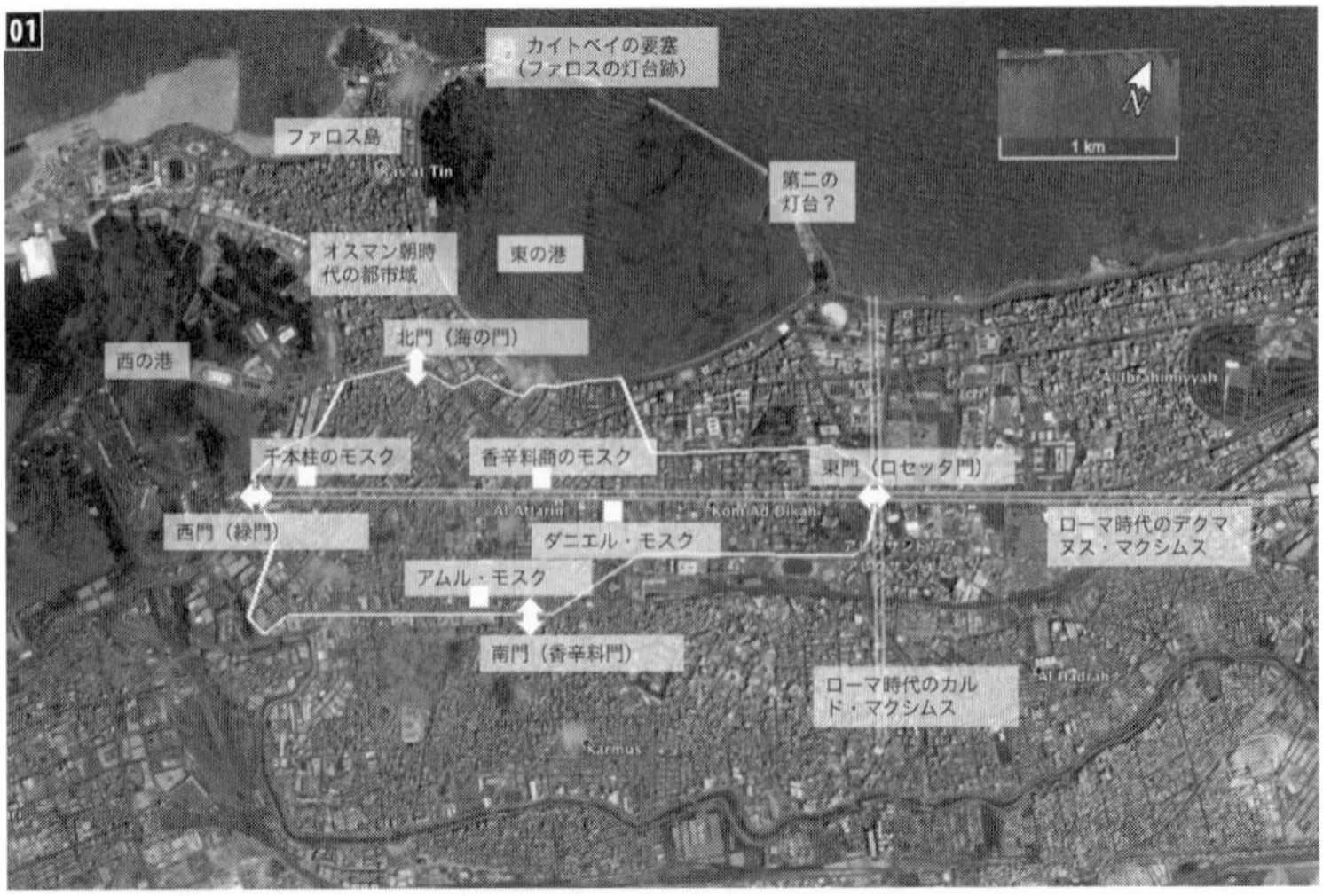

巡る都市となったが、市域は古代の半分以下に縮小した。その後も、歴代のエジプト統治者、イブン・トゥールーン（868～884年）、サラディン（1172～1193年）、ザーヒル・バイバルス（1260～1277年）、アシュラフ・シャアバーン（1363～1376年）の時代に修復が続き、堅固な市壁と壮麗な門を持つ街として名を馳せた。16世紀の絵地図や19世紀初頭の地図を手掛かりに中世の市域を想像してみよう。

まず、海の様相から捉えたい。イスラーム時代にもファロス島と陸地をつなぐ通路の両側、東西の二つの港があり、10世紀には東側の港が補修された。東の港はキリスト教徒用で、西の港はムスリム用であった。西の港は着岸の問題はなかったが、東の港の就航は強い風と、西側は岩場で、東側は浅瀬で停泊できない。大型船は沖合に停泊し、艀で往復し、木製の桟橋に荷下ろしする状況であった。1165年まではファロスの灯台は存在、灯台として使われたが、度重なる地震で崩壊したという。カラーウーン（1279～1290年）の時代には、東の港を監視するために、第2の灯台に着工し、息子アンナーシルが引き継ぎ、1365年に完成した。また、ファロスの灯台跡には1447年カイトベイが城塞を建設した。灯台や桟橋の整備事業、あるいは16世紀の絵地図からも次第に西の港から東の港へと中心が移ったと考えられる。

一方市域は、1806年の古地図に市壁の様相が描かれる。古代ローマ都市の東西通りに沿って、東西3・4㎞、南北1・3㎞ほどの広がりである。13世紀の記述によると、市門は四つで、北に海門、東にロセッタ門、南に香辛料門、西に

01中世のアレキサンドリア
白実線：中世の市壁

02東門（ロセッタ門）近傍の市壁

緑門が位置した。これらの位置は、1806年の地図には東西通りと市壁の交点に東門が表記される。一方、1566年の地図に北門は東港の中央部、南門は運河の市壁内への入口の西側に描かれる。西門の位置に関しては、イスラームの預言者を象徴する緑に因み、外には広大な墓地が広がっていたと記され、東西通りと千本柱のモスクの位置からも、おそらく東西通りの延長線上に存在したのではないかと思われる。

アッバース朝からファーティマ朝にかけては、アレキサンドリアはポリス（都市国家）としての独立性を持ち、ピサ、ジェノヴァ、ヴェネツィアなどとの交易が盛んで、12世紀にはユダヤ人の数は3000人、ユダヤ人とキリスト教徒を合わせると9000人とも言われ、28のキリスト教徒の町や地方の代理人がいるという地中海のコスモポリタンな港市となった。

続くアイユーブ朝、マムルーク朝下では、十字軍、モンゴルの西遷、黒死病の流行など危機を迎える。しかしスルタンたちにとって首都カイロに次ぐ重要な都市で、商業的役割を維持し、東西交易の拠点であり続ける。13世紀中頃には3000人あまりのヨーロッパ人商人が滞在し、多くはイタリアの都市国家からで、当時の都市人口は65000人に上った。マムルーク朝のスルタンたちはウィカーラ（商館）を建設、外国人商人たちは自国の商館に住むことだけが許された。

1324年のイブン・バットゥータの記述には、世界で最も繁栄する港の一つとある。しかしながら1347年から1350年、黒死病の流行によって、1日に100人から200人の人が亡くなり、人口は激減、市場も閉鎖された。とはいえ地中海と紅海を結ぶ重要性から、14世紀末には人口を取り戻し、香辛料、サンゴ、綿、ミョウバン、ナトロンなどが扱われ、織物、ガラス、陶器、ワインの生産も盛んとなる。ヌワイリーの記述によれば、30の倉庫を持つ税関が、港の監督だけでなく公開の競り市場としても使われる。11世紀にさかのぼるダール・アル゠ウィカーラも同様な役割を持ち、外国製品だけを扱い、カーリミー商人のために関税をかける施設だったという。

16世紀に入ると、新大陸の発見による航路の変更、1517年にからのオスマン朝の支配、ナイル川の流路変更などが重なり、港市としてはロセッタやダミエッタが栄えるようになる。ファロス島接続部に有機的街路網を持つ都市が形成され、古代都市の上に成立した中世の市域は荒廃に追い込まれる。接続部市街化の端緒はカイトベイの要塞が作られる15世紀には北門の市壁外にトルコ人の街が形成されたと言われ、ファロス島と陸地は次第に堆積物によって繋がれていった。1566年の地図を見るとファロス島は陸地化し、そこには貿易に従事するユダヤ人が居住すると記載される。ナポレオンの遠征時には人口8000人、ファロス島と陸地を結ぶ区域のみが市街地として表記される。とはいえ、1806年にはスペイン人旅行者はコプト教徒1000人、ユダヤ人300人、ギリシャ人40家族、200人のヨーロッパ人が居住すると述べるなど、国際都市としての側面を早くも取り戻そうとする姿が見える。

古代都市と近代都市の狭間で、アレキサンドリアは、16世紀初頭に大きな転換点を迎えた地中海の港市であった。

（深見奈緒子）

ジェルバ島（チュニジア）の住宅［撮影：松原康介］

第Ⅶ部

中東の海——レヴァント

47

〈イスラエル／パレスチナ〉

エルサレム

――聖地をめぐる静かな分断

エルサレムは坂の多い街だ。夕陽に輝く黄金のドームを見下ろすオリーヴ山から、バスツアーの観光客の合間を縫って西になだらかな坂道を下りると、旧市街にたどり着く。城壁に囲まれた旧市街には、八つの門がある。北側にある一番大きな門は、ムスリム地区の入口に位置し、観光客やアラブ人の買い物客でにぎわうダマスクス門だ。この門からは、パレスチナ北部の町ナーブルス、またその先のシリアに向かって道が延びる（ヘブライ語名の「シャアル・シェヘム」は「ナーブルス門」という意味）。城壁の入口に向かって下がる円形劇場のような石段には、現在では露天市場が並ぶが、かつてはすり鉢状にくぼんだ斜面だったらしい。イギリスの探検家デイヴィッド・ロバーツは、ラクダに乗った隊商がこの門の手前で行き交う様子を描き残している。

そのまま城壁沿いに坂道を上ると、旧市街の北西の角に出る。左手に見えるヤッファ門からは、世界中から集まる観光客や巡礼者に混じり、中世にタイム・スリップしたかのような印象を与える黒衣の正統派ユダヤ教徒が、門から吐き出されて黙々と坂を上ってくる。ここから西に広がるのが、エルサレム新市街だ。その入口には、石造りの風格のあるエルサレム市役所の建物が見える。交差点を渡り、左手の坂を下り始めてすぐに見えるのが、マミラ・モールである。死海産の美容製品を売るアハヴァのとなりに、GAPやTOP SHOPなど海外ブランドのお店や、お洒落なカフェが建ち並ぶショッピング・モールだ。

01 露天市場でにぎわうダマスクス門周辺（2011年）

今は自由に行き来することができる、エルサレムを横断するこの道のりだが、かつては移動が困難な時代もあった。第一次中東戦争（1948年）から約20年間、エルサレムは街全体が東西に分断されていたからだ。アラブ諸国軍とユダヤ民兵との間で、イスラエルの建国宣言を受けて始まった戦闘は、隣国ヨルダンが東エルサレムを、イスラエルが西エルサレムを占領する状態で停戦を迎えた。東西エルサレムを隔てる7㎞の停戦ラインは旧市街の西側を通り、境界線沿いには狙撃手による攻撃や侵入を防ぐための壁が築かれた。その周囲は無人地帯となり、国連スタッフや外交官は、唯一の通過地点であるマンデルバウム門を通って東西エルサレムを行き来した。

旧市街は東エルサレムに含まれたため、イスラエルを建国したユダヤ教徒は、悲願であった嘆きの壁での礼拝をすぐには実現できなかった。その夢が達成されたのは、第三次中東戦争（1967年）でイスラエルが東エルサレムを軍事征圧した後のことである。エルサレムは占領下で統合されることになった。ヘルメットを取ったイスラエル軍の若い兵士が感動した表情で壁を見上げる写真は、当時のモシェ・ダヤン国防相とイツハク・ラビン参謀総長が旧市街に入場する写真とともに、戦果を象徴する場面の記録となっている。

他方でパレスチナ側にとって、エルサレムの分断による悲劇を象徴するのはマミラ墓地といえるだろう。マミラ・モールの向かいにひっそりと広がる墓地は、エルサレムに代々住む名望家や宗教指導者のほかに、十字軍とサラディン率いるイスラーム教徒との戦いでの戦没者が眠る史跡でもある。しかしイスラエル建国後、墓地は西エルサレムに入り、パレスチナ人が訪れることのできなくなった墓地は「不使用地」として接収されることとなった。墓はブルドーザーで破壊され、その土地の大半には現在、イスラエル独立記念公園や駐車場、省庁の建物などが建っている。

02

03

マミラ地区を含むエルサレムの1967年以降の再開発は、長年エルサレム市長を務めたテディ・コレクの指揮下で進められた。土地の接収には補償金が用意されたが、方針に反対するパレスチナ人の地主の大半は、お金を受け取らなかったという。開発の背景には、エルサレム市内におけるユダヤ人居住区の拡大だけでなく、その既成事実化により戦略的拠点をおさえ、領域を確保する意図があった。70年代からは無人地帯だけでなく、エルサレムの東側でも入植地の建設が始まった。

物理的な壁が撤去されて、東西エルサレムの行き来が自由になった後も、生活空間の分断はその影響を強く残している。ユダヤ人は西エルサレムに、パレスチナ人は東エルサレムに住むという、大まかな東西での居住分布は現在もそのままである。相互間の政治的緊張や文化的違いのためか、西エルサレム側のユダヤ人タクシー運転手は、乗客を乗せて東エルサレムへ行くのを嫌がる。テルアビブ国際空港から出る乗り合いバスは、西エルサレムの各所を回り、大半の客を送り届けてから最後に東エルサレムへ向かう。ユダヤ人の多くは日常生活を西エルサレムで過ごし、よほどの必要がない限り東へは足を運ばない。

これに対して東エルサレムに住むパレスチナ人は、東エルサレム内とヨルダン川西岸地区（パレスチナ自治区の一部）を結ぶアラブ・バスの路線を日常的に利用している。ダマスクス門近くにあるアラブ・バスのターミナルからは、東エルサレム内各所に向かう路線の他に、自治区の街ラーマッラーへ直行のバスも出る。この他に、ユダヤ人が使うイスラエルの公共路線であるエゲッド・バスもあり、東エルサレムのフレンチ・ヒルでは

02 東西分断中のエルサレムを結んだマンデルバウム門（「弾薬の丘」資料館より）
03 第三次中東戦争後に訪れた「嘆きの壁」を見上げるイスラエル兵士〔撮影：David Rubinger〕

同じバス停に両方のバスが停まる。パレスチナ人と筆者のような一部の外国人はどちらも利用するが、ユダヤ人の乗客はアラブ・バスには乗らない。微妙な空間の分離は、ここでも成立しているのである。

だが最近、東西エルサレムを結び両者が利用する交通機関ができた。何年も交通渋滞を引き起こしながら完成された路面電車、ライトレールだ。西はヘルツル山から東はピスガット・ゼエブ入植地の先までを結ぶ路線は、東西各所に居住するユダヤ人の移動の便を図る交通手段として建設された。至便なのは、中央バス・ステーションと東エルサレムを結び渋滞に巻き込まれず移動できるようになった点だろう。しかしユダヤ側とパレスチナ側を結ぶ交通機関は、政治的緊張の高まる時期には衝突の場ともなる。2014年に東エルサレムに住むパレスチナ人の少年が、ユダヤ人の右派集団により誘拐され残虐な殺され方をしたときは、パレスチナ人居住区であるベイト・ハニーナ近くの停留所が襲われ、使用不可能となった。

東西を分断する壁がなくなった一方で、2000年代に入ってからは、パレスチナ自治区とイスラエルを分断する目的で、新たな分離壁が建設されている。高さ8mのコンクリート製の壁は、むしろ東西分断当時よりも厳重に人の出入りを妨げる。マミラ墓地の残された土地には2004年、ユダヤ人犠牲者を追悼する国際組織サイモン・ヴィーゼンタール・センターが「寛容博物館」を建設する計画を発表した。聖地エルサレムをめぐる分断と対立は、現在も静かに続いているのである。

（錦田愛子）

コラム 10

映画に見る地中海都市

『プロミス』という、2001年公開のドキュメンタリー映画（監督はジャスティン・シャピロほか）がある。エルサレムおよび近郊に暮らすユダヤ教徒やパレスチナ人イスラーム教徒の子供たち7名に取材をし、彼らの日常生活やエルサレムという場所に対する見解を収めている。

作品を観ると、それぞれの子供たちの目を通して、この地域で生きることがどのような経験であるかが浮かび上がってくる。西エルサレムに暮らすユダヤ教徒の少年は、通学バスの中で「テロ」が起きるかもしれないと緊張を覚える。難民キャンプに暮らすパレスチナ人の少女は、逮捕ののち起訴されぬまま2年余り服役する父親との面会を求め、早朝からバスで出かける。同じくキャンプに暮らす少年は、イスラエルに対する抵抗運動に参加し投石をした友人をイスラエル兵に殺されたという。フェンスに囲まれた入植地に暮らすユダヤ教徒の少年もまた、友人を12歳で「テロリスト」に殺害された経験を持つ。せいぜい車で20分の距離に住んでいながら互いの交流を持たない「別世界」の子供たちだが、いずれであれ、その生活に陰に陽に暴力が影響するさまが見てとれる。

『プロミス』DVD
（販売元：アップリンク）

作品後半において、監督は何名かの子供たちを引き合わせることを試みている。最初は子供たち自身のあいだに強い反対意見も見られたが、電話で少しずつ慣れたのち、ユダヤ教徒の少年たちが難民キャンプのパレスチナ人家庭を訪問することになった。彼らはキャンプの子たちに案内され、壁の銃弾の痕や政治的なスローガンを目の当たりにする。それから一緒に昼食を食べたり、レスリングやサッカーに興じたりなど、同じ一日を過ごした。

子どもたちはまた、お互いに対する想いを話し合いもした。弟を殺されたパレスチナ人の少年が、ユダヤ教徒とは仲良くしたい、しかし、してはいけないと胸中を明かす。その彼が、キャンプ訪問の最終場面になって不意に泣き出す。嗚咽をもらしながら少年は、せっかくユダヤ教徒の子たちと親しくなれたのに、ＢＺ（監督の一人）がアメリカに帰れば、友達になれたことも忘れてしまうのだ、と述べた。

不思議な心の動きではないだろうか。それまでは全く交流のなかった他者と直接に対面し、食事を共にしたり、取っ組み合って笑いあったりし、「友人になれた」との感触を覚えながら、なお、引き合わせてくれた監督が目の前からいなくなればその感触もなくなるという。他者との交流そのものよりも、それを仲介した第三者の方に微妙に力点がずれているのである。

本作品を概括的にとらえるならば、世俗的なユダヤ教徒、敬虔なユダヤ教徒、キャンプに暮らすパレスチナ人、エルサレム市内に暮らすパレスチナ人など、様々な社会的文化的背景の人びとが狭い範囲に暮らしながらも互いに分断された生活を営んでおり、監督はその様子を描きつつも交流の可能性を子供たちに働きかける内容である。それが一見すると首尾よく進んだかに見えたその現場において、少年の一言に含まれる微妙な違和感、我々の手持ちの枠組みでは理解しがたい何ものかが観る側に差し出されるのである。

地中海は、何も現地に身を置かなければ経験できないというものではない。レンタルショップや図書館等を通じて身近に視聴できる映画作品を通して、映像に映り込んだ、都市に生きる人びとの思考を間接的ながらも体験することができる。これもまた「地中海を旅する」ことではないだろうか。

（池田昭光）

48 ベイルート
――ダウンタウンの記憶

〈レバノン〉

ベイルートを訪れると、穏やかな風の吹く東地中海に面した、洗練された街並みを心地よく思うであろう。しかしベイルートは、激しい内戦を経た経験を持ち、また現在内戦中のシリアの隣国レバノンの首都である。その都市計画の歴史は血なまぐさい紛争と決して無縁ではなかった。ここでは、さわやかささえ覚える都市景観にどのような記憶が埋め込まれているのかを概観した上で、ダウンタウンを足早に歩くことにしたい。

ベイルートはビブロスやサイダといったフェニキア起源の港町と比べると新しく発展した都市である。中東らしい稠密な旧市街はひとしなみ形成されてはいたが、第一次大戦中に艦砲射撃を受けて破壊され、フランス委任統治領期の1932年に、ルネ・ダンジェが策定したオスマニザシオン型の改造計画により復興がなされた。時計塔のあるエトワール広場を中心とするアレンビー、フォッシュ等の放射状街路が構築されて、パリを思わせる「ダウンタウン」に生まれ変わったのである（図01）。オスマン帝国時代の病院（現政庁）や時計塔、それにモスクや教会、シナゴーグがバロック式の区画の中で再建されている。レバノン人もまたその街並みをよく使いこなし、中東の金融センターとして著しい経済発展を遂げた都市は「中東のパリ」と呼ばれ、レバノン人の進取の精神とビジネス・センスの象徴となっていった。各国の企業が進出し、日本からも商社や新聞社などから多くの駐在員が派遣されている。

　しかし1975年、スンナ派、シーア派、マロン派、ギリシャ正教、カトリック、ドルーズなど、歴史的に多数の宗派、部族を抱えるレバノンは、パレスチナ問題を背景とする周辺各国の思惑が絡み合う泥沼の内戦に突入してしまう。内戦は実に十数年にも及び、人々はデマルケーションラインを境に東西に分かれて激しい戦闘を展開し、都市は甚大な被害を受けた。シリア軍がレバノン国内に駐留しその影響力を高めると、82年にはこれに対してイスラエルが空爆を行った。こうして建物という建物には夥しい銃創が残り、都市はゴーストタウンと成り果てたのである。ドゥニ・ヴィルヌーヴ監督の映画『灼熱の魂』（2010年）では、瓦礫と化したダウンタウンの一室から通行人をひたすらに狙撃するよう教化された少年スナイパーの姿が描かれている。

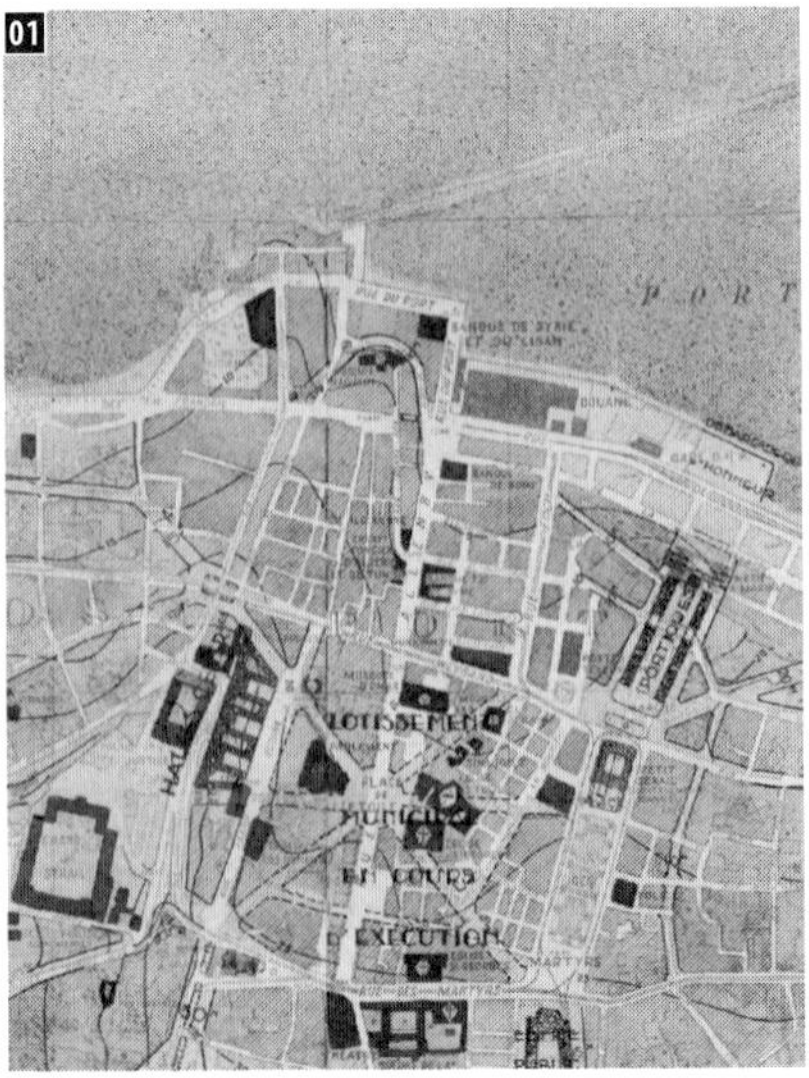

01 ルネ・ダンジェによる放射状計画

そしてここからが現在のダウンタウン復興に関わってくる。内戦に一応の終止符が打たれた翌年の１９９２年、レバノンの首相に指名されたのは、サウジアラビアのゼネコンのオーナーで、シラク仏大統領と親交を結んでいたラフィーク・ハリーリーであった。ハリーリーは自ら最大株主となって建設会社ソリデールを設立し、ダウンタウンの戦災復興事業を強力に推進した。復興は、象徴的な都市空間の復興であると同時に、外国からの投資を誘致し、また内戦から逃れていった在外レバノン人の資金をレバノン国内に還流させることをも狙った、文字通りレバノン経済の復興を賭けた大事業であった。ちなみに、在外レバノン人には往古のフェニキア人よろしく商才にたけた者が多く、カルロス・ゴーンもまたその一人である。

ハリーリーは行政改革を断行し、明るく活動的な性格もあって、一躍国民的人気の高い政治家となった。このあたりは日本の田中角栄を思わせる面がなくもない。一方、シリア指導部の影響を強く受けたラフード大統領との溝は少しずつ広がっていった。２００５年2月14日、宗派を超えて反ラフード勢力を糾合しつつあったハリーリー前首相は、車でベイエリアを通行中、大爆発とともに暗殺されてしまう。このテロについては国連がシリアを取り調べたし、まもなくシリア軍の撤兵も実現した。しかし南レバノンのシーア派組織ヒズボッラーに対する支援は継続され、今日のシリア内戦の要因の一つとなってきたとされている。一方、レバノンに逃れたシリア難民の多くがベイルート復興の建設現場で労働に従事した。シリアの戦災復興には彼らの帰趨もまた問われるであろう。ジアード・クルスーム監督の映画『セメントの記憶』（２０１９年）は、そうした建

設と復興におけるレバノンとシリアの建ち切り難い連環を描いている。

今日、ベイルートにはダウンタウンの他に複数の中心が存在するが、代表的なのは西側のハムラ地区と東側のアシュラフィーエ地区であろう。一応、前者がイスラーム教徒中心、後者がキリスト教徒中心の地区となっており、事実内戦中はそのように分裂してはいたが、双方にモスクとキリスト教会が混在しており人々も今日では共存している。よりポピュラーなのはハムラ地区であり、賑やかな街並みの中にレバノンらしい多国籍の料理店や中流ホテルが存在する。ベイルートのさわやかさは、例えば、ここから海沿いに下りていった建物群の、白い壁面に設けられた3列のベイウィンドウからきている。ホテルの多くは経済発展期の１９５０年代にオープンしたもので、比較的手ごろながら格式ある内装とサービスが往時を忍ばせる。そのうちの一つ、メイフラワーホテルは歴代の日本人研究者の定宿となっており、私もその恩恵に預かる一人である。

ダウンタウンへは、そこから東方向へ歩いて小一時間ほどの距離である。60年代にミシェル・エコシャールと番匠谷堯二《ばんしょうやぎょうじ》が道路網を再編しているが、時代の要請は自動車中心であったためか歩道がない道路も多く、歩きにくい。中途には日本大使館があり、そ

02 3列のベイ・ウィンドウ（正面の建物2、3階中央）

03 ダウンタウン南部の街並み

04 ウマル・モスク（かつての教会の身廊部）

の先には国会等の政府系施設が存在し、いずれも前面道路が封鎖されている。車で強行に突破しようとすれば路上に突き出た鉄の棒によってタイヤがバーストする仕掛けである。そうかと思えば、道路幅を狭めるようにして巨大なガードレールが設置されている箇所もある。建物までに一定の距離を確保することで、車爆弾による建物への被害を軽減するという狙いなのだろうか。

こうしてしばらく歩いていくと、ダウンタウンに至る。放射状街路の全ての入口に当然のように検問がある。警備員の服装は様々であり、銃を構えた軍装のものもあれば、警察官のようなもの、民間セキュリティー会社のものなどが見られる。ただし日本人と見るとたいしたチェックもなく通してくれる。おそらく、正面にある日本センター（ＪａＣＭＥＳ）の存在を知っているのだろう。

ダウンタウンで採用された復興の手法は、建物ファサードや躯体を継承しての修復型である。どの入口から入っても、新しい都市と見まがうほどに、鮮やかなカーキ色で塗装された街並みが広がっている。しかし、柱廊や壁面をよくよく見ると、そこかしこに埋め込まれた銃創の痕跡を見ることができ、紛れもなくフランス時代に建設されレバノン内戦を生き延びてきた建物なのだということがわかる。損傷の激しいエリアについては完全なスクラップビルドも実施されたが、この場合でも、破壊された建物とほぼ全く同じデザインで再建されている。それでいて、建物内部は現代的にリニューアルされており、1階は店舗、2階以上はオフィスまたは住宅という形式で統一されている。19世紀フランスの柱廊式アパルトマンを基本とし、イスラーム建築の装飾要素も取り入れた

03

04

05

アーチやバルコニー、窓枠の精細な修復は、間違いなく世界中の都市の復興計画と比べても遜色はないであろう。かつてキリスト教会であり、後に増改築を経てモスクとされていったウマル・モスクもまた、通りに沿って作られたファサードを正面に美麗に再生されている。また、下部にアリバイ的に保存された遺跡がのぞいているアパルトマンもある。とはいえ決して課題がないわけではない。

　放射状街路は中央の時計塔のある広場に収束していく。しかし、肝心の人の賑わいが全くといっていいほど見られない。２００７年の頃には昼過ぎからオープンカフェで食事や酒を楽しむ人々で賑わっていた。しかしシリア内戦が始まった頃から目に見えて人通りが減り、現在では多くの店が休業を余儀なくされている。シリア人学生のアッラーム君が調査を試みたことがあったが、交通の便が悪いのと、ヴィトンやカルティエ等の高級ブティックが高価過ぎるため、敬遠しているという回答が多く得られただけで、不人気の理由ははっきりとはわからなかった。

　おそらく、内戦の記憶に不釣り合いな程にきらびやかに復興された都市空間に、ある種の嫉妬が渦巻いていても不思議ではない。今後の都市計画もまた、シリア内戦にも関連する、レバノン社会そのものの閉塞感と向き合うことなくしてはありえないであろう。

（松原康介）

参考文献

- 堀口松城『レバノンの歴史』明石書店、2005年。
- Robert Saliba, *Beirut: City Center Recovery*, Steidl, 2004.
- Marlène Ghorayeb, *Beyrouth sous mandat français. Construction d'une ville moderne*, Karthala, 2014.

49 〈レバノン〉カップ・イリヤース

——ハイイの消滅

レバノンの村では人びとは自分の一族ごとに集まって暮らすため、村には「何々一族のハイイ」がいくつもあるのですと、同国出身のある人類学者が筆者に言った。「ハイイ」とは、一般に「街区」「地区」と訳されるアラビア語の名詞である。これを聞いた筆者は、「そういえば私の調査地では『何々一族のハイイ』と言わないな」と思った。筆者は当時、ベカー地方にある町カップ・イリヤースに住みながら、人類学的なフィールドワーク調査を行っていた。そこは人口がおよそ5万人と言われ、スンナ派イスラーム教徒のほか、いくつかのキリスト教諸宗派（マロン派、ギリシャ正教、ギリシャ・カトリック、プロテスタント）の信徒が暮らす町であった。

それまでの筆者の経験から、町なかの場所を示す際、住民はしばしば「上」「下」と指示することがわかっていた。カップ・イリヤースは平野に臨む斜面に築かれているため、文字通り斜面の上方か下方かに言及することは、方向の指示としてごく自然なものと思われた。一方、件《くだん》の人類学者が言うような「何々一族のハイイ」は耳にしたことがなかった。

これは、この人類学者が想定したのが小さな村であり、カップ・イリヤースが人口数万人の町という違いに起因するのだろうか。だが、例えば首都ベイルートの場合は、街の内部に様々な街区名称があり、それぞれに宗派、階層、歴史性などの独特な背景・特徴を備える。カップ・イリヤースにはそうした区画名称は本当にないのだろうか。

「カップ・イリヤースにはハイイはありますか？」と人びとに尋ねてみると、「ない」というのが、複数の人びとから得られた反応であった。「ハイイの名前？　そんなのは昔のことですよ」と答えた人もいる。強いて言うなら「上」と「下」が町を空間的に分割するものとしてハイイに相当すると考えた人もいた。総じて、ハイイに対する意識のなさ、あるいは薄さがみとめられるのである。むしろ何らかの目印に言及し、その対面、左右、裏、のように、目印との関係で目的地を位置づける言い方のほうが一般的であった。「アブダッラーの家？　商店街を歩いていくとその端にムハンマドのパン屋があるだろう？　その裏だよ」という具合である。「上」「下」という言い方も、こうした相対的な方向指示の一環としてあるように、筆者は理解していた。

聞き取りを進めていくと、「上」「下」という呼称はフランス委任統治時代に設定された行政区画でもあり、それは現在に至るまで継承されていることがわかった。したがって、これはいわば公式の区画でもあり、町を空間的に分割するものであった。

01 カッブ・イリヤースの町を斜面上方から見下ろす

もう一つわかってきたのが、カッブ・イリヤースにも以前は様々なハイイが存在していたということである。ある住民は筆者の質問に対して、当初は「ハイイはない」と答えたのだが、あらためて思い出しているうちに、まさに冒頭で言及した例と同じく、「何々一族のハイイ」があったと筆者に言った。ただし、別の住民は、それ以外にも様々なハイイがあったと述べた。例えば、「川」「モスク」「教会」「役場」「城」「市場」「段ボール工場」「発電所」などである。これらは目印となる建物や地形とその周囲をぼんやりと示す仕方で空間に付せられた名称と理解しうる。こうした名称を集めたところ、一族の名称が付されたハイイは、結局のところ一般的なものではなかった。

フランス語で「こんにちは」を意味する「ボンジュール」なるハイイもあるのだと、ある住民が教えてくれた。ベイルート方面から到来した場合の、町の入口一帯を指していたらしい。この住民はさらに、「ハイイ・ボンジュールから町のなかを通ってずっと進んでいくと、町が終わる辺りに墓地があるだろう？　そこはオ・ルヴォワール（さようなら）だよ」と言って笑った。「さようなら」が墓地という場に事寄せた冗談なのか、あるいは実際にそのようなハイイがあったのか、ついに判然としなかった。

このように、ハイイについて語りながらいつの間にか冗談に変わったり、「ハイイなどない」「昔のことだ」と答える住民の様子にうかがえる通り、ハイイは名称としてすっかり廃れていると言えよう。実際、聞き取りの中である古老がたくさんの地名を挙げたものの、その周囲にいたより年少の人びとには、そうした地名はもはや何の意味も持たないかのようであった。かつての様々な地名は、日常的に空間を示す機能としてはもはや活きたものではなくなっていたのである。

そこで、「なぜ、今はハイイという言い方をしないのでしょうか？」と、筆者は住民たちに尋ねた。「知らない」と、またしてもハイイに対する意識は薄かったが、「人口が増えたから」という見解もあった。なるほど、確かに住民が増えれば、それまであったハイイの外側に住むメンバーも増えるであろう。ならば、「何々一族のハイイ」は意味を持たなくなるかもしれない。だが、たとえば「役場」や「教会」はどうか。住民が増えたところで、役場も教会も依然として同じ場所にある。今でも地名として意味があるように思えるのだが……。結局、これ以上の詳細について、筆者は理解の手がかりを得ることができなかった。しかし、かつてのゆるやかな空間のまとまりが名称を伴うハイとして機能していた状態から、「商店街の端にあるムハンマドのパン屋の裏」という言い方に見られるような、個別的な場所や関係性へのシフトが生じたと理解してよいのだろう。

ところで、1975年から1990年のレバノン内戦、また、その後の歩みにおいて、諸宗派の関係はたびたび緊張し、ベイルートにおいてはそうした緊張が都市空間にも影響し、町の内部で一種の分断的な状況が生じたことが知られている。つまり、宗派と政治が密接に結びつきながら、特定の勢力が特定の空間をコントロールしようと互いに競う事態が見られたのである。他方で、カップ・イリヤースで観察された空間認識のあり方の推移は、こうした過程とは異なっている。もちろん、この町でも宗派間の緊張はベイルートと相通ずる仕方で経験された部分はある。しかし、その一方であくまでも個別的な場所（および関連する人名）を一つずつたどりながら目的地に到達する人びとのあり方は、空間的な分割やカテゴリ的な集約へと完全には向かわない、この町の日常性ではないだろうか。空間の指示という一見些細な行動ではあるが、民族や宗教・宗派のカテゴリでこの地域をとらえがちな我々の思考に対して、違った角度から光をなげかけてくれているのである。

（池田昭光）

参考文献

- 大塚和夫「空間──幾何学的空間と行動的空間」『近代・イスラームの人類学』東京大学出版会、2000年、49～65頁。
- Are Knudsen and Michael Kerr (eds.), *Lebanon: After the Cedar Revolution*. Oxford and New York: Oxford University Press, 2013.

50

〈シリア〉

ダマスクス

──消滅しつつある世界最古の現存する都市

現在のシリア・アラブ共和国の首都であるダマスクスは、世界最古の現存する都市の一つで数千年の歴史を有し、交易や軍事上の重要な拠点として栄えてきた。ダマスクスの魅力は、なんといっても古代から続く市壁に囲まれた旧市街で、古代ローマ時代に造られた都市骨格を受け継ぎ、時代の移り変わりに合わせて都市や建築の姿を変化させながら、今も生き続けていることであろう。一見すると、中世以降のイスラーム教の世界のようであるが、旧市街を注意深く観察していくと、イスラーム教がダマスクスに入ってくる以前からの古代の痕跡が各所に見られる。

まず、新市街から旧市街に入り、アーケードの架かったウマイヤ・モスクへと続くメインの市場通り（スーク・ハミディーエ）を進み、アーケードが終わると、古代ローマ時代の神殿域を構成していた列柱数本と、その上のエンタブラチュアの一部がいきなり目に飛び込んでくる。数本の柱は古代ローマ時代に市街の中心にあったジュピター神殿を構成する神殿域の建築に使われていたものと考えられ、もともとの場所からは移動されたと考えられるが、柱頭やエンタブラチュアの一部も残されている。何本かの柱は、市場の店舗の壁にも組み込まれていて、古代と現代との融合が柱を通してうかがえる。店舗の主人も、古代の柱が自分の店舗の一部になっていることを自慢にしており、古代を身近に感じているのは興味深い。古代ローマ時代の痕跡は、ウマイヤ・モスクの周辺に列柱の一部を見つけることができるが、柱ばかりでなく、つぶさに観察して街を巡ると、現在の建物の入口で使われているアーチや梁などにも古代からの転用を見つけることができ、古代を感じることができる。特に、ウマイヤ・モスクのミフラーブのあるキブラ壁の外壁では、建物の入口を構成する柱・梁、その上部のアーチや装飾模様まではっきりと古代の遺構を確認できる。

また、ウマイヤ・モスクの周辺には、小店舗が高密に集まった市場が展開するが、その中にハーンと呼ばれる大規模な隊商宿が点在している。隊商宿はかつて宿屋であり、各地から運ばれてきた商品などを取引したり、その商品を加工・生産して小売店舗に卸すための施設である。そのハーンの屋上に上ら

01

01 メインの市場通りにある古代ローマ時代の列柱とペディメントの一部

せてもらうと、目前にウマイヤ・モスクが迫ってくるが、ハーンのすぐ下を覗くと、市場の建築の一部を排除して考古学的な発掘を行ったことによって剥き出しになった古代ローマの建築の一画が現れている。古代ローマ浴場跡の一画と言われているが、地上の市場を歩いているだけでは小店舗の壁に阻まれ、うかがい知ることができない古代の姿が、建物の上から覗き込むことではっきりと分かり、古代との接点が現在の壁一枚で隔てられていることには驚かされる。古代ローマは、現在の地表から2~3mの深さにあり、道路工事があるとどこでも古代ローマの痕跡が現れてくるのは、とても興味深いものであった。その他にも、城門や城壁などにも古代の痕跡を見いだすことができる。

さらに古代ローマの痕跡は、旧市街の地図でも気付くことができる。ダマスクスの歴史的変遷を見ていくと、古くは紀元前2000年頃にはすでに人が定着し、灌漑農業が営まれていたことが分かっている。続く古代ローマ、ビザンツ時代には、城壁が築かれ、格子状の街路網や地下水道設備などの都市骨格が整備されていった。古代ローマ時代には神殿が設けられ、列柱が主要な通りを飾っていた。次のビザンツ時代

02

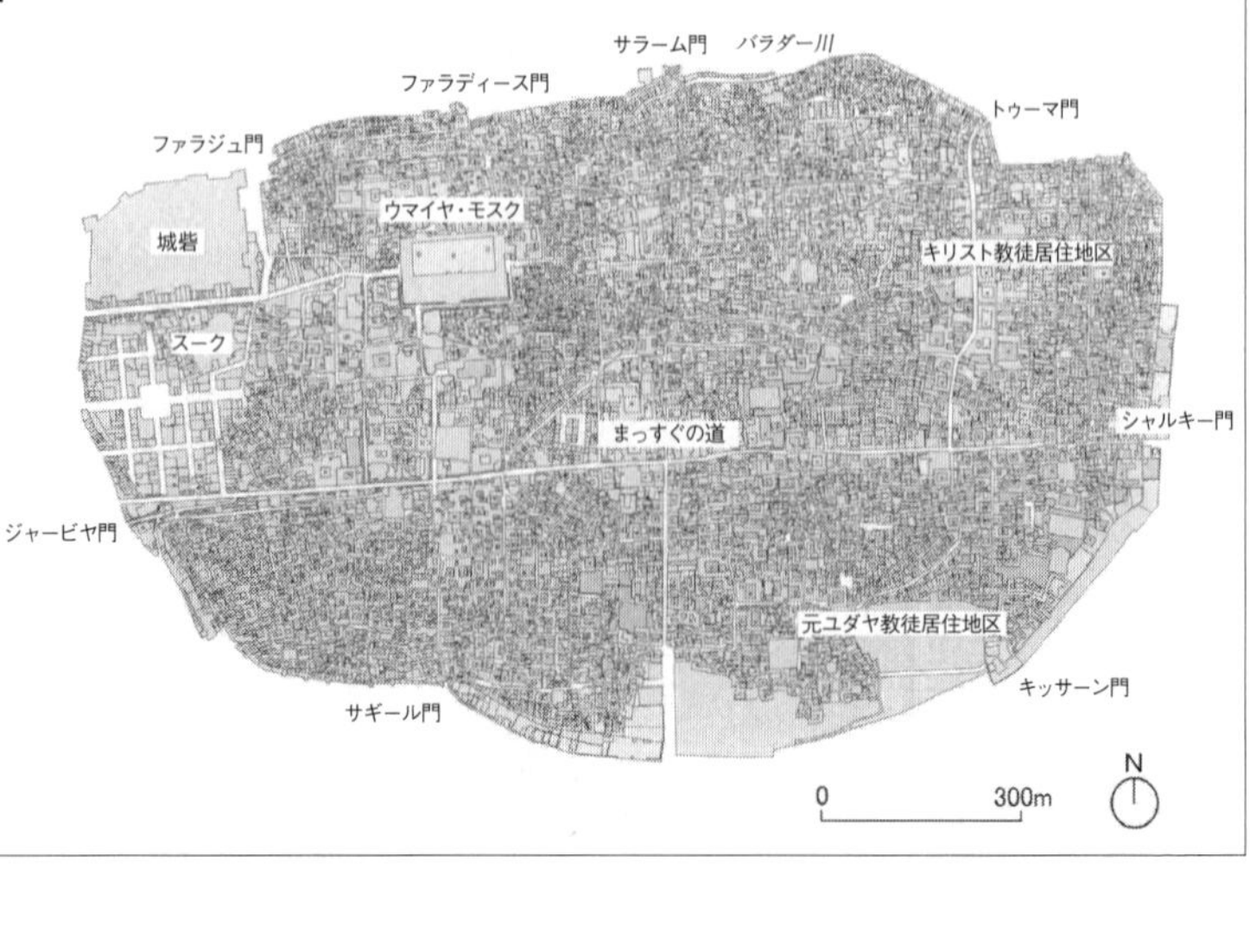

には、神殿はキリスト教会堂や権力者の施設などに造り替えられ、キリスト教徒とユダヤ教徒が暮らす街となった。古代ギリシャやローマ時代に都市骨格が整備され、その後の7世紀以降にイスラーム教支配地域の拡大によって、支配下に取り込まれていったのである。旧市街は一見すると複雑な街路網であるが、先行した格子状の都市骨格を読み取ることができる。イスラーム教支配以前に都市骨格が形成され、中世以後に迷宮都市へと少しずつ変容していった。しかし、現在のダマスクスの旧市街の地図をよく見ると、古代に造られた東西・南北に合わせて設けられた格子状の道路形態が浮かび上がってくる。特に、中心部を東西に貫く「まっすぐの道」は新約聖書にも登場する道で、2000年にわたって存在し続けた道であることが分かる。

さて、次にダマスクスを悉皆的に見ていきたい。現在のダマスクスの街並みは、旧市街と新市街の二つに大きく分けられる。新市街は、19世紀以降の近代に以降の西欧的な計画によって造られ、広く明快な真っ直ぐな道が延び、近代的な建築スタイルの中高層のビルやマンション、官庁施設などが建ち並び、現在も発展し続けている。一方、古代から続く市壁に囲われた旧市街は、格子状の街路の骨格を持ちながらも、細部では複雑に折れ曲がり、袋小路も多くなっていく。旧市街は古代に起源をもち、中世以来の伝統的な面影を色濃く残している。2・3階建ての建物がひしめくように建ち並び、道は狭くて曲がりくねり、閉鎖的であたかも迷宮のようになっている。往来するのは人やロバが中心で車は制限されている。

旧市街に注目すると、中心部からやや北西に寄ったところに、重要な宗教施設のウマ

02 1930年代の旧市街地図。現在の姿とほぼ一致しており、古代の直線的な街路と折れ曲がった街路が混在している。約4000軒の建物が存在する（1930年代のPlan cadastralから作成）

イヤ・モスクがある。モスクはそれまでの古代神殿、キリスト教会堂を受け継ぎ、8世紀初頭に建てられた。モスクの建っている場所をよく観察すると、モスクの東側で一段土地が下がっており、古代の神殿時代に平坦な旧市街の中でも、やや小高い丘に建てられたことが分かり、微地形を読み取って都市施設が配されていることが分かる。モスクの周囲には、商品に溢れた間口の狭い店舗がぎっしりと建ち並び、ものや人々でごった返した喧騒の市場空間が広がっている。市場空間には、商館（ハーン）や公衆浴場（ハマム）、モスクやイスラーム教の学院（マドラサ）などの都市施設が密集している。

それに対し、住宅街は喧騒の商業空間と分離するように広がっている。静寂や安全性が求められ、よそ者が入り難い、狭く折れ曲がった街路や袋小路が多くなっている。街路には建物の張り出しによるトンネルが至る所に架かり、一層薄暗く閉鎖的な街路となっている。そのような街路から、住宅に入ると世界は一変する。パラダイスを意識したかのように緑に溢れ、噴水が設けられている開放的な美しい中庭に出る。中庭は住宅の規模によらず、全ての家に見られ、家族のプライバシーを確保し、快適な寛ぎの空間となっている。

シリアでは、2011年からの内戦の激化によって各地で破壊が進行しており、遺跡や伝統的な建築が失われ、中世以来続いてきたライフスタイルが崩壊しており、とても残念なことである。

（新井勇治）

参考文献

- 陣内秀信・新井勇治『イスラーム世界の都市空間』法政大学出版会、2002年。
- Vibert Lucien (dr.), *Ville de Damas*, 1924.

コラム 11

中東での住宅の魅力はパラダイスの中庭にあり

1993年6月から3年間、講談社の野間アジア・アフリカ奨学金留学生として、1年目にダマスクス大学建築学部、2年目からダマスクス・フランス・アラブ研究所に留学することができた。それまでに、トルコ、モロッコ、エジプトなどで、中東の伝統的な建築や都市形成の研究のため現地調査を行ってきたが、歴史的な旧市街に入り込み、生活しながら街を観察したかったのである。ホテル暮らしをしながら、なんとか1週間ほどで部屋を探し出せた。1階で老夫婦が暮らしている2階を間借りし、その2階は老夫婦の息子家族が暮らせるように改築し、簡易な台所やシャワー室も設けていた。2階にはテラスがあり、中庭に面して開放的で落ち着いた雰囲気をもった望み通りのものであった。中庭には噴水があり、ブドウ、オレンジなどの樹木や草花が植えられ、さらに床にはカラフルな大理石やタイルが敷かれ、中庭はあかたも地上に再現されたパラダイスのようであり、たいへん居心地のよい住宅であった。部屋にこもるより中庭に出て、夏は木陰で涼み、冬は日向で暖を取りながら作業する方が気持ちよかった。老夫婦もくつろいでいるときは、たいてい中庭にいて、お茶を飲んだり、簡単な作業を行っていたりした。

留学中のある日、孫の一人の大学卒業のお祝いとして、中庭で盛大なパーティが開かれることになった。当日朝、羊一頭が庭に連れてこられた。パーティで振る舞われるご馳走である。近所の肉屋さんが大きな包丁を何本か用意し、羊は庭に吊るされ、さばかれていった。夕方になると来客はひっきりなしで、中庭では朝方の羊が調理され、伝統的なアラブ料理とともに客に振る舞われていた。明け方まで中庭では、依頼された楽団の演奏が流れ続け、踊りも行われていた。大音量で近所迷惑かと思いきや、他の家でも結婚式のお祝いや、誕生会などでは同様なことが行われており、互いにお祝い事は楽しく行おう、という近所付き合いを知ることもできた。

ダマスクスばかりでなく、中東の多くの伝統的な住宅は中庭形式となっている。中庭は屋根のない居間であり、自分たちのくつろぎの場であり、調査で訪問するとまず中庭でもてなされ、アラブコーヒーや紅茶、甘いお菓子が振る舞われた。

ところで、どの地域でも似たような中庭形式に見えるが、地域ごとに中庭のスタイルが異なっていたのは興味深いことである。イラン地域の住宅では、中庭は敷地に対してかなり広く取られ、地面が剝き出しとなっているところが多く、菜園や庭園の様相である。一方で、モロッコやチュニジアの住宅では、中庭は敷地に対してかなり狭く、植栽はほとんどなく、カラフルな大理石やタイルで敷き詰められ、あたかも井戸の中の体である。ダマスクスやカイロはその中間といった感じであり、中庭の空への開放性に地域差を見ることができる。

どの地域の中庭も、日々の生活での依存度は高く、家族の団らん、接客、作業などが行われ、その地の気候環境に即しながら、彼らの長年の生活の秩序や合理性に適った空間である。伝統的な旧市街の住宅街では、街路に面して窓は少なく、外壁は飾り気がなく、薄暗く閉鎖的で先の見通しが利かない。その閉鎖的な街路から玄関通路を抜けて中庭に入ると世界は一変し、開放的で緑豊かな中庭に出る。中庭には空から明るく日が差し込み、床や壁には色の付いた大理石や漆喰で幾何学的な模様の装飾を施し、植栽を豊かにし、噴水まで設けている住宅もある。まさにパラダイスを地上に再現したかのような中庭が広がり、この住宅の内と外、明と暗のコントラストがイスラーム世界の魅力であると感じている。


（新井勇治）

51

〈シリア〉

アパメア

――列柱道路を歩いた日

2010年12月。赤茶けたシリアの大地を走り続け、いくつかの街を通り過ぎ、やがて小さな集落で幹線道路を降りた。坂道を上ると、点々と続く列柱が見えてきた。なだらかな地面には木々も建物もなく、彼方に茫漠とした山並みが広がる。朝方の雨はとうに止み、千切れ雲と青空の下に並ぶ列柱は、奇妙なくらいに小さく感じられる。

アパメア遺跡は、シリアで最大級の規模を誇る古代ローマ時代の都市遺跡である。アケメネス朝ペルシャ時代にはパルナケーと呼ばれたが、アレクサンドロス大王の遠征後にペラと改名され、さらに彼の配下でシリアに新たな王朝を開いたセレウコス1世が自らの妻にちなんでアパメアと名付けた。セレウコス朝時代には、3万頭の馬と500頭の象を保有する軍団の拠点となり、王国の四大都市の一つとして首都アンティオキアと並び称される大都市となる。紀元前64年にローマの将軍ポンペイウスによって征服され

るが、その後も繁栄を享受し、ローマ市民権を持つ人口は11万7000人を数えたという。奴隷や異民族も含めれば40万人以上が生活していたとする説もある。115年には地震で大きな被害を受けたが、トラヤヌス帝によって壮大な規模で再建された。トルコのエフェソス遺跡に匹敵する大きさで2万人以上を収容する大劇場や、セプティミウス・セヴェルス帝も神託を求めたというゼウス・ベロス神殿で知られる、ローマ世界でも有数の大都市であった。

遺跡北側のアンティオキア門の近くに車を停め、列柱に向かう。柱の合間を抜けて路上に立つと、外から見た景色とは全く異なる眺めが広がっていた。幅広い路面は大きな敷石で舗装され、その側面を列柱がところどころ途切れつつもまっすぐに続いていく。カーテ

01 2010年12月に訪問した際の列柱道路

ンのように列柱が外の風景を切り離し、半ば独立した空間としての列柱道路がみえてきた。

アパメアの都市区画は、他のローマ都市遺跡と同様に、南北に走るカルド・マクシムスと東西に延びるデクマヌス・マクシムスを基準とした碁盤目状の道路網で構成されている。北のアンティオキア門から始まる列柱道路はカルド・マクシムスに相当し、約1・85㎞にわたってまっすぐに街区を分断している。中央の路面幅は約21ｍ、一段高い両側には１２００本を超える列柱が連なり、その外側にさらに幅約６ｍの空間が続く。同じシリアのパルミラ遺跡やヨルダンのジェラシュ遺跡も列柱道路で有名だが、アパメアのそれは両者を遥かに上回る、まさに都市の「軸（カルド）」にふさわしい壮大な規模の大通りであった。

壮麗な列柱道路は、地中海世界に点在するローマ都市の遺跡に共通する、都市景観の重要な要素のひとつである。はるばるシリアの荒野を旅してきた旅人にとってアパメアの列柱道路の壮観はさぞかし印象的であっただろう。一直線に並んだ列柱とエンタブラチュアは空間のパースペクティブを強調し、都市の奥行きと秩序ある構成を際立たせている。列柱の柱身からは台座が張り出し、その上から有力者や寄進者の銅像が競うように各々の偉業を主張していた。また主要な通りの交差点では、道路中央にモニュメンタルな記念柱がひときわ高く聳え立つ。列柱道路は単なる「道」ではなく、都市の偉大さを表現する格好の舞台空間であったのだ。

一方で、列柱は実用的な役割も果たしていた。有名なマダバの舗床モザイクに描かれたエルサレムのカルドをみると、列柱と道路沿いの建物とのあいだに片流れ屋根がかけられていたことがわかる。すなわち列柱は、道路の両側に設けられた屋根を持つ柱廊空間の一部でもあった。地中海地域のローマ都市遺跡に列柱道路が多いのは、強い日差しもひとつの要因であろう。大通り沿いの柱廊は、商人が店を出し、道行く人と賑やかな駆け引きを演じる商いの場でもあり、都市生活にはなくてはならない実用的な空間だったのである。

アパメアの列柱道路には1200本以上の円柱が並んでいたが、その柱身の組み合わせもまた興味深い。円柱のオーダーはコリント式であり、柱身の多くは平滑に仕上げられているが、なかには垂直や螺旋状の条溝が刻まれた柱身がみられる。その配置も規則性はなく、道路の片側だけ垂直の条溝を持つ区間や、螺旋の方向が交互に逆になるように配置された区間もある。このような不規則性には、周辺の施設との関係や異なる時代の改修が推定される。とはいえ、そこかしこに現れる予想外の〝逸脱〟に住民の自由な芸術センスを想像するのもまた、遺跡散策の一興であろう。

石畳のくぼみにできた水溜りを避けながら、列柱道路を歩いてみた。ところどころ列柱が途切れた部分には、柱礎や柱身の一部が転がっている。円柱のほとんどに修復の跡があり、道路中央に屹立する記念柱も、上部に戴く柱頭は大部分がコンクリートだ。青空の下に立ち尽くす列柱は、遺跡を見守る傷だらけの哨兵のように、グッと頭を上げ、かつての繁栄の残響を風の中に呟いていた。

シリアを含む中東地域は日本に劣らず巨大な地震が発生する地帯で、多くの古代都市が地震による壊滅的な打撃で衰退していった。幾度も大地震に見舞われながら奇跡的な復興を遂げてきたアパメアも、12世紀に相次いだ大地震が致命傷となり、やがて歴史と砂のなかに埋没していった。1930年代に始まるベルギー隊の発掘によって主要な遺構が明らかにされたが、詳細な調査は未だ道半ばである。列柱だけが、往時の姿を今に伝えるべく可能な限り修復され、再び立ち上げられたのだった。

ひとしきり見学して帰ろうとすると、一人の老人が近づいてきた。差し出した手には、古びた硬貨が数枚のっている。遺跡で見つけたローマ時代の硬貨だ、買わないか。いやいや、買わないよ。驚いて断ると、残念そうに笑いながら、立ち去る我々をしばらく見つめていた。

1年後、思いがけずアパメア遺跡の名前が視界に飛び込んできた。帰国後すぐに始まったシリアの騒乱が激化し、空爆や戦闘で多くの文化遺産が破壊されるなかで、アパメア遺跡は別の悲劇に晒されているというニュースだった。公開された衛星画像には、砲弾ではなく無数の盗掘によって掘り返されたアパメア遺跡の〝残骸〟が映されていた。千数百年の時を生き延びた遺跡は、わずか1年のあいだに一部の人々の欲望によってとどめを刺されてしまった。

今なお立ち尽くす列柱の哨兵たちは、様変わりした遺跡を前にしてなにを思うのだろうか。

（高根沢　均）

参考文献

- Arthur Segal, *From Function to Monument: An Architectural History of the Cities of Roman Palestine, Syria and Arabia: Urban Landscapes of Roman Palestine, Syria, and Provincia Arabia*, (Oxbow Monographs in Archaeology, 66), Oxbow Books, 1997.
- Kevin Butcher, *Roman Syria and the Near East*, British Museum Press, 2003.
- Warwick Ball, *Syria: A Historical and Architectural Guide*, Interlink Books, 2007.

52

〈シリア〉

デッド・シティ

——初期キリスト教文化に彩られた「死の町」

「死の町」を旅したいなら、まずはアレッポに宿をとることだ。シリア第二の都市には、むろん無数の宿があるが、かのアガサ・クリスティやアラビアのロレンスも逗留した老舗バロン・ホテルなら、その老朽ぶりの中に漂う瀟洒な風情に、きっと旅情をかきたてられるだろう。アルメニア人オーナーの趣味なのか、夜になると入口脇の一室にバーが開かれ、少し息苦しくも感じるイスラームの国にあって、地ビール片手にひと息つけるのもいい。広い食堂で静かに朝食を済ませたら、その土地に詳しいタクシーを素直に呼ぼう。アレッポの西へ小一時間ほど飛ばして、岩盤も露わな荒涼とした石灰岩の丘陵地が広がってくればもう、古代末期から中世の集落遺構群、通称デッド・シティに足を踏み入れている。

デッド・シティの歴史は、北シリアへの入植の始まるローマ帝国下の紀元1世紀前後に遡る。アレッポの西に南北に横たわる石灰岩台地は、その温暖な気候から、地中海世界へのオリーヴ油とワインの一大供給地として4〜6世紀に発展を遂げ、シリア正教の総司教座のあるアンティオキアから近いこともあって、一帯の村落には多くのキリスト教建築が建てられた。アラビア半島にイスラームが勃興し、8世紀にアッバース朝が侵入すると、村々は10世紀には完全に放棄されたが、そのおかげというべきか、ローマ・ビザンツ時代の農村生活を保存した「死の町」が今日までその姿を残すに至った。

キリスト教黎明期のシリアは、パレスチナやエジプトと並んで、その教義や典礼の方式、それを執り行う教会堂の形式を整えていく土壌のひとつだった。シリア東部ユーフラテス川沿岸の都市遺構ドゥラ・エウロポスは、初源的な教会堂の形式として、都市住居を転用して宗教儀式や布教の場としたドムス・エクレシア（住宅教会堂、3世紀）が残ることで知られる。北シリアでも石灰岩の切石による組積造に木造屋根を架けた、一見住宅とよく似た教会堂が多いが、キリスト教の典礼に即した建築の形を整え始める様子を、残された遺構から窺い知れる。

アレッポから北西へ20kmほど行くと、異教の神殿の入口に施された太陽と月と牛の浮彫で知られる集落遺構ハラブ・シャムスがある。キリスト教化以前からの繁栄を物語るこの神殿の傍に残る4世紀創建の教会堂は、損傷が激しいものの、一対のアーケード（独立柱とアーチの連続）により内部空間を身

01 ハラブ・シャムスの教会堂（4世紀）［撮影：東京工業大学篠野研究室］

廊とふたつの側廊に分節するバシリカ式の遺構とわかる。バシリカ式は一般に、ローマ帝国で汎用的に用いられた集会建築に由来するが、内部に配された列柱など、ここではむしろパレスチナに展開したユダヤ教の教会堂（シナゴーグ）との関連も考えるべきだろう。こうした教会堂内部の分節は、男女別席とする当時のローカルな社会制度がキリスト教の儀式にも反映し、建築の形として表れたものだ。5世紀後半創建のムシャバクは、同じバシリカ式遺構の中でも、西側ファサードをはじめ保存状態がいい。この地の住宅と同様に南に入口を設けたり、半円形平面の聖域（ベマ）は土着の太陽信仰の影響から東側に据えられるなど、既存の建築文化や慣習を下敷きに教会堂の形が模索されている。

「アーモンドの心」の名をもつ5世紀後半創建のカルブ・ロゼは、この時期の北シリアの教会堂建築のひとつの完成形とされ、シリア教会の特徴である西側に付属する双塔もよく残っている。東側祭壇や南入口を中心に、建築の内外各所に用いられる彫刻装飾は、ローマ時代の建築文化の援用である。同じバシリカ式でも円柱の代わりに角柱が用いられ、東側祭壇と向き合うように教会堂中央に設けられた説教壇（アンボ）の跡は、典礼の整備に伴って内部空間を規定する装置も整備されたことを示している。

数あるデッド・シティの遺構群の中で最も訪れるべきは、丘の上に建てられた一大伽藍カラト・セマンだろう。この壮大な遺構群は、36年余を柱に

02

03

上ったまま修道生活を全うした4世紀末の聖人シメオンを記念して、その柱の周囲に巡礼者のための礼拝と滞在の空間を整備したことに始まり、時の東ローマ皇帝による莫大な寄進を基に、宿泊施設や修道院などの施設が拡充されていった。前述のムシャバクを含む周辺の無数の教会堂は巡礼路によって繋がれ、遠くブリテン島からも来たという巡礼者たちは、聖地を目指してこの巡礼路を辿った。

伽藍の中心には、シメオンの柱を中心に放射状に配置された四つのバシリカ式教会堂によって、全体として十字形を象る巨大な教会堂が占める。柱を取り巻く中央部の八角堂の周囲を廻ってみれば、シメオンの秘蹟を求めた巡礼者の思いに触れられるかもしれない。八角堂に架かっていたとされる屋根架構の形状は定かでなく、6世紀の地震で失われた後は建て直されることなく、イスラーム侵入後は丘自体が要塞と化した。

果たして、10世紀までに迎えた「町の死」は、キリスト教文化を根絶やしにしたのだろうか。確かに北シリアはイスラームの侵入を受けたが、ここで培われた文化や技術は、侵入以前に既に周辺地域に溢れ出していたようだ。事実、ジョージアでは「13人

02 ムシャバクの教会堂（5世紀）
03 カルブ・ロゼの教会堂（5世紀）
04 カラト・セマンの教会堂（5世紀）
［撮影：東京工業大学篠野研究室］

のアッシリア人教父」が各地に開いた修道院がジョージア教会発展の礎となり、アルメニアに残る5～6世紀創建のエレルイクの遺構も、西側の双塔をはじめ北シリアの建築文化の強い影響を示している。6世紀までに花開いた北シリアのキリスト教文化は、「町の死」を越えて、周辺のキリスト教文化の母胎として生き長らえたともいえる。

　デッド・シティの全貌は、19世紀末から20世紀中葉に行われたバトラーやチャレンコによる調査によって詳らかだが、その後長らく調査されていない中で、現状把握と文化財保護も勘案した日本隊の学術調査が始まったのが２００９年の秋であった。しかし、二度の調査を終えた２０１１年、奇しくもデッド・シティが「シリア北部の古代村落群」として世界遺産に登録されたその年にシリア内戦が勃発、その後の調査を断念したまま、今日まで再開できずにいる。今なお続く内戦下で、紹介した遺構の現況を知る術もない。国際紛争を伝えるウェブサイトによれば、２０１７年7月現在、アレッポのほとんどは政権側に制圧される一方、デッド・シティ付近は、北部をクルド人勢力、南部を反政府勢力が二分している。都市遺跡パルミラをはじめ、シリア国内の遺跡が戦争被害を受けた話は伝え聞くし、デッド・シティも例外ではあるまい。バロン・ホテルは件《くだん》のオーナーの計らいで難民を無料で収容しているとも聞く。爆撃にさらされたアレッポが「死の町」となっては、観光も学術調査もない。長閑《のどか》なデッド・シティの写真に人の世の無常を思いながら、いずれ訪れる平和と、文化財の調査を通じてシリアの復興を支える日が来ることを願うよりほかない。

（藤田康仁）

参考文献

- C．マンゴ『ビザンティン建築（図説 世界建築史）』飯田喜四郎訳、本の友社、1999年。
- 篠野志郎編著『写真集 東アナトリアの歴史建築 Stone Arks in Oblivion』彩流社、2011年。

53

〈シリア〉
アレッポ
――内戦前のファラジュ門地区

日本でいえば京都大学にも匹敵するアレッポ大学の日本センターに、幸いにも研究員の肩書きをもらったのは2006年の春のことであった。私はモロッコのフェスに関する博士論文をどうにか書き終えたばかりで、その後の展望は何もなかった。ただ心のどこかに、あるとき偶然に聞いた、かつてこの地で活動したらしい日本人計画家のことを留めていた。日本人は番匠谷堯二《ばんしょうやぎょうじ》といい、国連の専門家として1960~70年代にかけてダマスクスとアレッポの都市計画を担当したが、その自動車優先型の計画手法がユネスコや考古総局の手厳しい批判にあって失脚したとされていた。奇異なことに、それらの情報は全て欧米系の報告書によるものであって、日本語で書かれた資料はまったくといってよいほど存在しなかった。

アレッポ大学は西の小高い郊外の整然とした住宅地にあり、中心部となる旧市街まではフランス委任統治時代の名残であろうセルヴィスと呼ばれる乗り合いのバンに乗るか、歩いて小一時間の距離である。朝からお昼過ぎまではセンターでシリア人講師ジャームース・ラーウィヤさんによるアラビア語の個人指導を受け、どうやら暑さが収まってくる夕方を待ってセルヴィスに飛び乗り、旧市街の街歩きに向かうのが日課となっていた。

セルヴィスは中央郵便局の前でとまる。ここは巨大なオブジェのある広場と公園に隣接した近代市街地で、オスマン帝国の末期にいわゆるお雇い外国人によって計画的に実現された西欧人居住区でもあった。とはいえ、今日ではビルの壁は煤けており、裏通りには商店よりも自動車やバイクの零細な修理工房が陰鬱に軒を連ねている。唯一、ここにはアレッポの煮込み料理店アブー＝ヌワースがあり、何を食べるか迷うと店員が気軽に厨房まで案内してくれて、指差しで赤や白の煮込み料理を選ぶことができ、在住日本人にも好評を博していた。アガサ・クリスティの『オリエント急行殺人事件』の舞台となったバロン・ホテルもここにある。

区画をいくつか横切っていくと大通りに出て、渡るとそこからが旧市街となる。その入口に当たるのがファラジュ門地区であり、オスマン時代の時計塔が目印になっている。学生時代に読んだ大塚和夫の『近代・イスラームの人類学』に、時計塔とは、西欧が持ち込んだ太陽暦に基づく近代的時間の支配の象徴だと論じられていたことを思い出す。

01

02

ファラジュ門地区はかつてのいわゆるユダヤ人地区であり、シナゴーグもいくつか存在する。旧市街のスンナ派住民と新市街の西欧人らの交流の場であり、また緩衝地帯でもあった。アレッポはシルクロードの要衝に位置し、中東随一のスークが形成され、15世紀以降はヴェネツィアやマルセイユといった地中海諸都市とのレヴァント貿易で発展した商業都市である。中でもファラジュ門地区は、旧市街の入口、スークの手前に位置する、まさにユダヤ人が媒介する各国商人たちの商談の場として賑わっていた。

街路は緩やかに曲線を描きながら奥へと続いている。一見ではシリアのどこにでもある商店街のようにみえるが、建物は今にも崩れ落ちそうなくらい老朽化しているか、面白みに欠ける新住宅に建て替えられており、スークのような石造りの重厚な雰囲気は感じられない。13世紀に起源をもつ小さめのモスクには商店が付設されており、売り上げの一部がモスクの管理費に回されるワクフの仕組みの名残とわかるものの、売られているのはブリキやプラスティックのバケツなど特徴のない日用品ばかりである。モロッコのリヨテを得なかったシリアの旧市街の、

03

01 日本センターからの眺め
02 近代地区の遠景
03 アレッポの時計塔

交通量の多い入口近くだからこんなものかと思いながらしばらく行くと、突如として近代的な中層建築が出現し、それが市役所であったりする。そこでようやくこの空間が特殊な成り立ちをしていることがわかってくる。要するに、この地区は紛れもなく旧市街地内でありながら、古い都市組織はとっくの昔に壊死しており、半端な近代化が進んでいるのである。私の滞在中には地区内に高層の外資系ホテルさえ建設された。これは保全活動が行き届いているアレッポでは珍しいことであったが、少し調べてみると、それはこの地区の辿った歴史が陰を落としていることがわかった。

ファラジュ門地区が「非衛生的である」という理由で再開発エリアに指定されたのは、まさに1973年の番匠谷計画によってであった。しかし、これは計画家の意思によるというよりは、中央政府が都市計画に介入し、その政治的思惑が反映されたためであった。当時、スンナ派が多数を占めるアレッポでは、ムスリム同胞団による反政府運動が盛んであり、運動によってスークが一斉にストライキを余儀なくされたこともあった。それ以前には、スンナ派住民がユダヤ教を嫌ってシナゴーグを襲撃するという事件も起きていた。大商人として教養と経済力を備えた名士が多く存在するハラビー（アレッポ住民）と、常に緊張関係にあった中央政府は、旧市街を反政府運動の温床とみなしており、特にファラジュ門地区の稠密空間を治安の観点から危険視していた。そこで再開発という名目の下、この地区を根こそぎ取り除いてしまおうと考えたのである。オースマンのパリ改造の陰の目的がそうであったように、都市計画はしばしば権力者が都市民を抑圧し管理する手段となりうる。実際、少し後の1982年に発生したハマー事件では、反政府派は旧市街の稠密な市街地のそこかしこに分散し息を潜め、モスクからの合図で一斉に反乱に加わったとされているし、対する政府軍は水車のある風景で知られる旧市街の3分の1を破壊することで応じている。

そこまで調べてみて、私は伝説的な日本人計画家の真実を見たような気がした。都市計画は政治の片棒を担がされたのである。私はそれまで敬遠してきた政治学について学ばねばならないと思ったが、それはあくまで自分の関心ごとの歴史的背景として押さえておくためであった。

政治の意味を、骨身に染みて理解したのは、2011年からの内戦によってアレッポが甚大な被害を受けてからであった。今では信じ難いことに、それ以前はアルメニア人地区の居酒屋でいささかアラク（伝統的な蒸留酒）を過ごして深夜に家路についても、子供連れの家族がそこら中で散歩しているほどに平和であった。ただ一人、センターの副所長で農村部における慈善活動を続けいていた奥田敦教授が、社会の底に流れる反抗のマグマの存在を示唆してくれていたが、不肖の弟子であった私は本当にはそれを理解できないまま、内戦勃発を悔恨とともに迎えることになってしまった。

以来、アレッポはもちろんシリアに足を踏み入れることはできていない。いつか再び、図面片手にアレッポ城の城壁に立ち、ボロボロになった街を見下ろす日が来るかもしれないが、いましばらくは、この当時に収集してきた資料や写真を眺めつつ、平和を祈って過ごすほかないであろう。

（松原康介）

参考文献
- パトリック・シール『アサド――中東の謀略戦』佐藤紀久夫訳、時事通信社、1993年。
- 大塚和夫『近代・イスラームの人類学』東京大学出版会、2000年。
- 青山弘之『混迷するシリア――歴史と政治構造から読み解く』岩波書店、2012年。
- 黒田美代子『商人たちの共和国――世界最古のスーク、アレッポ（新版）』藤原書店、2016年。

54

〈キプロス〉

ニコシア
――キプロスの分断された首都

ほぼ完全な円形の都市は南北に分断されている。南の半円はキプロス共和国の首都ニコシア、北の半円は北キプロス・トルコ共和国の首都、北ニコシアだ。１９６０年にキプロスが英国から独立した後、ギリシャ系住民とトルコ系住民の対立が表面化し、実質上、南北キプロスが分断されて約40年が経つ。その時に首都も分け合った。ニコシアでは、南はギリシャ語を話し、通貨はユーロ、北はトルコ語で通貨もトルコリラである。

「レドラ」という名の通りがある。南から真っ直ぐ北へと延びている。通りの途中に小さなプレハブがあり、パスポートコントロールが行われている。２００８年、レドラ通りの封鎖が解除され、南北ニコシアの往来が可能になった。ここでパスポートを見せ、１００メートルもない緩衝地帯を振り返らずに真っ直ぐ進む。右も左も廃墟になった建物の間に緑が生い茂り、土嚢や土管が積まれている。緩衝地帯は写真が撮れないし、立ち止まっていいのかどうかもわからない。そうしているうちに北側のパスポートコントロールにたどり着く。パスポートを見せ、通過する。スタンプは押されない。それは南北どちらも同じだ。通りに扉がついているわけではないので、どちらにいても向こうがはっきり見える。実に不思議な感覚だ。猫は南北を自由に往来していたが、緩衝地帯の茂みが住処なのかもしれない。緩衝地帯は円の直径を直線で引くのではなく、蛇行している。昔は川だったので、その名残である。グリーンラインと呼ばれるこの緩衝地帯は、現在も国連が管理している。

キプロスの都市は、古代ギリシャ・ローマ、ビザンツ帝国、リュジニャン朝、ヴェネツィア共和国、オスマン帝国、英国といくつもの権力の統治を経ている。それぞれの都市は、いつの時代の何の要素がより色濃く残っているかで性格が異なる。ニコシアは、円形の都市プランがヴェネツィアであり、中身はオスマン帝国とリュジニャン朝が互いに見え隠れする都市だ。リュジニャン朝時代からオスマン帝国時代にかけて、ニコシアの歴史的中心は北ニコシアにあった。だからニコシアは、北側を歩かなければ意味がない。

北ニコシアに向かう前に、円形プランについて記しておきたい。ニコシア旧市街を囲む象徴的な円形の城壁は、イタリアの星形の計画都市として有名なパルマノーヴァの設計に関わったジュリオ・サヴォルニャーノの設計である。ニコシアの城壁は1570年に完成したが、サヴォルニャーノが理想とした放射状街路を建設することはできず、1593年にパルマノーヴァで実現させたとされる。このことはあまり知られていないか

01 ビュユク・ハン、アーチの回廊が中庭をぐるりと一周する

もしれないが、建築史的には重要なポイントである。

緩衝地帯を抜けてすぐにレドラ通りは終わり、複数の通りに分散する。この地区に大モスク、旧ベデスタン（貴金属、宝石類、絹織物など貴重な品々が商われた耐火建築の商業施設）、ハン（隊商施設）、ハマム（公衆浴場）、バザールが並び建つ。ここがニコシアの歴史的中心、そして物理的にも円形プランの中心に当たる。まさにニコシアのへそである。

この中心地にある二つのハンであるビュユク・ハンとクマルシラル・ハンを目にした時にはとても感動した。ハンはキャラバンサライとも称されるが、商人が馬や駱駝に荷を積んだ隊商（キャラバン）を引き連れてやってきて商いを行う場である。職人の工房が入っている場合や、宿の役割をする場合もある。このようなハンが旧オスマン帝国領で現存している場所は、トルコを除けばほんのわずかなのだ。ビュユク・ハンは大ハンという意味で、その名の通りニコシアで最大のハンである。四角形の中庭を柱廊で囲むロの字型の石造2階建てで、16世紀後半の建造である。中庭にはハンで仕事をする人のためのメスジド（祈禱の場）がある。ハンは多くの小部屋に分かれており、すべての部屋は柱廊から入るようになっている。現在は伝統手工芸の工房や土産物屋、レストランが入っている。2階の柱廊は幅広の尖頭アーチが並ぶのだが、この形のアーチにはキプロスのどこに行っても出会う。クマルシラル・ハンは17世紀後半の建造で同様に中庭型だが、ビュユク・ハンに比べ数段小さく、2階の柱廊は木造である。1月の暖かい日、クマルシラル・ハンの中庭でコーヒーを飲んだ。キプロスの伝統的なコーヒーは挽いた豆を直接煮出すタイプだが、南ニコシアではキプロス・コーヒーと呼んでいた。ハンの中庭で飲んだコーヒーがトルコ・コーヒーだったか、キプロス・コーヒーだったかは忘れてしまった。

オスマン帝国の名残を強く感じる北ニコシアだが、普通にイメージされるようなモスク建築はない。最大のモスクであるセリミイェ・モスクは、ハギア・ソフィア大聖堂の転用である。ハギア・ソフィア大聖堂はリュジニャン朝時代の13世紀から14世紀にかけて建設されたゴシック様式の大聖堂である。東地中海にこのようなゴシック建築があること

02 セリミイェ・モスク（ハギア・ソフィア大聖堂）内部、床の途中に斜めに段が作られているのがわかる

自体驚くが、キプロスには多数のゴシック建築が存在する。イスラーム教では、キリスト教の教会をモスクに転用することは珍しくない。ハギア・ソフィア大聖堂の場合、まず正面ファサードの両端にミナレットが付け加えられている。中に入ると、床一面に赤い絨毯が敷き詰められており、中央付近から先は床が斜めに一段上がっている。なぜ斜めかというと、キブラ壁（メッカにあるカアバ神殿の方角の壁）と平行になっているからである。ハギア・ソフィア大聖堂は東西に長い長方形の平面で、東側が半円形であり、東に向かって祈るように設計されている。しかし、イスラーム教ではキブラに向かって祈るので、ここでは祈りの方角が南東になり、元の大聖堂とは斜めにずれるのである。建物はそのままに、祈りの方角だけが変わっている。壁や天井、柱は白く塗り籠められ、ステンドグラスがはめられていたはずの窓は、イスラームの幾何学模様の嵌め殺し窓に変えられている。これまでにない空間体験だ。

モスクの隣にある建物は、14世紀にゴシック様式で建設された聖ニコラス教会であるが、オスマン帝国時代にベデスタンに転用された。ベデスタンは貴金属など貴重品を商う場所であるから、耐火建築である必要があり、石造の教会はちょうど適していたのだろう。近くにあるハイダルパシャ・モスクやハマムも14世紀の教会建築の転用である。ニコシアの外観はリュジニャン朝のまま、中身はオスマン帝国へと入れ替わっていった。ニコシアは東地中海の歴史を見事に反映した都市なのである。

（早坂由美子）

55 〈キプロス〉ラルナカ
――白い湖と二つの宗教

最初にラルナカに行こうと思ったのは、航空写真を見た時に市街地と海に隣接して真っ白な湖が見えたからだ。調べてみるとその湖は浅い塩湖で、冬にはフラミンゴが渡ってきて住処とし、夏には干上がって塩だけになるという。白く写っていた航空写真は夏に撮られたものなのだろう。フラミンゴも白い湖も見たいと思い、実際に冬と夏の2回訪れてみたのである。

キプロス行きの飛行機はすべてラルナカ空港に降り立つ。空港の隣が塩湖なので、降りる時にもよく見える。ラルナカは一大リゾート地で特にロシア人観光客が多く、街にはロシア語の看板も目立つ。街と空港が近いため、降りてくる飛行機がビーチから大きく見えるのも魅力的だ。空港近くと旧市街に良いビーチがあり、ビーチに沿ってリゾート・アパートメント、ホテル、レストランやカフェが建ち並び、夏は実に賑やかである。

それが現在のラルナカだ。

ラルナカ旧市街は平坦で、何の起伏もない。海に面して城塞があり、近くに大モスクと聖ラザルス教会がある。この地区がラルナカの歴史的中心であろう。モスクとキリスト教の教会のように、異なる宗教の建築が互いに近くに建っているのは、オスマン帝国の都市の特徴でもある。東地中海やバルカン半島の都市では、異なる宗教の人々が共に住んでいた。オスマン帝国の周縁部はそのような地域であったのだ。ムスリムは後から入植してきたので、元々住んでいたキリスト教徒やユダヤ教徒と共生することになったのである。

私はオスマン帝国周縁地域の商業地区に興味を持っているので、だいたい昔の商業地区を探して歩く。異なる宗教の商人がどのように商業地区を使い分けたか、商業文化や建築文化がどのように融合していったのかを知りたいからだ。だからラルナカでも古い商業地区を探した。オスマン帝国の都市の論理から考えれば、中心のモスク近くに商業地区があるはずだ。

大モスクの近く、海から真っ直ぐ聖ラザルス教会に向かう道に土産物屋が並んでいる。土産物屋が入っている建物は、道に沿って長い石造の平屋で天井が高い。そしてまた天井近くまである背の高い大きな木の扉がついており、倉庫のようである。この建物そのものは百年くらいの歴史だとしても、形はこの地域の伝統的な商業建築のスタイルを継承しているのではないだろうか。そう思いながら通りを進み、右へ曲がると今は使われていないモスクと思しき建築がある。モスクの入口横から街区の中に入ってみると、広い駐車場になっている。先ほどの土産物屋の裏側が見えるが、表から見るよりも古い。そうすると、この駐車場は何だったのだろう。込み入った商業地区が近代にクリアランスされたのかもしれないし、市《いち》が立っていたのかもしれない。街区をぐるりと一周すると、もう一辺も先ほどと同様、天井の高い平屋に大きな扉が並んでいる。これがラルナカの伝統的な商業建築のスタイルなのだろう。銅細工職人の工房兼店舗もある。オールド・マーケット・ストリートという名のバーがあるが、そのような名前に惑わされてはいけない。ここはやはり都市と建築をじっくりと観察して、ここが商業地区であったかどうかを見極めるべきなのだ。

この街区からほどなくして、聖ラザルス教会がある。幾度となく修復と再建を繰り返したとのことで、やや複雑な建築になっている。長方形平面で外側に柱廊と鐘楼が付属する。太い柱に支えられ、三つのドームを載せていたのだが、どれも崩れてしまい、今は板天井で蓋がされている。柱廊のヴォールト天井や教会内部のアー

01 聖ラザルス教会東側ファサード

チなど、石積みが素朴でところどころ歪んでいるのが良い。現在はギリシャ正教会なので、大きなイコノスタシスが据えられている。聖遺物として聖ラザルスの頭蓋骨が納められた立派な箱が安置されており、頭蓋骨の一部を拝むことができる貴重な場でもある。

大モスクから南側の地区は、通りに「ハジ・オメル」や「ララ・メフメト・パシャ」といったトルコ系の名前を冠している。キプロスが南北に分断される以前はトルコ系住民が多く住んでいた地区なのだ。分断と同時にこの地区の人々は北キプロスに移住し、北キプロスに住んでいたギリシャ系住民が代わりに移り住んだ。通りの名前だけが以前のまま残ったのである。自転車で回ってみたが、のどかな住宅街だ。今は、白い壁に青い扉のギリシャカラーの家が多くある。

自転車を借りて冬の塩湖を目指す。ラルナカの冬は東京の4月程度の気候なので寒くはない。旧市街を抜けてしばらく行くと、公園になる。公園の土手を下り、塩湖にたどり着く。水深はごく浅く、岸辺付近は泥の表面にごく薄く水が張っているだけだ。フラミンゴがたくさんいるが、警戒しているのか湖の中心のほうに集まっている。しかし、足元を見ると、岸辺の泥にもフラミンゴの足跡がついている。人がいない時間にはここまで来ているらしい。動物園で見るフラミンゴは一本足で立っているが、ラルナカ塩湖では皆二本足でゆったりと歩いている。餌を探して嘴を水中に突っ込み、延々とそれを繰り返している。どう

02 塩湖の向こうにハラ・スルタン・テケを望む。手前にフラミンゴが1羽

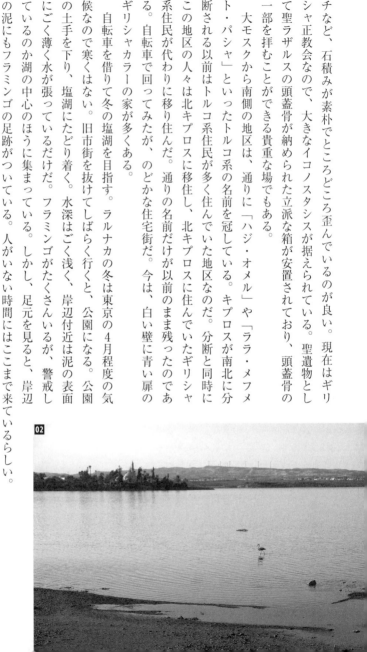

やらフラミンゴというのは寒くない限り二本足で立つものらしい。しばらくフラミンゴを眺めてまた自転車に乗る。今度は湖を半周して対岸にあるハラ・スルタン・テケというモスクを目指す。

ハラ・スルタン・テケには預言者ムハンマドの伯母であり養母であるウム・ハラムの墓廟があり、ムスリムにとって重要な巡礼地の一つとなっている。モスクは1816年の建設と比較的新しく、八角形の平面にドームをのせる形である。モスクと墓廟はつながっており、モスクで祈りを捧げてから墓廟に行く人が多かった。ここは人だけでなく猫もたくさんいる。ムスリムは猫を大切にするし、キプロス島は猫が多いが、ここには20~30匹いただろうか。モスクの中にいる時に猫が一匹入ってきたが、祈禱中の人ばかりで静まり返っていたので、猫も辺りを見回して空気を感じ取り、そっと外へ出て行った。

夏に訪れたとき、また自転車を借りて塩湖まで行った。今度は干上がって一面の塩になっており、夕方でも太陽が反射して白く眩しい。塩はさざ波を立てたまま固まっており、湖の時間がそのまま止まったかのようだ。間近で見ると塩の結晶がきらめく。完全に乾き切っていないところは底が柔らかく、重さをかけるとゆっくり沈む。冬が来ればまた湖になり、フラミンゴが飛来して、ラルナカの季節は繰り返されていく。

（早坂由美子）

コラム12

トロドス山脈の教会群

キプロスは海のイメージが強いが、島の中央部はトロドス山脈と呼ばれる山間部である。キプロスに行くことになった時、何とかして訪れたかったのがトロドス山脈だ。トロドス山脈には中世ビザンティンの教会が点在する。ガイドブックの写真にあった大きな屋根の教会に惹かれたのだ。

パフォスという古代ローマ遺跡で有名なキプロス西端の港町で運転手兼ガイドを頼み、朝から夕方まで一日山の中をまわった。ガイドを務めてくれたのは、アンドレアスという名の親切でおしゃべり好きな男性で、道中、キプロスについて多くのことを教えてくれた。冬の朝、パフォスを出て山を目指す。温暖な道は次第に曲がりくねって山を上っていく。温暖なキプロスでも山間部では降雪がある。アンドレアスが一つの町に立ち寄らないかという。ただ、もう誰も住んでいない町だけれど、と。そこは日だまりのような小さな町で、廃墟になった家屋が並び、中心にもう使われていないモスクがあった。南北の衝突が起こる前、この町はトルコ系住民が住んでいたのだという。交戦地になったわけではないが、住民は北キプロスに移住して町は空になったのだそうだ。

この先はオフロードの道も混ざってくる。ヴェネツィア共和国時代に建設された橋を3本見る。いずれも石造りの大きなアーチ一つで沢を渡している。沢の水は透明、キプロスの大事な水源だ。走行中に一匹の動物が先の方を横切る。ムフロンである。ムフロンは小型の野生の羊で、キプロスを象徴する動物である。羊といっても毛は茶色く短い。斜面の茂みからじっとこちらを見ている。こちらも車のエンジンを切って静かに見入っていたが、しばらくすると山に消えてしまった。アンドレアス曰く、角が生えかかった若い雄だそうだ。

しばらくすると、山の斜面に張り付いた町が見えてきた。その中に聖イオアニス・ランバディスティス教会がある。期待したとおり大きな切妻屋根がかかっている。19世紀の初めまで修道院が付属していたため、教会と昔の修道士の僧房で中庭を囲む造りになっている。この教会は、三つの教会を合わせて一つの建物とし、それが一つの大屋根で覆われている珍しい造りである。南側が聖イラクレイディオスに捧げられた教会（11世紀）、中央が聖イオアニス・ランバディスティス教会（12世紀）、北側がラテン・チャペル（15世紀）である。少しずつ北に足されていき、三つ建てた後に大屋根がかけられたことになる。それまでは別々の屋根であったはずだ。教会はみな東西軸で東側に聖域・祭壇があり、内部で行き来できるようになっている。正面入口は南側で、妻入りである。壁は山から集めてきたと思しきごろごろとした石を積み、隙間に煉瓦を入れて、赤みがかった漆喰で塗り固めている。屋根のせいかどこか日本の古民家を思わせる佇まいだ。傾斜のきつい屋根は、やはり雪が積もらないようにするためなのだろうか。

聖イオアニス・ランバディスティス教会、切妻屋根が特徴的

少し日も傾いてきて、次の教会へ向かう。山間にぽつんと建っている聖ニコラオス・ティス・シュティーゲス教会だ。「屋根の聖ニコラオス」という意味で、やはり大きな切妻屋根が特徴的だ。大屋根は13世紀頃にかけられたとされる。隙間から元々の屋根が見える。瓦葺きで、教会の中央にはドームがかかっている。それを覆うようにして現在の屋根がかけられているのだ。大屋根とそれを支える壁を取り払うと、おそらく創建当時の姿になるのだろう。一つの島の中でも様々な形の教会があるのだ。

（早坂由美子）

聖ニコラオス・ティス・シュティーゲス教会（キプロス島トロドス山脈）［撮影：早坂由美子］

第Ⅷ部

遥かにアジアを望む——アナトリア

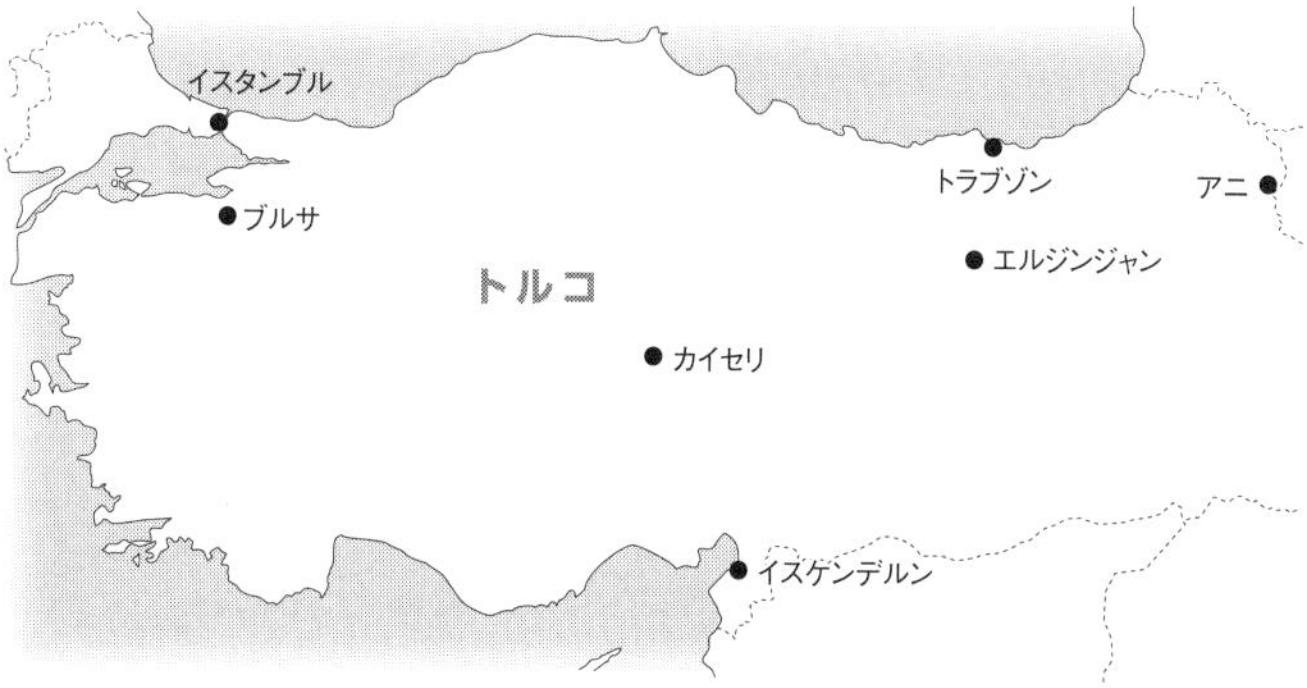

56

〈トルコ〉

アニ

――アルメニアの栄華を語る廃都

　トルコ北東端の町カルスまでの遠い道のりに耐え、さらに町を抜けて、なだらかな丘陵を縫う一本道を走りきってようやく、その都市遺構アニに辿り着くことができる。人家も疎らな牧草地の彼方で最初に出迎える長大で厳つい城壁を越えると、乾いた風と照りつける陽射しの中、長閑《のどか》に草生した廃墟が延々と続くのが見えるだろう。

　トルコといえば、オスマン朝の煌びやかなイスラーム文化が日本人には馴染み深いが、トルコ共和国の位置するアナトリア半島は、多くのビザンツ建築の残るイスタンブル（コンスタンティノープル）や岩窟教会で知られるカッパドキアなど、古くからキリスト教が展開した土地としても知られる。現在ではトルコの東に隣接する小国に過ぎないアルメニアも、一時は半島の東部を占め、世界最初のキリスト教国として栄えた。遅くとも3世紀にはアルメニアに伝播したキリスト教は、東西の国家勢力や文化が拮抗するその立地や、早くに正統派教会から異端とされたことも背景に、独自のキリスト教文化をアルメニアに根づかせる。教会建築については、5世紀頃に導入されたドーム架構を起爆剤に多様な建築形式が編み出され、7世紀には建築文化の最盛期を迎えるも、7世紀後半のイスラーム帝国の勃興に伴い、教会の建設活動は衰退した。

アニは、この衰退からの復興の中心として、10～11世紀に繁栄したアルメニア王国の都である。再興の立役者である王家バグラトゥニは数度の遷都の末、アフリャン川に突き出た三角形の台地を新しい都に選んだ。今では、最果て感の著しいアニも、東方から黒海へと抜ける通商路上の要衝として、あるいは新しいアルメニア文化の中心地として栄え、当時「1001の教会の都」と謳われたその栄華は、ここに多く残された教会堂遺構から偲ぶことができる。

アニの遺跡で最も目につくのは、城門を潜ってすぐ中央に見えるカトギケ（大聖堂）だろう。11世紀初頭に司教座のために建てられたこの教会堂は、コンスタンティノープルのハギア・ソフィア聖堂のドームを修復した人物として名高い建築家トゥルダトによって設計された。赤褐色の外壁を繊細に彩るアーケード状の彫刻は、この時期以降多用される壁面装飾の形式で、アニとその周辺に建つ多くの教会堂に共通している。教会堂中央のドームは失われているものの、内部に入ると4本の束ね柱が空間の垂直性を強調し、往時の荘厳な内部空間を容易

01 アニ大聖堂（カトギケ、11世紀）とメヌチェフル・ジャーミ（12～13世紀）［撮影：東京工業大学篠野研究室］

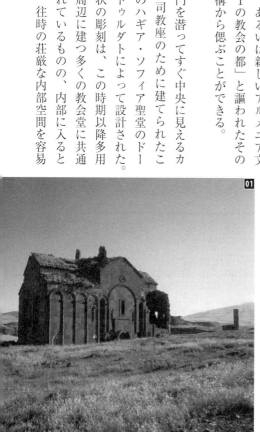

に髣髴させる。

救い主イエスに捧げられた教会堂アメナプルキチ（11世紀）は、低層部に半円形平面の窪み（ニッチ）を八つ設けた八葉形平面教会堂で、竹筒を縦に割ったような奇妙な形で残っている。同じくアニに残る六葉形平面のアブガムレンツ教会堂（10世紀末）も土侯パフラヴニ家の葬祭用だったように、平面を円形や多角形とするいわゆる集中形式は、伝統的に、特定の個人や家族を祀る礼拝堂に採用された。20世紀半ばの地震により「半壊」したとされるが、構造の専門家によれば、この壊れ方は地震被害にしては不自然で、人為的な破壊の可能性もあるという。一方、20世紀の発掘で発見されたガギク1世の教会堂（10世紀末）も崩壊著しいながら、四葉形平面が円形平面の内部に内包される複雑な集中形式の遺構とわかる。この形式は、時のビザンツ皇帝も羨んだというズワルトノツ教会堂（7世紀にアルメニア教会の総本山エチミアジンに創建）を手本とするが、形態や架構がよほど不合理なのか、全壊した遺構が3例知られるのみで、このガギクの教会堂も13世紀には既に崩壊していたらしい。

アニに残るこれらの遺構が示す多様な建築形式は、基本的に7世紀のアルメニアで生まれた形式を下敷きにしている。衰退期を経てもなお、これだけの技術力を彼らが温存していたことに驚かされるが、アルメニア再興を期して往年の教会堂の数々を参照し、

02アメナプルキチ教会堂（11世紀）［撮影：東京工業大学篠野研究室］

その再生を図った当時の建築技術者たちの心意気が、個々の遺構から感じられるだろう。

しかし、こうしたアニの繁栄も1世紀と続かなかった。11世紀後半、ビザンツとセルジュークが再三侵攻し、マラズギルドの戦い（1071年）でセルジュークがビザンツを破ると、セルジュークによるアルメニア支配が確立されていく。12世紀にアルメニアの北に接するキリスト教国ジョージアが入城し、ジョージア王を後見としたアルメニア人によるアニ支配が実現したのも束の間、続くモンゴルの侵攻や地震により壊滅的な被害を受けると、海運の発達も災いし、いよいよ都市は放棄された。遺跡東端の崖下に残る、ジョージア庇護下の13世紀に建てられたティグラン・ホネンツ教会堂では、内部を飾るフレスコ画にジョージア教会の様式、彫刻装飾にはイスラーム調の幾何紋様やペルシャ由来の妖鳥が用いられ、周辺地域の文化が入り混じる、落日に向かう当時のアニの文化的状況が窺える。

2016年7月、イスタンブルで開催された第40回世界遺産委員会において、アニは世界遺産に登録された。ジェノサイド（民族殺戮）問題の絡むアルメニアとの政治不和の中で、トルコ政府が、セルジュークやジョージアの遺構を含むとはいえ、多くのアルメニア教会堂で構成される遺跡の世界遺産登録を申請したのは、トルコ東部の希少な観光資源としての有効性を政府が認めた証左だろう。カルスから一本道の舗装道路は観光による地域活性化への期待を露骨に表している。もっとも、国境を越えれば、アルメニア側に残る多くの教会堂遺

03 ティグラン・ホネンツ教会堂（ドーム部見上げ、13世紀）［撮影：東京工業大学篠野研究室］

04 カルスの使徒教会（ハヴァリレル・キリセスィ、10世紀）［撮影：東京工業大学篠野研究室］

構も近いが、たびたび話題に上る国境ゲートの開門話は大抵すぐに立ち消えになる。いつかトルコとアルメニアの歴史建築を横断的に訪れることのできる時代が来てほしい。それは、我々旅人にとってだけではなく、民族の象徴であるアララト山と並び、民族繁栄の誇りであるアニが、渓谷を挟んだ目と鼻の先にあるにもかかわらず、すぐには訪れることのできないアルメニア人にとっての強い願いと言えるだろう。

岩窟教会やモスク、住居等の都市施設の遺構ほか、まだあるアニの見どころはさておき、アニを訪れるなら必ず立ち寄るカルスにも触れておきたい。アニに遷都される前にアルメニアの首都がおかれた由緒をもつカルスは、ノーベル賞作家オルハン・パムクの小説『雪』では旧弊に縛られた雪深い陰鬱な町として描かれるが、旅行者の多い夏には乾いた青空を望めるだろう。時間があれば、町外れの城塞に登るといい。眼下に広がる小さな町のパノラマの中に、ハヴァリレル・キリセスィ（使徒教会）の尖った屋根が見えるはずだ。モスクとして大きく改装されているものの保存状態はよく、その名が示すように、朴訥とした風貌の使徒たちの彫刻がドームを気丈に支えている。

（藤田康仁）

参考文献

- 篠野志郎編著『写真集 東アナトリアの歴史建築 Stone Arks in Oblivion』彩流社、2011年。

57 〈トルコ〉 トラブゾン

――ビザンツ期の教会堂・修道院建築の宝庫

トルコ共和国北東部に位置する都市、トラブゾン。アナトリアの大地の北側を東西に走る雄大なポントゥス山脈を背に黒海を望む巨大な港では、行き交う大型タンカーの汽笛の協奏が鳴り止まない。ビザンツ時代にトラペズスの名で知られた港湾都市は、シルクロードによる東西の陸上貿易と北方のコーカサス地域との黒海貿易の結節点であり、商業拠点としてヘレニズムや古代ローマの時代に遡る古来より栄えてきた。

4世紀以降、アナトリア地域を支配したビザンツ帝国は、第4回十字軍の遠征により滅亡の危機を迎える。1204年に首都コンスタンティノープルは占領され、絶体絶命の窮地に陥ったビザンツ帝国を救ったのが、皮肉なことに帝国の弱体化を招いた家督争いであった。占領前に帝位継承で敗れ隣国に逃れていた者、あるいは占領時に運よく首都から逃れた者たちが各地に亡命政権を建てた。北ギリシャに建国されたイピロス専制公国、ニカイア（現イズニク）を首都に定めたニカイア帝国、そして、11世紀半ばから12世紀末にかけビザンツ皇帝を5人輩出した有力貴族コムニノス家の正統な後継者を謳い、トラブゾンを首都にしたのがトラペズス（トレビゾンド）帝国である。これらの亡命政権は、時には協力し、時には対立しながら、ビザンツ帝国の再興を目指した。トラペズス帝国は他の政権と比べ、黒海とポントゥス山脈の間の狭隘な領地しかなく、勢力争いをするには地勢的に不利な状況であった。最終的にコンスタンティノープルを奪還し、帝国再建を達成したのはニカイア帝国であったが、再建後のビザンツ帝国は１４５３年、イスラームを信奉する新興のオスマン朝にコンスタンティノープルを再度奪われ滅亡する。しかし、コンスタンティノープルから離れ、自然の要害に守られたトラペズス帝国は最後までオスマン朝に抵抗し、１４６１年の滅亡まで、ビザンツ文明の火を灯し続けたのである。

トラブゾンがビザンツ文明最後の主要都市であったからか、はたまた、後進のオスマン朝が他宗教に寛容であったからか、市内には状態の良いビザンツ教会堂建築が数多く残る。市内で最も有名な教会堂であり、現在は博物館として使用されているのが、13世紀創建のハギア・ソフィア聖堂である。トラブゾンがオスマン朝に支配された後、この聖堂はモスクへと転用され、内壁面に描かれたフレスコ画は漆喰によって塗りつぶされた。しかし、この漆喰こそが防護

01

01 ハギア・ソフィア聖堂外観南東面。現在は博物館として、内部のフレスコ画が広く一般に公開されている

膜となり、フレスコ画の経年劣化を軽減した。20世紀半ばの修復作業により漆喰は除去され、数百年の時を超えて蘇った中世キリスト教絵画が来訪者の目を楽しませてくれる。ハギア・ソフィア聖堂の他にも、パナギア・フリソケファロス聖堂（現ファーティフ・ジャミィ）や聖エフゲニオス聖堂（現イェニ・ジャミィ）などを筆頭に、大小のビザンツ教会堂がモスクとして現地の人々に大切に使用され続けている。

　こうした都市内の教会堂に対し、人里から離れた地に建てられた宗教施設が修道院である。修道院とは修道士たちが自給自足をしながら神への祈りを捧げる共同生活の場であり、ポントゥス山中にも遺構が残る。その代表例ともいうべき存在であり、現在はこの地域の最大の観光地になっているのが、スメラ修道院である。岩窟修道院としても知られ、岩壁を掘った横穴に設けられた聖堂部を中心に、周囲に礼拝堂や付属施設が建つ。修道院の起源は神話めいているが、13世紀末から14世紀にかけてトラペズス帝国の皇帝たちの庇護を受けるようになる。現存する建物は、14世紀後半にアレクシオス3世により建設された。オスマン朝支配後も修道院の活動は続き、１９２３年に最後の修道士が去る。かつては訪れるために数百段の階段を上る必要があったが、近年、道路が整備され、入口付近手前には大型観光バスの駐車場が設けられた。そのため、夏の観光シーズンともなると修道院内は観光客で溢れかえり、足の踏み場もない。加えて、観光収入で潤っているためであろうか、修道院はきれい過ぎる程に修繕され、祈りための静寂な空間としての雰囲気を感じ取ることは難しい。貴重な建築遺構の保存修復には、莫大な労力と金額を要する。したがって、保存修復した建築遺構を観光資源に供することは、維

持管理を続けていくためにも必要な一手段であろうし、周辺地域の活性化にも繋がる。しかし、いつの間にか、保存そのものが目的ではなく、観光活用のための保全整備が優先されるという、逆転現象が生じてしまう。建築遺構の保存と観光化を巡る問題の波がここにも押し寄せている。

２００７年の夏、こうしたビザンツ教会堂建築を見にトラブゾンを再訪した。しかし、有名な建物はいわば「おまけ」であった。シンクレアによるトルコ東部の建築遺構・考古遺跡をリストアップした書籍に載っている一棟の修道院を見に行くことが、その時の最大の目的であった。スメラ修道院から街道に沿って南に車で30分、うっかりすると、見落としてしまいそうなほど小さな標識が目に入ってくる。黄色地に黒字の標識（トルコでは史跡・遺構の所在地を示す）に「VAZELON MANASTIRI 3 km.」と書いてあるが、周りには何もない。標識が指し示す先は、街道からそれた無舗装の山道である。車で林道をゆっくりと数百メートルほど進むと道らしい道が途絶え、そこから先は歩くしかない。街道脇の標識以降、修道院の所在を示すものはない。果たして無事に辿り着けるのだろうかと不安を覚えながら、木

02ヴァゼロン修道院礼拝堂外観。内部には色鮮やかなフレスコ画が残る

立がうっそうと繁る急斜面をただひたすら登った。照りつける太陽の直射日光を木々が遮っていてくれたことが、唯一の救いであった。登り始めて一時間も過ぎた頃だろうか、ようやく視界が開けた先に現れたのは、岩壁に寄り添うかのように積まれた人工の石壁。現在は打ち捨てられた廃墟となっている、ヴァゼロン修道院である。

修道院のはっきりとした創建年代は不明だが、シンクレアによると、中世に建設された主教会堂は19世紀に建て直され、新たな付属施設が増設されたものの、単廊式の小規模な礼拝堂には13から14世紀ごろのフレスコ画が残る。長い間放置されているため、ほとんどの建物の天井は無残にも崩れ落ちているが、礼拝堂のみ、かろうじて外形を留めているが、そのヴォールト天井にも大きな穴が開いている。当然ながら、現在、人が訪れることはほぼない。だからこそであろうか、遠くに観光客で賑わう現代の栄華に満ちたスメラ修道院を眺めつつ、静謐に閉ざされた空間内で耳を澄ますと、修道士たちの聖なる祈りの息づかいが今でも聴こえてくるかのようである。

（守田正志）

03 ヴァゼロン修道院礼拝堂内観西面。イスラームにおける偶像崇拝禁止の影響により、人物画の顔は削り取られている

コラム 13

黒海の教会の島ネセバル

最後にネセバルを訪れたのは２００６年、ブルガリアがＥＵに加盟する前年であった。ブルガリアの黒海沿岸は、欧州では人気のリゾート地であり、夏は観光客で埋め尽くされる。ブルガリアの人々にとっても海と言えばやはり黒海である。

黒海南部の都市ブルガスからバスで40分ほど北上し、本土から約２００メートルの道一本でつながった小さな島がネセバルである。最初に古代トラキア人が定住したようだが、その頃はメッセンブリアという名であった。ネセバルという名で呼ばれるようになったのは9世紀頃、第一次ブルガリア帝国の治世である。

ネセバルは教会を見るための島である。中世の教会が多数存在し、バルカン半島南部の正教の建築文化を見ることができる。ブルガリアで多数を占める宗教はブルガリア正教である。現在はブルガリア正教会として独立しているが、それは19世紀後半のことであり、ネセバルの教会が建設された当時は東方正教、つまりギリシャ正教であった。

島に入って大通りを進んでいくと、最初にパントクラトール教会（13～14世紀）に出会う。最初に見た時は、宝石箱のような教会だと思った。小さな教会で、外壁の凝った装飾が美しい。石と煉瓦を巧みに組み合わせて装飾パターンを作っており、特に東側の半円アプス部分は模様が細かい。幾重ものアーチの縁取りには、石と煉瓦以外に緑色の円形の飾りを使っている。これはアイスクリームのコーンに近い形の焼き物で、壁に差し込んで使う装飾である。ブルガリアの13～14世紀の教会は、壁は装飾するためにあるかのように、細かく繊細に飾り立てられる。この装飾手法は、バルカン半島南部における中世教会建築の一つの到達点と言える。

パントクラトール教会の少し北に、洗礼者聖ヨハネ教会（10世紀）がある。茶筒のような円筒を屋根にのせているのが特徴的である。ギリシャ北部やマケドニアにも同様の塔の教会が存在する。小さく素朴で繊細な佇まいは、正教の教会建築の一つの良さだ。これはカトリックの教会建築にはあまり見られない特徴だと思う。

ネセバルにはすでに廃墟となった教会も多く、島ではたくさんの廃墟に遭遇する。人々が「スタラタ・ミトロポリヤ」と呼ぶ旧府主教座教会（6世紀および9世紀）は、屋根が完全に崩れ落ち、壁も部分的にしか残っていないが、今でもネセバルの中心である。島の北岸にあるエレウサの聖母教会（6世紀）は、いつか昔、教会の北側部分が海に沈んでしまった。一説では、海に沈んだネセバルの教会は多数あったと言われている。海に潜れば沈んだ教会に出会えるのかもしれない。

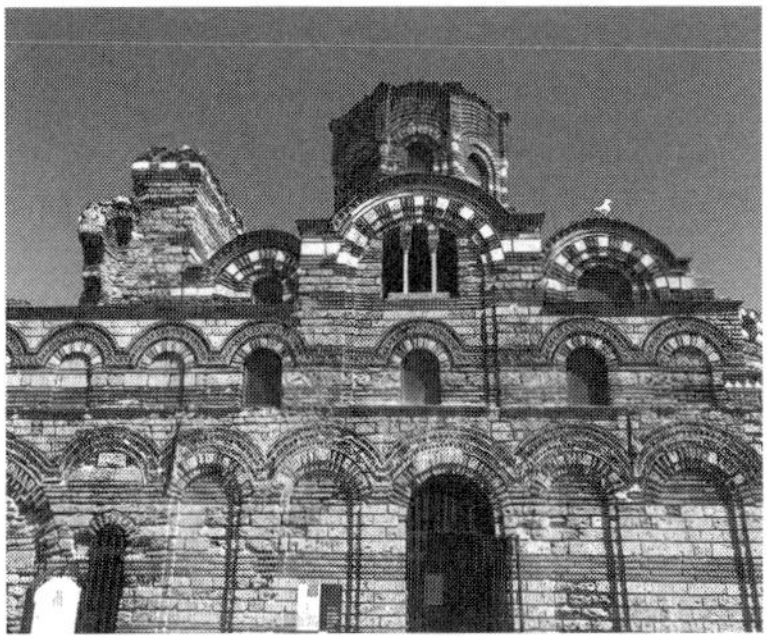
パントクラトール教会［撮影：水戸元］

２００６年に訪れたとき、プライベート・ルームに泊まった。当時は観光客用に間貸しをしている家がたくさんあった。町の中心にあるピザスタンドでこの辺りでプライベート・ルームがあるか聞いたところ、通りで土産物を売っている年配の女性のところに連れていってくれた。彼女の家の客間に泊めてくれるという。ところがその家には日本製の古い冷蔵庫があって、現役で動いているが説明書きが読めないという。ちょっとした説明書きを読んでブルガリア語で伝えたところ、大変喜んで夕飯に魚のフライとビールをごちそうしてくれた。今でも思い出す心地よい島の夜だ。翌朝5時頃、雷の音で目が覚めた。大きな雷鳴が響き渡り、かもめの大群が飛び立っていく。空を見ながらそのまままもう一度眠り、目覚めると辺りはすっかり快晴であった。

（早坂由美子）

58 エルジンジャン
〈トルコ〉

――移動する都市、移動する地震

トルコが比較的日本人が多く観光で訪れる国だとしても、エルジンジャンを知る人はそれほど多くないだろう。トルコ東部の小都市で、現在の人口はおよそ10万人。岩肌がむき出しになった山々に囲まれた平地に、直交する二本の大通りを中心にちょっとした繁華街と、ゆったりと住宅地がひろがっている。夏は暑く乾燥し、冬は雪に覆われる、トルコの内陸によくある町、といった風情である。

エルジンジャンには、古くはアルメニア人が住んでいた。4世紀頃、神聖ローマ帝国のもとキリスト教化する。11世紀にはセルジュク・トルコに支配権が移り、追ってオスマン・トルコの領土となる。歴史の教科書で名が出てくるとすれば第一次世界大戦中の1916年、南進してきたロシアとオスマン・トルコとの間で起きた「エルジンジャンの戦い」である。このときロシアは勝つが、2年後にロシア革命が起きる。トルコがこの町を再奪取し、５年後の１９２３年にはトルコ共和国が成立する。

このようにエルジンジャンは、たしかに歴史の流れの中に位置しているが、とくに目立つわけでもない町だ。だとしたら、なぜこの町を取り上げるのか？　この町は「地中海都市」なのだろうか？　読者の頭に浮かんでいるかもしれないこの二つの疑問に答えるキーワードが、地震である。

トルコは、北からのユーラシアプレート、南西からのアフリカプレート、南東からのアラビアプレート、それらに囲まれた小さなアナトリアプレートがぶつかりあう場所にあり、国土を横断する形で東西に北アナトリア断層が走っている。この断層は、西はエーゲ海に達するが、その反対側の、東端あたりに位置するのが、エルジンジャンなのだ。そしてこの断層は、歴史的に、東から西、あるいは西から東へと、震源を順に移動させながら大きな地震を起こしてきたとされる。これらのプレートがおりなす複雑な地殻活動は、その一方の端でエーゲ海の文明を生み出してきたが、他方の端では、この町を繰り返し襲い、大きな被害をもたらしてきたのである。

エルジンジャンはトルコ共和国成立後の１００年弱の間に、二度、大きな被害に見舞われている。一度目は１９３９年である。建国から国を支えていたケマル・アタテュルクが１９３８年に亡くなり、盟友イスメット・イノニュが後を継いだ翌年の、年の瀬も押し迫った12月26日にマグニチュード７・９の大地震が起きた。時節柄、揺れを感じた時にソ連からの爆弾だと思った人もいたという。この地震は死者３万人とも言われるきわめて大きな被害を生んだ。当時、このあた

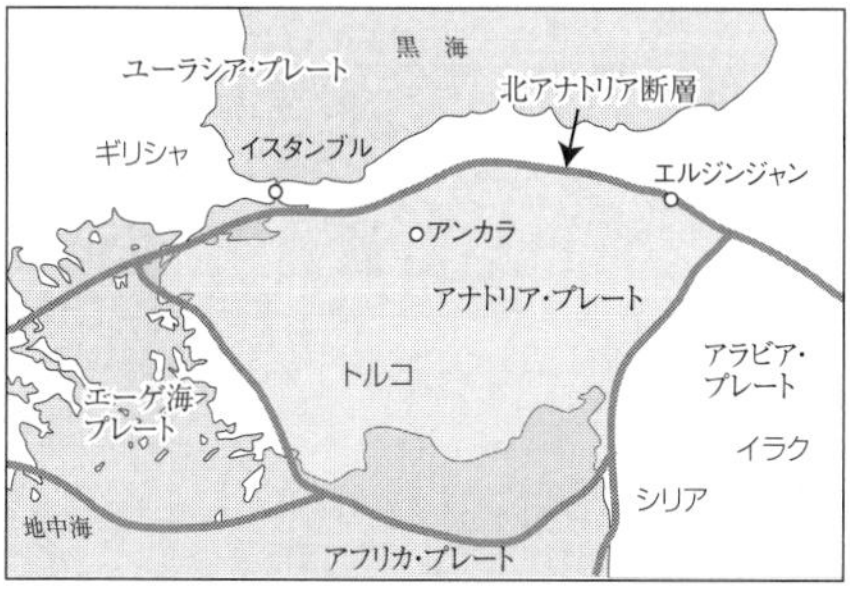

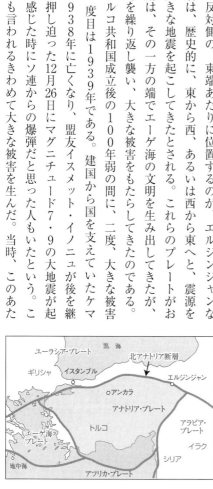

りの住宅は煉瓦を積むか、木枠に土壁といったものが一般的であり、地震ではひとたまりもなかった。老人たちは「地震後は鉄道の駅舎以外何も残らなかった」と語る。ちょうどエルジンジャンにも鉄道が敷設され、ドイツ人の建築家によって設計された立派な駅舎ができたところだったのだ。そんなエルジンジャンに対し、政府は大規模な支援活動を行った。イノニュにとっては、アタテュルク亡き後の「国難」だという意識があったかもしれない。支援のなかには、物資だけでなく、住宅の再建費用の援助や、被災者を一時的に近隣の諸県に移して保護する、というものもあった。また近隣諸国からも食料や物資などが来た。老人たちのなかには、「ロシアの砂糖菓子」や「ルーマニアの家」などの支援を記憶しているものもいる。

こうした支援と復興に関わるもののなかでもっとも目を引くのが、町の移動である。もともと町があった場所は地盤が弱いとされたことが理由だ。駅から見て北側にあったかつての町は放棄され、新たな町が駅から見て南側に建設された。かつて町だったところには1980年代頃までは家の残骸が残っていたというが、いまでは林のなかに姿を消している。そのそばにひっそりと集合墓地が建っているが、筆者が訪れた時には、来客の形跡はほとんどなかった。

さて二度目の地震は、それから約半世紀後の1992年3月13日のことであった。マ

01 現在のエルジンジャン駅

グニチュードは6・8。ちょうどラマダンの最中であり、しかも地震が起きたのは、日没の礼拝の頃だったという。モスクで激しい揺れに襲われた男たちもいたし、その頃、若い男性たちで賑わっていたチェルケスという名前のカフェの倒壊と火災では大きな被害が出て、全体としての死者は600人を超した。行政は対策本部を作って被災者支援に当たったが、この地震を出発点として1990年代に起きた災害への対応が、その後のトルコの防災体制を形づくっていった。[*1] 私がこの町を2008年に訪れた時、すでに地震から15年以上が経過していたにもかかわらず、人々に地震について聞くと、直後に撮った写真を持ってきて、それを見ながら被災の様子を生々しく私に説明してくれた。道案内してくれた中年の男性は、町を歩きながら、あるいは車で移動しながら、この建物は地震後に建てられたものだ、これはその前からあって修復したものだ、とか、このあたりが一番古いマハレ（街区）だ、とか、事細かに教えてくれた。地震を経験した世代の人々には、エルジンジャンで暮らすことと、地震の記憶とが密接に結びついているのだ。

このように、繰り返す地震は、この町と、この町を生きる人々に、ある種の「痕跡」を残しているように見える。エルジンジャンの人々は一様に「この町が一番安全だ」という。確かに、中高層のアパートが都市部を埋め尽くすことの少なくないトルコにおいて、この町では比較的低層階の建物が多く、市内の中心部でも1階建てや2階建てが目につくし、建設中の現場を見ても、比較的、基礎工事に力を入れているように見えた。その意味でこの町は、過去の経験から学ぼうとしているといえる。しかし他方で、この

＊1　木村周平『震災の公共人類学』世界思想社、2013年。

地震への意識は、「運命」への意識と結びついてもいる。先のカフェで足に大けがを負いながら辛くも一命を取り止めたある男性に、「次にまた地震が起きたらどうするか」と問うと、「そのままの場所で待つ」と答えた。「あのカフェで、もう一歩前にいたら死んでいたし、もう一歩後ろにいたら梁にも引っ掛からず無事だった。すべては運命（kader）だ」。地震という運命。エルジンジャンの人々は、外部者が「あの町の人々は可哀そうに、いつも地震に襲われて……」と語ることや、1999年のトルコ西部での大地震の際に、「エルジンジャン出身者が地震を連れてきた」などと噂されたことも耳にしている。エルジンジャンの過去と未来は、地震と切り離しがたく結びついている。

この町には、人間の世界とはリズムが大きく異なる地殻活動と折り合いをつけながら生きる都市のひとつのあり方を見いだすことができるだろう。

（木村周平）

02 エルジンジャン遠景

59

〈トルコ〉

イスケンデルン

――レヴァンティンたちの夢の跡

「アレクサンドレット《小さなアレクサンドリア》」、現在の名をイスケンデルン。紀元前３３３年、アレクサンダー大王が、アケメネス朝ペルシャのダリウス3世との戦いに勝利して開いたという。

アルカイックなその名称に似ず、だが情報として知るイスケンデルンの町は、ものものしい。トルコ共和国最大の軍港、第三の貨物港、フランス植民地時代の首都。となりのアンタクヤとともに、１９３９年に国民投票でトルコ領土となった。最寄りの村からは、19世紀末、オスマン帝国領土内で初めて石油が出、現在も石油の集散地。シリアに国境を接するトルコ南東部のこの地方（ハタイ県）の首都は隣のアンタクヤに譲り、行政単位としては「市（il）」ではなく「町（ilçe）」である。人口25万。

「町」という行政単位としては意外なことに、カトリック教会は大主教座をこの町においている。トルコ国内の大主教座は、イスタンブル、イズミル、アンカラとこのイスケンデルンの4か所のみである。

そんなイスケンデルンについて、おそらく他の誰も思いもつかないような点から、わたしは興味を持っていた。百年前のイスケンデルンの港湾役人が、イスタンブルのオスマン中央政府に書き送った、ある文書のせいである。

明治時代にオスマン帝国を旅行した日本の建築家、伊東忠太について本を書いていた時のことである。イスタンブルにある総理府オスマン文書館で、イスケンデルン発の文書を見つけた。イスケンデルンの港湾役人からオスマン政府内務省に送られたものだ。役人は、忠太のイスケンデルンでの行動を監視し、逐一イスタンブルに報告していた。いわく、港を歩き回って写真を撮り、古い建物をスケッチし、英国領事館でしばしの時を過ごした。忠太をスパイだと疑っていたのだ。忠太は、こっそり後をつけられていたのか。

イスケンデルンの人って、疑ぐり深いんだ……。

イスケンデルンがトルコ最大の軍港で、シリア国境に近いという点も、この先入観を助長していた。

そんなある時、ひょんなことから講演を依頼された。伊東忠太の見たレヴァンティン社会について話してほしいという。「レヴァンティン」──、東地中海人、と訳すのがもっとも適当だが、日本の読者にとっては馴染みのない言葉だろう。

オスマン帝国時代、主に東地中海を拠点に活動したヨーロッパにルーツを持つ人たち

01 旧英国領事館のプレート

を指す名称である。広くは、同様のネットワークを持つオスマン帝国臣民の非ムスリムをも意味する。活動が現在の国境に関わりなく広範なので、国民国家という考え方に慣れた現代人には理解されにくい。

たとえば、代々イスタンブルを拠点にするイタリア商人、イズミルとアレクサンドリア、テッサロニキに拠点を持つギリシャ正教徒一族。そういう人々は、血統的にはヨーロッパ人だが、代々オスマン帝国に生まれ育ち、両方の精神的風土を併せ持つ。その子孫たちが、今もトルコ国内にいる。

意外なところでは、シンガポールの有名なラッフルズ・ホテルの建物を作ったのは、オスマン帝国出身のアルメニア人サルキス兄弟。ムンバイに拠点を持ったユダヤ大資本のサスーン商会も、もとはバグダッドにルーツを持つオスマン帝国人。邸宅が寄贈されてパリの装飾美術館別館となっているユダヤの大富豪、ニッシム・ド・カモンドもイスタンブルの人で、墓はイスタンブルにある。国境や国籍に関係なく、まさに七つの海を股にかけた人々。オスマン帝国の遺産である。そして伊東忠太は、オスマン帝国を旅行中、各地の英国領事館を日本からの連絡拠点として利用し、レヴァンティン社会とつながりを持っていたのだった。

講演後、ひとりの老紳士が興奮した面持ちでわたしのところにやってきた。

代々海運会社を経営するイギリス出身のレヴァンティンだという紳士が

02 旧英国領事館だった建物

言うには、彼の家は、お父さんの代まで代々イスケンデルンの英国領事を務めていたという。イスケンデルンに残る家族の家は、旧英国領事館。計算すれば、彼のおじいさんが伊東忠太に会っていることになる。

数週間後、わたしはイスケンデルンへ向かう飛行機に乗っていた。

建物の管理をしているネヴザットさんに迎えられ、イスケンデルンの中心街にそれはあった。1階が家族の経営する海運会社の事務所となっている建物は、もとは広大で、一部は海関係の人々の会員制クラブとして使われている。向かいには、現在はトルコ国立となったフランス統治時代の病院の建物、斜め向かいに、カトリック教会。これは西暦2000年以降、総主教座である。

オスマン帝国崩壊後、フランスの植民地となったこの町は、海岸道路沿いにフランス統治時代の建物が建ち並ぶ。旧市街はそこから一本道を入った内陸で、街路の奥には500年前から残るキリスト教会もある。

キリスト教会、とひとくちに言ったが、人口25万人のイスケンデルンには、カトリック教会総主教座、ギリシャ・カトリック教会、ギリシャ正教会が二つ、アルメニア聖教会、アッシリア東方教会、あわせて六つの教会がある。

その一つ、カトリック教会総主教座を訪ねてみた。ルーマニア出身だという若いルチアン神父が扉を開けてくれた。招き入れられた礼拝堂の奥は、神父たちの日常の空間で、図書室や食堂、広大な庭があり、その奥に別棟がある。巡礼の僧を泊めるための施設だという。

それを聞いたとたん、十字軍の昔に気分が引き寄せられた。エルサレムへ向かう兵たちも、ここイスケンデルンでしばしの休息を得たに違いない。ここへ来ると、北のイスタンブルにいる時よりも、もっと南へもっと先へ、と意識が動く。

そう、イスケンデルンは、アレッポの港だったのだ。

トルコとシリアの国境が分かれる前、つまりオスマン帝国時代、アラビア半島の豊かな産物はアレッポに集積されていた。鉄道でイスケンデルンに運ばれ、ここから地中海に荷出しされたのだ。富はここに集まった。二つの都市の間は、わずか１３８㎞。国境とは、なんと多くのものを見えなくさせてしまうのだろう。

「おいで、おいでよ、君を海に連れて行くよ」

春の暮れ方、人々に混じって海辺を歩いていたら、港を出る船の船尾に立つ若者が、そう叫んだ。笑って首を振ると、船は出て行った。

ここから、世界のどこへだって旅立てる。イスケンデルンは、そう思わせる町なのだ。

（ジラルデッリ青木美由紀）

03 イスケンデルンから出航する船

60

〈トルコ〉

カッパドキア

――黒曜石と聖ゲオルギオス伝説

カッパドキアの有名な景観を生み出しているのは、火山灰の堆積物である非常に柔らかい凝灰岩である。その凝灰岩の大地が、クズルウルマック川の水、風雨に加えて凍結融解の繰り返しによって早い速度で風化が進んでいるために、キノコのような形状の岩がたくさん連なる地形になっているのである。この凝灰岩は、年に0・4～2・5㎜ずつ風化が進んでいることがわかっている。硬いところと柔らかいところに差ができることによって、有名なラクダ岩や三姉妹の岩のようなものができあがる。当然、いつか岩はもっと風化してゆき、いずれ平らになっていくのが自然の摂理である。現在は、風化した小山の連なりがまるで迷路のような渓谷を作り出していて、渓谷内は水はけのよい火山灰地帯であるから、桃やブドウ、ピスタチオといった果樹栽培が盛んにおこなわれている。小山と小山の間を抜けて歩いたり自転車や馬で散策したりするトレッキングが人気である。

この火山灰をもたらしたのが三つの火山、エルジイェス、ハサン、ギュルルである。それぞれの噴火の特徴により、鉄分などの微量成分が異なるために、白、ピンク、黄色、灰色の層となって、美しい景観を生み出している。風化の遅いところは、表面に地衣類が繁茂して灰色を示しており、風化が早いところは、そういった地衣類や藻類さえも育つ間を与えないほどに表面が削られている状況を示している。

いま、カッパドキアと言えば、熱気球に奇岩の風景が思い浮かぶかもしれないが、新石器時代のカッパドキアは、この火山地帯のおかげで生み出されるガラス質の溶岩、つまり黒曜石のため極めて重要な産地として広く知られていた。キプロスからシナイ半島まで、カッパドキア産の黒曜石が使われていたことがわかっている。今はほとんど土産物でも扱われているところは少ないが、カッパドキアといえば、極めて良質な垂涎の黒曜石産出センターであり、いくらでも原石が拾えて、大きな露頭もたくさん存在していた場所だったのである。当時の利器といえば黒曜石、というほどにとびぬけて重要な材料であった。不純物が少なく、

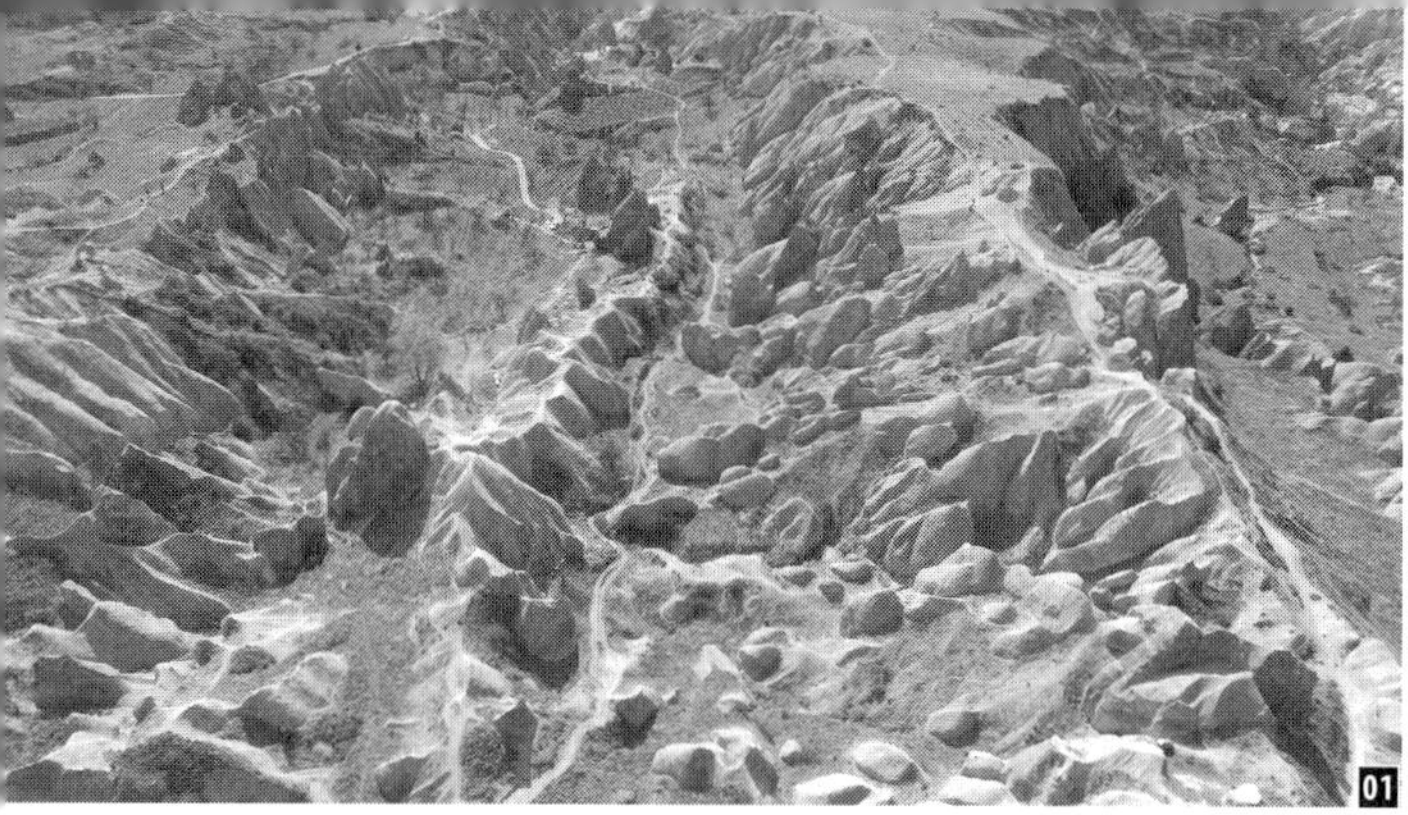
01 レッドバレーの景観(ドローン撮影)、2016年3月

うちかくことによってきれいな石刃がたくさん採れる、非常にきれいな黒色透明な火山ガラスである。

トルコではそれから銅や鉄の時代が来て、カッパドキアの黒曜石は忘れられていった。とはいえ、ヒッタイト帝国にしてもその後のキリスト教覇権の世界にしても、カッパドキアは常に歴史の表舞台であり続けたことは間違いないのであるが。

カッパドキアといえば、白馬にまたがって毒の息を吐くドラゴンに槍を刺す聖ゲオルギオスの出身地としても有名である。聖ゲオルギオスは地域によって聖ジョージや聖ジョルジョとも呼ばれているが同じ人物を指す。もともと父親の出生地がカッパドキアで、本人はシリア・パレスチナのリュッダ生まれだという話もある。聖ゲオルギオスはローマ軍に従軍していたが、ディオクレティアヌス帝によるキリスト教棄教の圧力に対して従わず、斬首されて殉教した。ゲオルギオスはローマ末期、紀元4世紀頃の人物であるが、中世になってから生まれたドラゴン退治伝説と合体し、殉教者として、また、キリスト教布教ともかかわる人気の守護聖人として、ギリシャ、キプロスやジョージア、ロシアといった周辺地域の正教の中に広く受け入れられていったものと考えられる。事実、これらの地域の11世紀以降の壁画の多くは、聖ゲオルギオスの物語を描いたものである。セルビオス王が治めるラシアを通りかかったゲオルギオスが、毒の息を吐くドラゴンを退治して王の娘を助ける代わりに、この地の人びとをク

02 蛇の教会に描かれた聖ゲオルギオスのドラゴン退治伝説
[撮影：Murat Gulyaz]

リスチャンにするという伝説である。ラファエロなどルネッサンス画家たちは好んでこの聖ゲオルギオスとドラゴン退治の絵画を描いている。なお、ドラゴン退治伝説そのものもまたカッパドキア周辺を舞台にした物語である。そもそも、この地域にキリスト教の祠がたくさん開鑿《かいさく》されたり、隠れ里として地下都市がたくさん作られたりしたのも、この地の凝灰岩が柔らかくて掘りやすかったという地質、地形的な利点が大きく影響を与えたと言えるだろう。そういった意味では、カッパドキアは、火山があったからこその利用のされ方をしてきたことがよく見えるのである。

現在のトルコは、イスラーム教を主軸とした教育が盛んであり、キリスト教時代のトルコのあり方について正確な教育が進んでいない現状がある。そのために、トルコの考古学と比較して、カッパドキアのキリスト教聖堂としての岩窟や図像解釈といった美術史の領域についてはまだまだフランスやイタリアの美術史専門家に任せきりな側面もあるように感じる。国の中で歴史資料としての価値の共有が進まないということは、当然、トルコ人の間での理解が進まないということでもあり、その結果として、壁画や遺跡は多くの落書きや破壊の被害にあっているのである。

カッパドキアの岩窟教会には、たくさんの壁画が残されている。とくに、緑色と赤、黄色が特徴的な色彩であるが、これらはすべてアナ

03 聖バシレイオス（バシル）教会に描かれた聖ゲオルギオス
［撮影：Murat Gulyaz］

トリアやキプロスなど周辺地域から採れる材料でできている。緑色はグリーンアース（テールベルト、緑土）と呼ばれる鉄を含む柔らかい粘土質の材料であり、赤や黄色は、酸化鉄を含んだオーカーである。しかし、時代や教会の規模によって鉛の合成材料である鉛丹を用いたり、バックル（留め金）の教会（トカル・キリセ）の壁画のようにアフガニスタン産の高額なラピスラズリを用いたりすることもあり、教会建設とパトロンの財政状況の関わりが顕著にあらわれるものとも言える。しかし、たいがいは、入手に苦労することがないような、つまり安価に手に入る、この地の顔料を用いて壁画が描かれていることが多い。今も、メイクの際に、ピンク系の化粧下地として緑系を使うことが多いが、これは、色の補色の関係で説明がつく。ビザンティンのイコンもまた、このグリーンアースの緑色で顔や手足の下地を作り、その上に、ピンク色を塗り重ねて肌色を作り出しているのである。カッパドキアの人物像も例外ではなく、グリーンアースが巧みに利用されている。東欧から地中海に至るまで、ビザンティンの聖人像と言えばグリーンアースといっても過言ではない。この材料は、乾性油との相性が良くないために油彩画では綺麗な発色が得られない。そのため、グリーンアースは、イコンのような水性のテンペラ技法から油彩技法に材料、技術が変化していく際に使われなくなっていった材料のひとつでもある。

（谷口陽子）

04 粘板岩に彫り込まれた聖ゲオルギオスのお土産（ユルギュップにて）

参考文献

- 前田修「西アジア新石器時代における黒曜石研究の新展開」『西アジア考古学』第11号、2010年、67～79頁。

61

〈トルコ〉

ブルサ

――オスマン都市の名残をとどめる美食と温泉の都

イスタンブルに降り立って一通り市内観光を済ませると、少し足を延ばしてどこかに行ってみようかということになる。そこでうってつけなのが、オスマン朝の古都ブルサである。イスタンブルの旧市街の南にあるイェニカプ港から高速フェリーに乗ってものの1時間半でマルマラ海を横断し、バスに乗り換えて30分、一山越えるとブルサに到着する。日帰り旅行は少し大変かもしれないが、イスタンブルの喧噪を離れて一泊の小旅行をするにはちょうどいい位置にある。

ブルサの南には標高2543mの名峰ウルダー（オリンポス山）がそびえ、北側のマルマラ海と山の間には肥沃な平原が広がっている。タクシー運転手曰く、ここは一日のうちに雪遊びと海水浴ができるまちで、近年はアラブ世界からの旅行客も多く、別荘を購入する人も多いという。もっとも日本人にとって何よりもうれしいのが、郊外にある温泉だ。トルコのハマムには珍しく、どこにいっても豊富な鉱泉を湛えた湯船があって、湯治を楽しむことができるのである。日本では温泉の後にはコーヒー牛乳、あるいは辛党の方々ならビール、と相場が決まっているが、ここトルコのハマムで飲まなければいけないのはサイダーの「チャムルジャ」。風呂から出た後に注文すればちょっとしたツウの気分を味わえる。

ひとっ風呂浴びて夕食にでれば、まずはずせないのは名物イスケンデルケバブか。普通のドネルケバブをピタパンの上にのせ、さらに溶かしバターとトマトソースを回しかけ、ヨーグルトを添えていただく、超こってり系の一品である。店によっては薄切りステーキも追加される。老舗といえば料理にもその名を残した元祖イスケンデルおじさんが創業した「ケバブジュ・イスケンデル」だが、いつ行ってみても行列が絶えない。その近くにある「ブルサ・ケバブジュスゥ」も遜色なく、友人とはたいていここで名物をいただくことにしている。海が近いブルサはまた、魚介類もおいしい。トルコの居酒屋ではたいてい魚がメインとなるから、おいしい魚料理と各種の酒を提供するレストランが多いブルサは、のんべいでも大満足のまちである。有名なのが「アラプ・シュキュリュ通り」で、数十軒のレストランが並ぶ。オスマン時代ここはユダヤ教徒街区で、彼らが経営する居酒屋が建ち並び、共和国時代になって現在ギリシャのエデッサ出身のアラプ・シュキュリュが店を開いて成功したことから、彼の名前を冠してトルコ中にその名を轟かす飲み屋街になった。他に有名なのは近郊でとれる栗から作るマロングラッセ。こちらはお土産にすると喜ばれることだろう。

いつまでも飲み食いしているわけにはいかないから、ちょっと街歩きもしてみよう。山がちなアナトリアにあるまちの多くは、歴史的に見るとまず丘陵部から開発が進んで、徐々に低地部に市街地が拡張していくパターンをとることが多い。ブルサでもウルダー山の山麓部から平野部にかけてまちが広がっている。14世紀前半にオスマン朝がブルサを征服すると、山麓の小高い地点にあった城塞内にはムスリムの居住街区と共に宮殿がおかれて、15世紀初頭に宮廷がバルカン半島のエディルネに遷るまで首都とされた。イスタンブルを征服したメフメト2世の父ムラト2世までの歴代スルタンはブルサに葬られ、王族の墓廟もブルサに集中しているから、ブルサはまさに古都と呼ぶにふさわしい都市である。

城塞から東側に下った地区にはモスクや商業施設が建設されて現在まで、ブルサの中心街として賑わっている。オスマン期のブルサはアナトリア高原の隊商路を通ってペルシャから運ばれる生糸の交易場として繁栄し、絹織物産業が盛んなフィレンツェなどイタリア半島からも商人が取引のために来訪した。市内に多数存在する中庭型の隊商宿やドームで覆われたバザールはその取引や保管場所で、ショッピングモールにその地位を脅かされつつあるとはい

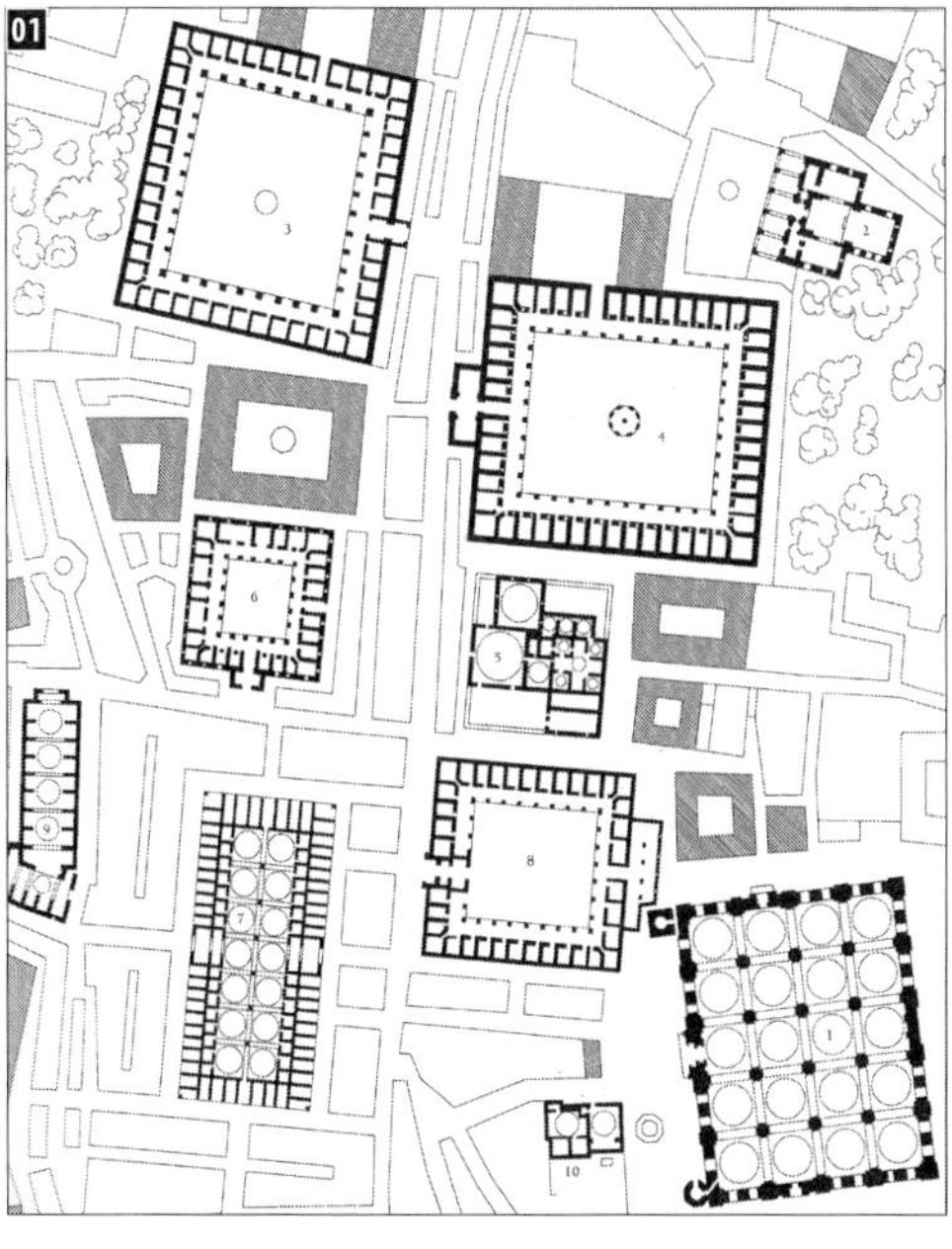

01 ブルサ中心部の隊商宿群

え商業空間としての利用が続けられている。

オスマン朝勃興期の14世紀から15世紀にかけてブルサで用いられた都市建設の手法は、イスタンブルなどのちのオスマン諸都市でも適応されたから、ブルサの都市空間はひとつの典型例となったといえる。他のイスラーム世界の都市同様に、都市開発の基本となったのが宗教的寄進制度であるワクフ制度である。モスクやマドラサ、給食施設、水道など住民の生活に不可欠な都市インフラは、寄進された農村からの租税収入や、同時に建設された隊商宿やハマム、店舗などの家賃収入によって運営された。これら建造物はキュッリイェないしザーヴィイェとよばれる複合体を形成し、中心部だけではなく、当時のブルサ郊外にも複数建設された点に特徴がある。全体を統括するような都市計画は存在せず、街区の中心となる複数の核が、スルタンやその家族、有力者らによって各々寄進され都市空間が形成されていったのである。とくに有名なものが15世紀前半のイェシル（緑）複合体で、中央アジア由来の青色タイルで美しく装飾されたスルタンの墓廟やモスク、マドラサ、給食施設、ハマムによって形成されている。また食べ物の話で恐縮だが、無料で食事を提供した給食施設は、農村から都市へと流入した新参者の生活を支えていたともいわれる。今日でもラマダン月にトルコを訪れれば、モスク前の広場などでは無料の夕食が振る舞われている光景をよく目にするが、これも慈善的給食の名残とみてよいだろう。

隊商宿が集中する地区からアタテュルク大通りを隔てた南側の一帯には、入り組んだ街路の各所に15世紀の小モスク（マスジド）が点在している。スルタンが寄進した集会

02ジュマルクズクの街路

02

モスクであるウル・ジャーミィのように大規模なものではないが、それぞれがマハレと呼ばれる街区の核としてまちの有力者たちによって建設されてブルサ市民の日常的な祈りと交流の場となったのである。残念ながら度重なる地震や火災によってブルサ市内には伝統的な家屋はほとんど現存していないが、ひとつひとつマスジドをめぐって歩けば、15世紀の都市構造がおぼろげながら浮かび上がってくることだろう。もしオスマン期の伝統的家屋を見たいのであれば、古い雰囲気をよくとどめる近郊のジュマルクズク村に行くとよい。他のアナトリアの民家同様に、石造家屋の1階部分は農機具などの倉庫として用いられ、木骨造の2階以上が居住部分となった。

（川本智史）

参考文献

- 三浦徹『イスラームの都市世界（世界史リブレット）』山川出版社、1997年。
- D. Kuban, *Ottoman Architecture*, Woodbridge, 2010.

62 イスタンブル
〈トルコ〉

――地中海世界の永遠の帝都

世界にあまた都はあれど、イスタンブルほど華やかで激動の歴史を経験してきた都市は滅多にない。そもそもイスタンブルとはどのようなまちなのか。黒海とエーゲ海を結ぶボスポラス海峡に面するイスタンブルは、古代ギリシャ人が植民したというビュザンティオンを起源とする。このまちが一躍世界史の中に躍り出たのは330年、皇帝コンスタンティヌス1世がローマより都を遷したときからである。以降皇帝の名を冠してコンスタンティノポリス（英語読みはコンスタンティノープル）と呼ばれるようになったまちには、ハギア・ソフィアをはじめとする壮麗な教会堂や修道院、宮殿や邸宅が建設されて名実ともに地中海世界随一の大都市として発展した。しかしビザンツ帝国の衰退とともにコンスタンティノポリスも荒廃し、1453年にオスマン朝のスルタン、メフメト2世がここを征服したときにはかつての帝都も人口が激減していたと伝えられる。イスタンブルと名前を変えたこのまちには復興のためオスマン領各地からムスリム・非ムスリムを問わず住民が集められるとともに、壮麗なモスクやバザールなど都市施設が建設されて再び地中海世界の中心へと返り咲いた。1923年のトルコ共和国成立とアンカラ遷都後は、首都としての機能こそ失われたものの、今日でも経済・文化活動の拠点として繁栄を続けている。

屈指の歴史と規模を誇るこのまちを、1日やそこらで見て回ることは到底不可能である。最低3日はほしい。5日あればまず一通りのものを見て回ることができるかもしれないが、市内交通網は複雑きわまりないし、トルコに長くいた私ですらタクシーに乗ればぼられることは覚悟しなければいけない。ここはひとつじっくりと腹を据えて街歩きを楽しむべきである。

おまけにイスタンブルの構造はとりわけ読み取りにくい。複雑な歴史の流れの中で各時代の建造物が市中のあちこちに建てられては壊されたということもあるし、大変起伏にとんだ地形がくねくねとした街路網を作りだしたせいでもある。また木造住居の密集したイスタンブルでは大小の火災が頻発した上、日本同様地震もしばしば起こるため、宗教建築を除けば建物が都市のストックとして残りにくい。とりあえずの目安としては旧市街地の背骨となる市電通りをあげられるだろうか。ビザンツ期はメセ、オスマン期にはディーヴァーン通りと呼ばれたこの大通りは常にまちの中心であり続けた。イスタンブルもローマ同様七つの丘を持つといわれており、その頂上には必ずモスクなどのモニュメントが建設されている。これも道に迷った際にはひとつの目印となる。

まずはイスタンブル市内観光の最大の目玉ともいうべきハギア・ソフィア大聖堂から街歩きを始めてみよう。ビザンツ皇帝ユスティニアヌス1世によって537年に寄進されたこの大聖堂は、直径30mを超える大ドームを頭上41・5mの高さに戴く他に類を見ない集中式の大建築である。一歩中に足を踏み入れると、誰しもがその空間に圧倒される。平面図で見るとバシリカ式教会堂同様長方形の主廊があることには変わりないが、遥か頭上に覆いかぶさる大ドームとそこから薄暗い堂内に差し込む光が生み出す雰囲気は幽玄である。

ハギア・ソフィアの北側、イスタンブル旧市街地のある半島突端には、かの有名なトプカプ宮殿を見ることができる。メフメト2世は征服直後に市内中心部に旧宮殿を建設したが、すぐにかつてアクロポリスがあった岬の先端に新宮殿であるトプカプ宮殿の造営を始めた。宮殿は広大な敷地の中に、大小の建造物が中庭を中心にゆるやかに配置される構造を取っている。宮殿敷地への主要口である帝国門を通って、入場料を払って表敬門を抜けた先にある第二中庭が即位や謁見など重要な宮廷儀礼が行われる場だった。向かって左奥にはスルタンとその家族が居住したハレム区画があり、ツアーに参加すればかけ足ではあるが中を見ることができる。一方の第二中庭から至福門までの区画は公的な事柄を扱う外廷、第二中庭からさらに奥に入った第三中庭はスルタン個人の私室や小姓たちの教育機関である内廷であった。

ハギア・ソフィアから見て南側にはスルタンアフメト・モスク、通称ブルーモスクがそびえる。1616年に完成したモスクは、大ドームの側面を四つの半ドームで支持するオスマン朝期モスクの典型例で、内部の壁面が青いイズニクタイルで覆われていることからその別称がつけられた。ちなみにモスク横の広場はアトメイダヌ（馬の広場）で、もともとはビザンツ時代の戦車競技場があり、オスマン朝期になってもここでは各種の祝祭やパレードが開催された。

さてブルーモスクを出て再び市電沿いに西へ向かって歩こう。この通りは先述したメセと呼ばれた都市の主軸で、宮殿と主要広場や宗教施設を結んでいたため君主と顕官たちのパレードの場となった。現在でもオスマン期に建てられたマドラサやハマム、墓廟などが建ち並ぶ。ここをしばらく行くと道の右手にグランドバザールがあらわれる。イスラーム世界でも最大級の規模を誇るこの有蓋バザールは、トルコ語ではカパルチャルシュ（覆い付きの市場）と呼ばれて宝飾品店や土産物店が店を連ねる、実に「オリエント」を感じさせる空間である。

グランドバザールを北西に抜けるとスレイマニイェ・モスクに至る。施設群は名前が示す通り、16世紀のスルタン、ス

01 グランドバザール内部

02 スレイマニイェ・モスク内部

レイマン1世によって寄進されたオスマン建築を代表する作品で、海からもよく見えるイスタンブルのランドマークである。核となるモスクを中心に周辺にはスレイマンの墓廟やマドラサ、給食施設、ワクフ（宗教的寄進行為）財源として施設の運営費用を賄った賃貸店舗、さらには設計者である建築家スィナーンの墓が幾何学的なプランに従って配置されている。モスクはハギア・ソフィアにならって中央の大ドームを2個の半ドームで支える構造になっているが、構造的な発展により広い開口部をとることが可能となり、堂内は非常に明るく明瞭である。モスクを出たあたりには、スレイマニイェ名物の豆煮込みを売る店が並ぶのでここで昼食をとってもいいかもしれない。

イスタンブルの魅力はここまで見てきた旧市街にとどまらない。金角湾を渡った北側の新市街は、19世紀にはヨーロッパ風の街並みが軒を連ねて外国人が闊歩するコスモポリタンな地区だった。近年開通した地下鉄でタクシム広場に出て、おしゃれなお店でウィンドウショッピングを楽しむこともできる。

（川本智史）

参考文献

- 日高健一郎・谷水潤『イスタンブール（建築巡礼）』丸善、1990年。
- 林佳世子『興亡の世界史 オスマン帝国500年の平和 』講談社学術文庫、2016年。
- D. Kuban, *Istanbul - An Urban History. Türkiye İş Bankası Kültür Yayınları*, İstanbul, 2010 (Revised Edition).

コラム 14

クズグンジュック
――ボスフォラス海峡に暮らす

朝、8時35分。家から徒歩3分の船着場から船に乗る。10分後には向こう岸のヨーロッパ側の中心街、ベシクタシュに着く。そのまま乗っていれば、同じ船はさらに10分後に、旧市街の船着き場、エミノニュに到着する。

これは一日のはじまりとしては理想的だ。イスタンブル市民を慢性的に悩ませる渋滞にひっかかることもない。朝の新鮮な海風に吹かれながら、車に乗らずに目的地まで行けるのである。

アジアとヨーロッパの境界といわれるボスフォラス海峡には、そんな通勤用定期船が朝晩数本運行している。

それだけではない。

旅行者にとってはボスフォラス海峡の景色を堪能する手段の船だが、住人にとっては、ちょっとした社交の場でもある。10分ほどの距離なのに、船の中には小さな設備があり、注文してチャイを飲むこともできる。毎日同じ時間の船を利用する人は多く、近所の誰彼に会う。わざわざ時間を作るほどでもないが、会えば近況を確かめ合い、近所の誰彼の動向を噂する。この距離感が絶妙である。

ボスフォラス海峡沿いの小さな集落、クズグンジュックの魅力は、これに尽きる。「ご近所さん」、親しみがありながら私生活に踏み込まない、隣人という距離。国籍や宗教、政治的信条は違っても、あえて深く追求せずいい関係を保とうとするお互いの配慮は、イスタンブルという多文化都市が歴史的に培ってきた体質でもある。

「最後のイスタンブル」、クズグンジュックはよくそう呼ばれる。八百屋があり、肉屋があり、薪竈のパン屋があって、薬屋、本屋、乾物屋、工具屋、なんでも修理屋、不動産屋、ペット用品屋、カフェ。生活に必要なものが半径200mくらいのうちにすべて揃っている（常設の魚屋がないが、季節になると自分の船で捕ってきた魚を道端で露店売りする兄ちゃんがいる。その魚を狙うカモメのアッバースも）。

観光的な魅力も、もちろんある。運のいいことにクズグンジュックは、1960年代に歴史的保存地区に指定され、街区を変えるような新しい建設は禁止された。伝統的な木造建築や19世紀の石造りの建物が並ぶ、昔ながらの街並みが保存されている。

しかし、「最後のイスタンブル」と呼ばれる所以は、やはり宗教的・思想的寛容性をそのまま反映する宗教施設の密集だろう。半径200mほどの範囲内に、モスク、ユダヤ教の施設であるシナゴーグ、キリスト教のアルメニア聖教会、二つのギリシャ正教会が揃っている。イスラーム教

小さなカフェや店舗が軒を連ねるクズグンジュックの独特の街並み

の祭日にはアシュレ（ノアの方舟のプディング）と呼ばれるナッツや干果物満載のお菓子がお向かいから届き、ギリシャ正教の復活祭には別のご近所から赤く塗った卵やパスカリア・チョレイ（復活祭のパン菓子）をいただく。もちろんこちらも、その時に応じたちょっとしたお返しものを入れてお皿を返す。わが家の場合、ひな祭りのちらし寿司や、北イタリアの復活祭の地方料理トルタ・パスクアリーナ（春の野菜入りの塩味パイ）だ。まったく日本のご近所付き合いそっくりである。ちなみに、正教会とカトリックはカレンダーが違うので、復活祭が年によって同じ日だったり違う日だったりする。

このやり取りの根底には、「おすそ分け」の感覚

とともに、お互いに、お互いの宗教を、敬意をもって受け入れる「寛容」がある。

クズグンジュックが属するイスタンブル大都市圏市ウスキュダル区のホームページによれば、現在の人口は約５０００。その人口にこれだけの宗教施設は異例に見えるかもしれない。だが、そうではない。

クズグンジュックは、もともとボスフォラス海峡沿いの小さな集落。８５００年前からといわれるイスタンブルの居住は、現在の旧市街、歴史的半島地区からはじまった。ギリシャ時代に対岸のアジア側ウスキュダル、カドゥキョイが発達、現代の「新市街」ガラタ・ベイオウル地区の居住が発達するのは、オスマン帝国時代、19世紀になってからだ。ローマ時代から城壁に囲まれた旧市街の住民がムスリム中心であるのに対し、新興居住区ガラタ・ベイオウルは、非ムスリムやヨーロッパ人が多かった。といっても、19世紀のイスタンブル、非ムスリムは少数派ではない。人口の過半数を占め、オスマン帝国臣民のアルメニア聖教徒やギリシャ正教徒は大資本家として帝国の経済を牛耳っていた。

ボスフォラス海峡沿いの集落の宗教的多様性は、そのイスタンブルのコスモポリタリズム（世界都市性）の名残をとどめるという意味でも、「最後」であったわけだ。

最近の変化もある。

ボスタン（菜園場）である。文化財登録されたテオドシウス帝の城壁の周りのイェディクレのボスタンで有名なように、イスタンブルでは伝統的に、近隣の空き地に家庭に必要な野菜やハーブを育て必要に応じて使う、職住、ならぬ食住接近の理想的な暮らしがあった。クズグンジュックにもそのボスタンがある。現在はある財団の所有で、土地は長らく植木屋に貸し出されていたが、その契約終了を狙って、私立学校や私立病院建設の話が持ち上がった。公共性の高い施設とはいえ、建設は建設である。車や人の流れも変わる。病院や学校の建設を優遇する現在のトルコの法制からすれば、近隣の建築的環境に合わない巨大な建物になるのは明白だった。緑あふれる静かな住宅地・歴史的保存地区のクズグンジュックに、これ以上の建物は必要ない。立ち上がったのは、住民だった。

住民たちは、使用されている土地には使用権が発生し、簡単に立ち退きを要求できないという法を逆手に取り、土地を開墾し、本来の「菜園場」として使用することにした。まずは緑地に思い思いの案山子を立て、「自分たちはこの土地を見ている」とアピール、署名活動を始めた。人々は思い思いの場所を選び、自分で開墾して育てられるだけの広さの畑を作り、種を蒔いたのだ。何を隠そう、私自身も、畑を開き、種を蒔いた。

最後に手を差し伸べたのはウスキュダル区だった。区が、土地を借り上げ、公共の公園として整備して、畑は希望者に菜園として貸し出す。

自分たちで守ったクズグンジュックのボスタンは、人々の市民活動のシンボルとなり、近隣住民だけでなく老若男女が訪れる地となった。クズグンジュックがイスタンブルの人々に愛される所以である。我が家はといえば、公共のものとなった途端に一度も抽選に当たったことがないが、ボスタンが守られたことで満足なのである。

（ジラルデッリ青木美由紀）

ボスタンを守ろう！　住民たちは、思い思いの案山子を作った。子供たちも大喜び

地中海を旅するための文献案内

第Ｉ部　洋の東西を分かつ――エーゲ海

桜井万里子編『ギリシア史（新版世界各国史）』山川出版社、２００５年
塩野七生『ロードス島攻防記』新潮文庫、１９９１年
ジョン・ズコウスキー、ロビー・ポリー『イラスト解剖図鑑　世界の遺跡と名建築』山本想太郎ほか訳、東京書籍、２０１８年
杉田英明『葡萄樹の見える回廊――中東・地中海文化と東西交渉』岩波書店、２００２年
橋場弦『丘の上の民主制――古代アテネの実験』東京大学出版会、１９９７年
日端康雄『都市計画の世界史』講談社現代新書、２００８年
フェルナン・ブローデル『地中海』浜名優美訳、藤原書店、１９９９年
村田奈々子『物語　近現代ギリシャの歴史――独立戦争からユーロ危機まで』中公新書、２０１２年
ル・コルビュジエ『建築をめざして』吉阪隆正訳、鹿島出版会、１９６７年

第Ⅱ部　東方への玄関口――アドリア海

アルヴィーゼ・ゾルツィ『ヴェネツィア歴史図鑑――都市・共和国・帝国：６９７～１７９７年』金原由紀子、米倉立子、松下真記訳、東洋書林、２００５年
陣内秀信『ヴェネツィア――水上の迷宮都市』講談社現代新書、１９９２年
陣内秀信、岡本哲志『水辺から都市を読む――舟運で栄えた港町』法政大学出版局、２００２年

陣内秀信、高村雅彦編『水都学Ⅲ』法政大学出版局、2015年
ダルコ・ラドヴィッチほか『The Split Case - Density, Intensity, Resilience/スプリット――都市の密度、強度、弾力性』フリックスタジオ、2012年
バリシァ・クレキッチ『中世都市ドゥブロヴニク――アドリア海の東西交易（叢書東欧2）』田中一生訳、彩流社、1990年
樋渡彩、法政大学陣内秀信研究室編『ヴェネツィアのテリトーリオ――水の都を支える流域の文化』鹿島出版会、2016年
二川幸夫企画・撮影『世界の村と街#2 アドリア海の村と街（改訂新版）』エーディーエー・エディタ・トーキョー、2016年

第Ⅲ部　ローマからプロヴァンスへ

青柳正規『皇帝たちの都――ローマ都市に刻まれた権力者像』中公新書、1992年
池上俊一『フィレンツェ――比類なき文化都市の歴史』岩波新書、2018年
内野正樹『大人の「ローマ散歩」』大和書房、2016年
金沢百枝、小澤実『イタリア古寺巡礼――フィレンツェ→アッシジ』新潮社、2011年
黒田泰介『ルッカ一八三八年――古代ローマ円形闘技場遺構の再生』アセテート、2006年
黒田泰介『イタリア・ルネサンス都市逍遥フィレンツェ――都市・住宅・再生』鹿島出版会、2011年
新潮社出版企画部編『塩野七生『ローマ人の物語』スペシャル・ガイドブック』新潮社、2007年
陣内秀信『興亡の世界史 イタリア海洋都市の精神』講談社、2008年
野口昌夫『イタリア都市の諸相――都市は歴史を語る』刀水書房、2008年
野口昌夫、稲川直樹、石川清、桑木野幸司、赤松加寿江、樺山紘一『ルネサンスの演出家 ヴァザーリ』白水社、2011年
ピーター・ブキャナン『レンゾ・ピアノ・ビルディング・ワークショップ全作品集Volume2』PHAIDON、2005年

松本慎二『世界遺産で巡るフランスの歴史の旅』朝日新聞出版、２０１３年
牟田口義朗ほか『プロヴァンス――歴史と印象派の旅』新潮社、１９９５年
本村凌二『興亡の世界史　地中海世界とローマ帝国』講談社、２０１７年
渡辺真弓『イタリア建築紀行――ゲーテと旅する７つの都市』平凡社、２０１５年

第Ⅳ部　コート・ダジュールからコスタ・デル・ソルへ

阿部大輔『バルセロナ旧市街の再生戦略――公共空間の創出による界隈の回復』学芸出版社、２００９年
朝治啓三、渡辺節夫、加藤玄編著『中世英仏関係史１０６６～１５００――ノルマン征服から百年戦争終結まで』創元社、２０１２年
アラン・サン＝ドニ『聖王ルイの世紀』福本直之訳、白水社文庫クセジュ、２００４年
エマニュエル・ル・ロワ・ラデュリ『ラングドックの歴史』和田愛子訳、白水社文庫クセジュ、１９９９年
岡部明子『バルセロナ――地中海都市の歴史と文化』中公新書、２０１０年
ジャック・ル・ゴフ『聖王ルイ』岡崎敦、森本英夫、堀田郷弘訳、新評論、２００１年
田沢耕『物語　カタルーニャの歴史――知られざる地中海帝国の興亡』中公新書、２０００年
土居信『バレンシアの４００日――スペイン中年留学記』彩流社、１９９６年
フェルナン・プイヨン『粗い石――ル・トロネ修道院工事監督の日記』荒木亨訳、形文社、２００１年
深沢克巳『海港と文明――近世フランスの港町』山川出版社、２００２年
深沢克己『マルセイユの都市空間――幻想と実存のあいだで』刀水書房、２０１７年
布野修司編著『近代世界システムと植民都市』京都大学学術出版会、２００５年
前川道郎『聖なる空間をめぐる――フランス中世の聖堂』学芸出版社、１９９８年
マルセル・パニョル『父の大手柄』『母のお屋敷』佐藤房吉訳、評論社文庫、１９９１年
ミシェル・ジンマーマン、マリ＝クレール・ジンマーマン『カタルーニャの歴史と文化』田澤耕訳、白水社、２００６年
望月真一『路面電車が街をつくる――21世紀フランスの都市づくり』鹿島出版会、２００１年

吉村和敏『増補版「フランスの最も美しい村」全踏破の旅』講談社、2017年
ル・コルビュジエ『マルセイユのユニテ・ダビタシオン』戸田譲ほか訳、ちくま学芸文庫、2010年

第Ⅴ部　アンダルシアからモロッコへ

安引宏、佐伯泰英『新アルハンブラ物語』新潮社、1991年
エリアス・カネッティ『マラケシュの声――ある旅のあとの断想』岩田行一訳、法政大学出版局、1973年
太田尚樹『コルドバ歳時記の旅――暦の知恵と生きる悠久のアンダルシア』東海教育研究所、2014年
ジョン・ブルックス『楽園のデザイン――イスラムの庭園文化』神谷武夫訳、鹿島出版会、1989年
陣内秀信、福井憲彦『カラー版 地中海都市周遊』中公新書、2000年
立石博高ほか『世界歴史大系 スペイン史1、2』山川出版社、2008年
立石博高、塩見千加子編著『アンダルシアを知るための53章』明石書店、2012年
中谷礼仁『動く大地、住まいのかたち――プレート境界を旅する』岩波書店、2017年
日本沙漠学会編『沙漠の事典』丸善、2009年
バーナード・ルドルフスキー『人間のための街路』平良敬一ほか訳、鹿島出版会、1973年
フィオナ・ダンロップ『ナショナルジオグラフィック海外旅行ガイド スペイン』日経ナショナルジオグラフィック社、2003年
藤塚光政撮影、L・アリサバラガほか文『パティオ――スペイン・魅惑の小宇宙』建築資料研究社、1991年
松原康介『モロッコの歴史都市――フェスの保全と近代化』学芸出版社、2008年
ムジアーンズ編『ジャジューカ――モロッコの不思議な村とその魔術的音楽』太田出版、2017年
吉田鋼市『図説 アール・デコ建築――グローバル・モダンの力と誇り』河出書房新社、2010年

第Ⅵ部　地中海の南――マグリブ

赤堀雅幸編『民衆のイスラーム――スーフィー・聖者・精霊の世界（異文化理解講座7）』山川出版社、2008年

エドワード・モーガン・フォースター『アレキサンドリア』中野幸司訳、ちくま学芸文庫、２０１０年
大嶋えり子『ピエ・ノワール列伝――人物で知るフランス領北アフリカ引揚者たちの歴史』パブリブ、２０１８年
私市正年編著『アルジェリアを知るための62章』明石書店、２００９年
工藤晶人『地中海帝国の片影――フランス領アルジェリアの19世紀』東京大学出版会、２０１３年
鷹木恵子『北アフリカのイスラーム聖者信仰――チュニジア・セダダ村の歴史民族誌』刀水書房、２０００年
鷹木恵子編著『チュニジアを知るための60章』明石書店、２０１０年
地球の歩き方編集室『美しきアルジェリア――7つの世界遺産を巡る旅』ダイヤモンド・ビッグ社、２０１１年
原広司『集落の教え１００』彰国社、１９９８年
バンジャマン・ストラ『アルジェリアの歴史――フランス植民地支配・独立戦争・脱植民地化』小山田紀子、渡辺司訳、明石書店、２０１１年
ピエール・ブルデュー『資本主義のハビトゥス――アルジェリアの矛盾』原山哲訳、藤原書店、１９９３年
宮治一雄ほか編『マグリブへの招待――北アフリカの社会と文化』大学図書出版、２００８年
牟田口義郎『世界の都市の物語　カイロ』文藝春秋、１９９２年
八束はじめ『ル・コルビュジエ――生政治としてのユルバニスム』青土社、２０１４年
ムルド・フェラウン『貧者の息子』青柳悦子訳、水声社、２０１６年
ラシード・ミムニ『部族の誇り』下境真由美訳、水声社、２０１８年
ル・コルビュジェ『四つの交通路』井田安弘訳、鹿島出版会、１９７８年

第Ⅶ部　中東の海――レヴァント

青山弘之『混迷するシリア――歴史と政治構造から読み解く』岩波書店、２０１２年
臼杵陽『世界史の中のパレスチナ問題』講談社現代新書、２０１３年
大塚和夫『近代・イスラームの人類学』東京大学出版会、２０００年
岡崎文彬『イスラムの造景文化』同朋舎出版、１９８８年

黒木英充編著『シリア・レバノンを知るための64章』明石書店、2013年
黒田美代子『商人たちの共和国――世界最古のスーク、アレッポ（新版）』藤原書店、2016年
篠野志郎編著『写真集 東アナトリアの歴史建築 Stone Arks in Oblivion』彩流社、2011年
澁澤幸子『キプロス島歴史散歩』新潮選書、2005年
シリル・マンゴー『ビザンティン建築（図説 世界建築史）』飯田喜四郎訳、本の友社、1999年
奈良本英佑『パレスチナの歴史』明石書店、2005年
パトリック・シール『アサド――中東の謀略戦』佐藤紀久夫訳、時事通信、1993年
ポール・ヴィリリオ『速度と政治――地政学から時政学へ』市田良彦訳、平凡社、1989年
堀口松城『レバノンの歴史』明石書店、2005年
家島彦一『イブン・ジュバイルとイブン・バットゥータ――イスラーム世界の交通と旅』山川出版社、2013年
湯川武『イスラーム社会の知の伝達』山川出版社、2009年
ロレンス・ダレル『にがいレモン――キプロス島滞在記』幾野宏訳、筑摩書房、1981年
ローレンス・J・ベイル、トーマス・J・カンパネラ編著『リジリエント・シティ――現代都市はいかに災害から回復するのか?』山崎義人ほか訳、クリエイツかもがわ、2014年
ロバート・R・カーギル『聖書の成り立ちを語る都市――フェニキアからローマまで』真田由美子訳、白水社、2018年

第Ⅷ部　遥かにアジアを望む――アナトリア

浅見泰司編『トルコ・イスラーム都市の空間文化』山川出版社、2003年
井上浩一『生き残った帝国ビザンティン』講談社学術文庫、2008年
紀井利臣『黄金テンペラ技法』誠文堂新光社、2006年
木村周平『震災の公共人類学――揺れとともに生きるトルコの人びと』世界思想社、2013年
篠野志郎編著『写真集 東アナトリアの歴史建築 Stone Arks in Oblivion』彩流社、2011年
シリル・マンゴー『ビザンティン建築（図説 世界建築史）』飯田喜四郎訳、本の友社、1999年

杉原薫ほか編『地球圏・生命圏・人間圏――持続的な生存基盤を求めて』京都大学学術出版会、２０１０年
鈴木董、大村次郷『図説 イスタンブル歴史散歩』河出書房新社、１９９３年
田中英資『文化遺産はだれのものか――トルコ・アナトリア諸文明の遺物をめぐる所有と保護』春風社、２０１７年
野中恵子『史跡・都市を巡るトルコの歴史』ベレ出版、２０１５年
林佳世子『興亡の世界史 オスマン帝国５００年の平和』講談社学術文庫、２０１６年
日高健一郎、谷水潤『イスタンブール（建築巡礼）』丸善、１９９０年
三浦徹『イスラームの都市世界（世界史リブレット）』山川出版社、１９９７年

山本沙希（やまもと・さき）［37］
お茶の水女子大学大学院人間文化創成科学研究科 博士後期課程
専攻：北アフリカ・マグリブ地域研究
主な著作：「現代アルジェリアにおける家内労働と女性――手工芸分野の内職を通じた伝統的役割の検討」（お茶の水女子大学『人間文化創成科学論叢』第18号、2016年）、「アルジェリアにおける家内労働の「フォーマル化」――統計実践と法制化に基づく一考察」（東海ジェンダー研究所『ジェンダー研究』第20号、2018年）。

渡邊祥子（わたなべ・しょうこ）［30, 40］
日本貿易振興機構アジア経済研究所 研究員
専攻：マグリブ現代史
主な著作："A Forgotten Mobilization: The Tunisian Volunteer Movement for Palestine in 1948" (*Journal of the Economic and Social History of the Orient*, 60, 2017); "The Party of God: The Association of Algerian Muslim 'Ulama' in Contention with the Nationalist Movement after World War II" (*International Journal of Middle East Studies*, 50, 2018).

藤田康仁（ふじた・やすひと）［52, 56］
東京工業大学環境・社会理工学院 准教授
専攻：建築史（特に中世キリスト教建築史）、都市史
主な著作：『東アナトリア、シリアの歴史建築［英語版］』（編著、彩流社、2015年）、『ジョージアの歴史建築――カフカースのキリスト教建築美術』（編著、彩流社、2018年）。

前島美知子（まえじま・みちこ）［18, コラム6］
ユネスコ日本政府代表部、フランス国立科学研究センター（CNRS）／フランス文化・通信省共同 AHTTEP（建築 歴史 技術 地域 文化財）研究所 特別研究員
専攻：建築史
主な著作：『サンゴバン――ガラス・テクノロジーが支えた建築のイノベーション』（共著、武田ランダムハウスジャパン、2010年）、「日仏技術交流史からみた陸軍の施設計画に関する研究」（慶應義塾大学大学院 政策・メディア研究科 博士論文、2012年）、『Vocabulaire de la spatialité japonaise（日本の生活空間）』（共著、CNRS出版［フランス］、2014年）、『境界線から考える都市と建築』（共著、鹿島出版会、2017年）。

＊**松原康介**（まつばら・こうすけ）［32, 36, 38, 43, 48, 53, コラム8］
編著者紹介を参照。

三田村哲哉（みたむら・てつや）［4, 19, 31, 33, 41, コラム1］
兵庫県立大学環境人間学部 准教授
専攻：建築史、意匠
主な著作：『アール・デコ博建築造形論――一九二五年パリ装飾美術博覧会の会場と展示館』（中央公論美術出版、2010年）、『建築転生――世界のコンバージョン建築Ⅱ』（小林克弘・角野渉共編著、鹿島出版会、2013年）。

森川真樹（もりかわ・まき）［13］
国際協力機構（JICA）社会基盤・平和構築部テクニカルアドバイザー
専攻：都市計画、地域開発
主な著作：「都市開発における国際協力―― JICAの経験から」（原田昇監修、和泉洋人・城所哲夫・瀬田史彦編著『サステイナブル都市の輸出――戦略と展望』学芸出版社、2017年）、「都市と交通をつなげるTOD型まちづくり」（『都市計画』334号、日本都市計画学会、2018年、森尾康治との共著）。

守田正志（もりた・まさし）［5, 57］
横浜国立大学大学院都市イノベーション研究院 准教授
専攻：イスラーム建築史・都市史
主な著作：*Historic Christian and Related Islamic Monuments in Eastern Anatolia and Syria from the Fifth to Fifteenth Centuries A.D. - Architectural Survey in Syria, Armenia, Georgia, and Eastern Turkey*（編著、彩流社、2015年）、「『イスタンブル・ワクフ調査台帳』にみる15世紀中期から16世紀末期のイスタンブルの商業地域におけるワクフの運用実態――オスマン朝初期におけるイスラーム都市の史的研究４」（『日本建築学会計画系論文集』677号、2012年）、「中世アナトリアのイスラーム墓廟建築にみる三角形平面を用いたドーム移行部の歴史的展開」（『日本建築学会計画系論文集』741号、2017年）。

Debates 66(1), 2018).

谷口陽子（たにぐち・ようこ）［60］
筑波大学人文社会系　准教授
専攻：保存科学、考古科学
主な著作：「中央アジア・バーミヤーン仏教壁画の分析(1)――シンクロトロン放射光を用いたSR-μFTIR, SR-μXRF/SR-μXRD分析」（『国立歴史民俗博物館研究報告』177、2012年）、「西アジアの文化遺産をまもる」（筑波大学西アジア文明研究センター編『西アジア文明学への招待』悠書館、2014年）、Scientific Research for Conservation of Rock hewn church, Üzümlü (Cappadocia) in 2015, 38th International Symposium of Excavations, Surveys and Archaeometry 23-27 May Edirne, 2017.

錦田愛子（にしきだ・あいこ）［47］
東京外国語大学アジア・アフリカ言語文化研究所　准教授
専攻：中東地域研究
主な著作：『ディアスポラのパレスチナ人――「故郷（ワタン）」とナショナル・アイデンティティ』（有信堂高文社、2010年）、「パレスチナ女性の語りに見る抵抗運動――ナショナリズム運動との関わり」（福原裕二・吉村慎太郎編『現代アジアの女性たち――グローバル化社会を生きる』新水社、2014年）、「紛争とともに住むこと――イスラエルとパレスチナの境界」（堀内正樹編『〈断〉と〈続〉の中東――非境界的世界を游ぐ』悠書館、2015年）。

早坂由美子（はやさか・ゆみこ）［10, 11, 12, 54, 55, コラム3, コラム12, コラム13］
在ブルガリア日本国大使館専門調査員
専攻：バルカン都市史・建築史
主な著作：*Пътеводител на забравена София*（［記憶の向こうのソフィア］Sofia, 2011）、「ブルガリア正教徒商人による商業施設の建設と交易空間―― 19世紀のタルノヴォを事例として」（『日本建築学会計画系論文集』80巻712号、2015年）、「19世紀末ソフィアにおける都市の荒廃　陸路交易との関係を中心に」（『危機に際しての都市の衰退と再生に関する国際比較［若手奨励］特別研究委員会報告書』2015年）。

樋渡　彩（ひわたし・あや）［6, 7, 8］
近畿大学工学部　講師
専攻：都市史・イタリア近現代史
主な著作：『ヴェネツィアのテリトーリオ――水の都を支える流域の文化』（樋渡彩・法政大学陣内秀信研究室編、鹿島出版会、2016年）、『ヴェネツィアとラグーナ――水の都とテリトーリオの近代化』（鹿島出版会、2017年）。

深見奈緒子（ふかみ・なおこ）［45, 46］
日本学術振興会カイロ研究連絡センター　センター長
専攻：イスラーム建築史
主な著作：『イスラーム建築の世界史』（岩波書店、2013年）、『世界の美しいモスク』（エクスナレッジ、2016年）、『メガシティ２　メガシティの進化と多様性』（共編、東京大学出版会、2016年）。

坂野正則（さかの・まさのり）[24]
上智大学文学部 准教授
専攻：フランス近世史
主な著作：「近世における聖体崇敬と兄弟会」（河原温・池上俊一編『ヨーロッパ中近世の兄弟会』東京大学出版会、2014年）、「ピエール・ド・ボンジ枢機卿とミディ運河建設」（『武蔵大学人文学会雑誌』第46巻第1号、2014年）、「17世紀におけるパリ外国宣教会とフランス東インド会社」（川分圭子・玉木俊明編著『商業と異文化の接触』吉田書店、2017年）。

佐倉弘祐（さくら・こうすけ）[27]
信州大学学術研究院工学系 助教
専攻：都市計画、都市デザイン
主な著作：「19世紀後半の地方中都市における都市デザインに関する研究――スペイン・バレンシアを対象に」（『日本建築学会計画系論文集』78巻691号、2013年）、「『用水路』からみる都市構造の変容に関する研究――スペイン地方中都市バレンシアを対象に」（『日本都市計画学会都市計画論文集』49巻3号、2014年）。

ジラルデッリ青木美由紀（じらるでっり・あおき・みゆき）[3, 59, コラム14]
イスタンブル工科大学
専攻：オスマン美術史・建築史
主な著作：『明治の建築家 伊東忠太 オスマン帝国をゆく』（ウェッジ、2015年）、『オスマンの宮殿へ吹く日本の風』（編著、トルコ国立宮殿局、2015年）。

清野　隆（せいの・たかし）[9, 16, コラム2]
江戸川大学社会学部 准教授、財団法人エコロジカル・デモクラシー財団 理事
専攻：コミュニティ・デザイン、エコロジカル・デモクラシー
主な著作：『山あいの小さなむら――山古志を生きる人々』（共著、博文堂、2013年）、『住み継がれる集落をつくる――交流・移住・通いで生き抜く地域』（共著、学芸出版社、2017年）、「限界を超えて、つながる」（『BIOCITY』74号、2018年）。

高根沢　均（たかねざわ・ひとし）[14, 44, 51]
神戸山手大学現代社会学部 准教授
専攻：初期キリスト教・初期中世教会堂建築史
主な著作：「サンタニェーゼ・フォーリ・レ・ムーラ聖堂におけるスポリアの配置とその意味」（『日本建築学会計画系論文集』616号、2007年）、（共著）"Preliminary Report of Non-destructive Investigation of Plaster-covered Mosaics of Hagia Sophia" (*Ayasofya Müzesi Yıllıkları*, No.14, 2014).

田中英資（たなか・えいすけ）[2]
福岡女学院大学人文学部 准教授
専攻：社会人類学、文化遺産研究、地中海地域研究（トルコ・ギリシャ）
主な著作：『文化遺産はだれのものか――トルコ・アナトリア諸文明の遺物をめぐる所有と保護』（春風社、2017年）、"Heritage Destruction in Context: the Case of the Roman Mosaics from Zeugma, Turkey" (*International Journal of Heritage Studies* 21(4), 2015); "Archaeology Has Transformed "Stones" into "Heritage": the Production of a Heritage Site through Interactions among Archaeology, Tourism, and Local Communities in Turkey" (*Historia: Questoes &*

"Protective effects of vegetation in the Chambi National Park in Tunisia" (*Journal of Arid Land Studies* 25(3), 2015).

川本智史（かわもと・さとし）［61, 62］
金沢星稜大学教養教育部 専任講師
専攻：オスマン建築史・都市史
主な著作：『イスラム建築がおもしろい！』（深見奈緒子編著、彰国社、2009年）、『オスマン朝宮殿の建築史』（東京大学出版会、2016年）。

木田 剛（きだ・つよし）［20, コラム7］
筑波大学人文社会系 准教授
専攻：言語学、文化記号論、フランス語圏地域研究
主な著作：『安定を模索するアフリカ』（共編、ミネルヴァ書房、2017年）、*Geste et appropriation* (PUP, Aix-en-Provence, 2014); *Conflit en discours et discours en conflit* (共 編, PUP, Aix-en-Provence, 2016); *Discours en conflit et conflit en discours. Contextes institionnels* (共 編, PUP, Aix-en-Provence, 2017); "Symbolisme gestuel de la gastronomie japonaise" (*Les gestes culinaires*, Paris, L'Harmattan, 2017).

喜田川たまき（きたがわ・たまき）［42］
筑波大学地中海・北アフリカ研究センター 研究員
専攻：宗教学
主な著作："Saint Veneration and Nature Symbolism in North Africa" (*International Journal of Humanities and Cultural Studies*, Vol. 4, No.4, 2018); "Pilgrimage to old olive trees and saint veneration in North Africa" (*International Journal of Arts and Humanities*, Vol 5, No. 8, 2017); "Identity and its Transformation in the Annual Festival of a Berber Village" (edited by Kashiwagi, Kenichi et al. *Science, Technology, Society & Sustainable Development in Tunisia and Japan*, Springer, 2018 [予定]).

木村周平（きむら・しゅうへい）［58］
筑波大学人文社会系 准教授
専攻：文化人類学
主な著作：『新しい人間、新しい社会──復興の物語を再創造する』（共編著、京都大学学術出版会、2015年）、「災害とリスクの人類学」（桑山敬己・綾部真雄編『詳論 文化人類学』ミネルヴァ書房、2018年）。

國府久郎（こくぶ・ひさお）［21］
早稲田大学商学学術院 准教授
専攻：フランス近現代史・都市史
主な著作：「フランス地方大都市における都市公共交通サービス──マルセイユ市の事例を中心に（1870年代～1930年代）」（『社会経済史学』第78巻4号、2013年）、"Le tramway et la formation des Comités d'intérêt de quartier à Marseille: de la fin du XIXe siècle jusqu'aux années 1930" (*Histoire urbaine*, n° 45, 2016).

岡井有佳（おかい・ゆか）[22]
立命館大学理工学部 教授
専攻：都市計画
主な著作：『まち歩きガイド東京＋（プラス）』（共著、学芸出版社、2008年）、「フランスの広域計画」（大西隆編著『広域計画と地域の持続可能性』学芸出版社、2010年）。

岡北一孝（おかきた・いっこう）[15, 17, コラム4, コラム5]
日本学術振興会特別研究員PD（大阪大学）
専攻：イタリア建築史
主な著作：『ブラマンテ――盛期ルネサンス建築の構築者』（共著、NTT出版、2014年）、「模倣と修整、アルベルティによるルチェッラーイ礼拝堂の聖墳墓」（『Arts & Media』vol. 6、2016年）、「ピウス二世『覚え書』の建築エクフラシスと理想都市ピエンツァ」（『Arts & Media』vol. 8、2018年）。

加嶋章博（かしま・あきひろ）[25, 28, コラム9]
摂南大学理工学部 教授
専攻：都市計画史、都市建築史、地域資源論。
主な著作：『建築の20世紀』（本田昌昭・末包伸吾編著、学芸出版社、2009年）、「アルベルティ『建築論』と『フェリーペ2世の勅令』における都市計画理念」（『都市計画論文集』No.41–3、2006年、日本都市計画学会論文奨励賞）、Pep Fortià (ed.), *Girona, pedres i flors. El patrimoni arquitectònic del Barri Vell de Girona* (Col·legi Oficial d'Aparelladors i Arquitectes Tècnics de Girona, 1998).

柏木健一（かしわぎ・けんいち）[35]
筑波大学地中海・北アフリカ研究センター 准教授
専攻：開発経済学、中東・北アフリカ経済研究
主な著作：「1月25日革命後のエジプト経済――構造的問題と今後の展望」（『中東研究』520号、2014年）、（共 著）"Technical Efficiency of Olive Oil Firms under the Industrial Upgrading Programme in Tunisia" (*New Medit: A Mediterranean Journal of Economics, Agriculture and Environment*, No.4, 2016); "Technical Efficiency of Olive-growing Farms in the Northern West Bank of Palestine" (*Sustainable Agriculture Research*, Vol.6, No.2, 2017).

加藤 玄（かとう・まこと）[23]
日本女子大学文学部 教授
専攻：中世英仏関係史
主な著作：『〈帝国〉で読み解く中世ヨーロッパ』（朝治啓三・渡辺節夫との共編著、ミネルヴァ書房、2017年）、「王の移動――エドワード一世の巡幸と納戸部記録」（高橋慎一朗・千葉敏之編『移動者の中世――史料の機能、日本とヨーロッパ』東京大学出版会、2017年）。

川田清和（かわだ・きよかず）[34]
筑波大学生命環境系 助教
専攻：植生学
主 な 著 作："Overview of Vegetation in North Africa" (Isoda. H, Neves, M.A. and Kawachi, A. eds., *Sustainable North African Society: Exploring the Seeds and Resources for Innovation*, Nova Science Publisher, 2015); Kawada, K., Suzuki, K., Suganuma, H., Smaoui, A., Isoda H.,

◉執筆者紹介（50音順、＊は編著者、［　］内は担当章）

阿部大輔（あべ・だいすけ）［26］
龍谷大学政策学部 教授
専攻：都市計画、都市デザイン
主な著作：『バルセロナ旧市街の再生戦略――公共空間の創出による界隈の回復』（学芸出版社、2009年）、『バルセロナ　カタルーニャ文化の再生と展開』（共著、竹林舎、2017年）、『アーバンデザイン講座』（共編著、彰国社、2018年）。

新井勇治（あらい・ゆうじ）［50, コラム11］
愛知産業大学造形学部 教授・建築学科長
専攻：中東・イスラーム建築史、都市史
主な著作：『イスラーム世界の都市空間』（共編著、法政大学出版、2002年）、『イスラム建築がおもしろい！』（共著、彰国社、2010年）、『シリア・レバノンを知るための64章』（共著、明石書店、2013年）。

池田昭光（いけだ・あきみつ）［49, コラム10］
東京外国語大学アジア・アフリカ言語文化研究所 研究機関研究員
専攻：人類学
主な著作：「流れに関する試論――レバノンからの視点」（『アジア・アフリカ言語文化研究』第87号、2014年）、「短めの言葉――暴力の経験を語りだす人」（堀内正樹・西尾哲夫編『〈断〉と〈続〉の中東――非境界的世界を游ぐ』悠書館、2015年）、『流れをよそおう――レバノンにおける相互行為の人類学』（春風社、2018年）。

伊藤喜彦（いとう・よしひこ）［29］
東海大学工学部 准教授
専攻：西洋建築史
主な著作：「再利用・再解釈・再構成されるローマ――コルドバ大モスクにおける円柱（特集中世のなかのローマ）」（『西洋中世研究』第７号、2015年）、『スペイン初期中世建築史論』（中央公論美術出版、2017年）。

鵜戸　聡（うど・さとし）［39］
鹿児島大学法文学部 准教授
専攻：フランス語圏アラブ゠ベルベル文学
主な著作：『アルジェリアを知るための62章』（共著、明石書店、2009年）、『反響する文学』（共著、風響社、2011年）。

江口久美（えぐち・くみ）［１］
九州大学持続可能な社会のための決断科学センター 助教
専攻：都市工学
主な著作：「建築博物館と歴史教育」「建築都市文化の普及網と地方定着」「都市情報と市民議論」（アーバンデザインセンター研究会編『アーバンデザインセンター』理工図書、2012年）、『パリの歴史的建造物保全』（中央公論美術出版、2015年）、「フランスにおける『任意の地区評議会』――海賊党の液体民主主義と近年の民主主義のふたつの動向から」（稲賀繁美編『海賊史観からみた世界史の再構築――交易と情報流通の現在を問い直す』思文閣出版、2017年）。

●編著者紹介

松原康介（まつばら・こうすけ）
1973年神奈川生まれ。筑波大学システム情報系社会工学域・国際総合学類准教授、地中海・北アフリカ研究センター兼任准教授。
2005年慶應義塾大学大学院政策・メディア研究科環境デザインプログラム修了。博士（学術）。専門は中東・北アフリカ地域の都市計画史。アレッポ大学学術交流日本センター、パリ建築都市社会研究所（フランス政府給費研修員）、東京外国語大学アジア・アフリカ言語文化研究所を経て現職。主な計画系業務として、JICAダマスカス都市計画プロジェクト、SATREPS乾燥地資源プロジェクト、UNDP（国連開発計画）シリア人文化財研修に参画。
著書に『モロッコの歴史都市──フェスの保全と近代化』（学芸出版社、2008年）、*Conservation et Modernisation de la ville historique de Fès, Maroc*, Recherches sur les langues et les cultures d'Asie et d'Afrique (2014)、論文にGyoji Banshoya (1930-1998): a Japanese planner devoted to historic cities in the Middle East and North Africa, *Planning Perspectives*, 31-3, 2015などがある。2016年日本都市計画学会論文賞、国際都市計画史学会東アジア都市計画史賞。

エリア・スタディーズ　172
地中海を旅する62章──歴史と文化の都市探訪

2019年 2 月 10 日　初版第 1 刷発行

編著者　松　原　康　介
発行者　大　江　道　雅
発行所　株式会社明石書店
〒101-0021 東京都千代田区外神田 6-9-5
電話 03（5818）1171
FAX 03（5818）1174
振替　00100-7-24505
http://www.akashi.co.jp/
装丁／組版　明石書店デザイン室
印刷／製本　日経印刷株式会社

（定価はカバーに表示してあります）　ISBN978-4-7503-4784-4

エリア・スタディーズ

1 **現代アメリカ社会を知るための60章**
明石紀雄、川島浩平 編著

2 **イタリアを知るための62章**【第2版】
村上義和 編著

3 **イギリスを旅する35章**
辻野功 編著

4 **モンゴルを知るための65章**【第2版】
金岡秀郎 著

5 **パリ・フランスを知るための44章**
梅本洋一、大里俊晴、木下長宏 編著

6 **現代韓国を知るための60章**【第2版】
石坂浩一、福島みのり 編著

7 **オーストラリアを知るための58章**【第3版】
越智道雄 著

8 **現代中国を知るための52章**【第6版】
藤野彰 編著

9 **ネパールを知るための60章**
日本ネパール協会 編

10 **アメリカの歴史を知るための63章**【第3版】
富田虎男、鵜月裕典、佐藤円 編著

11 **現代フィリピンを知るための61章**【第2版】
大野拓司、寺田勇文 編著

12 **ポルトガルを知るための55章**【第2版】
村上義和、池俊介 編著

13 **北欧を知るための43章**
武田龍夫 著

14 **ブラジルを知るための56章**【第2版】
アンジェロ・イシ 著

15 **ドイツを知るための60章**
早川東三、工藤幹巳 編著

16 **ポーランドを知るための60章**
渡辺克義 編著

17 **シンガポールを知るための65章**【第4版】
田村慶子 編著

18 **現代ドイツを知るための62章**【第2版】
浜本隆志、髙橋憲 編著

19 **ウィーン・オーストリアを知るための57章**【第2版】
広瀬佳一、今井顕 編著

20 **ハンガリーを知るための60章**【第2版】 ドナウの宝石
羽場久美子 編著

21 **現代ロシアを知るための60章**【第2版】
下斗米伸夫、島田博 編著

22 **21世紀アメリカ社会を知るための67章**
明石紀雄 監修　赤尾千波、大類久恵、小塩和人、
落合明子、川島浩平、高野泰 編

23 **スペインを知るための60章**
野々山真輝帆 著

24 **キューバを知るための52章**
後藤政子、樋口聡 編著

25 **カナダを知るための60章**
綾部恒雄、飯野正子 編著

26 **中央アジアを知るための60章**【第2版】
宇山智彦 編著

27 **チェコとスロヴァキアを知るための56章**【第2版】
薩摩秀登 編著

28 **現代ドイツの社会・文化を知るための48章**
田村光彰、村上和光、岩淵正明 編著

29 **インドを知るための50章**
重松伸司、三田昌彦 編著

30 **タイを知るための72章**【第2版】
綾部真雄 編著

31 **パキスタンを知るための60章**
広瀬崇子、山根聡、小田尚也 編著

32 **バングラデシュを知るための66章**【第3版】
大橋正明、村山真弓、日下部尚徳、安達淳哉 編著

33 **イギリスを知るための65章**【第2版】
近藤久雄、細川祐子、阿部美春 編著

34 **現代台湾を知るための60章**【第2版】
亜洲奈みづほ 著

35 **ペルーを知るための66章**【第2版】
細谷広美 編著

エリア・スタディーズ

36 マラウィを知るための45章【第2版】
栗田和明 著

37 コスタリカを知るための60章【第2版】
国本伊代 編著

38 チベットを知るための50章
石濱裕美子 編著

39 現代ベトナムを知るための60章【第2版】
今井昭夫、岩井美佐紀 編著

40 インドネシアを知るための50章
村井吉敬、佐伯奈津子 編著

41 エルサルバドル、ホンジュラス、ニカラグアを知るための45章
田中高 編著

42 パナマを知るための70章【第2版】
国本伊代 編著

43 イランを知るための65章
岡田恵美子、北原圭一、鈴木珠里 編著

44 アイルランドを知るための70章【第2版】
海老島均、山下理恵子 編著

45 メキシコを知るための60章
吉田栄人 編著

46 中国の暮らしと文化を知るための40章
東洋文化研究会 編

47 現代ブータンを知るための60章【第2版】
平山修一 著

48 バルカンを知るための66章【第2版】
柴宜弘 編著

49 現代イタリアを知るための44章
村上義和 編著

50 アルゼンチンを知るための54章
アルベルト松本 著

51 ミクロネシアを知るための60章【第2版】
印東道子 編著

52 アメリカのヒスパニック＝ラティーノ社会を知るための55章
大泉光一、牛島万 編著

53 北朝鮮を知るための51章
石坂浩一 編著

54 ボリビアを知るための73章【第2版】
真鍋周三 編著

55 コーカサスを知るための60章
北川誠一、前田弘毅、廣瀬陽子、吉村貴之 編著

56 カンボジアを知るための62章【第2版】
上田広美、岡田知子 編著

57 エクアドルを知るための60章【第2版】
新木秀和 編著

58 タンザニアを知るための60章【第2版】
栗田和明、根本利通 編著

59 リビアを知るための60章
塩尻和子 著

60 東ティモールを知るための50章
山田満 編著

61 グアテマラを知るための67章【第2版】
桜井三枝子 編著

62 オランダを知るための60章
長坂寿久 著

63 モロッコを知るための65章
私市正年、佐藤健太郎 編著

64 サウジアラビアを知るための63章【第2版】
中村覚 編著

65 韓国の歴史を知るための66章
金両基 編著

66 ルーマニアを知るための60章
六鹿茂夫 編著

67 現代インドを知るための60章
広瀬崇子、近藤正規、井上恭子、南埜猛 編著

68 エチオピアを知るための50章
岡倉登志 編著

69 フィンランドを知るための44章
百瀬宏、石野裕子 編著

70 ニュージーランドを知るための63章
青柳まちこ 編著

71 ベルギーを知るための52章
小川秀樹 編著

エリア・スタディーズ

72 **ケベックを知るための54章**
小畑精和、竹中豊 編著

73 **アルジェリアを知るための62章**
私市正年 編著

74 **アルメニアを知るための65章**
中島偉晴、メラニア・バグダサリヤン 編著

75 **スウェーデンを知るための60章**
村井誠人 編著

76 **デンマークを知るための68章**
村井誠人 編著

77 **最新ドイツ事情を知るための50章**
浜本隆志、柳原初樹 著

78 **セネガルとカーボベルデを知るための60章**
小川了 編著

79 **南アフリカを知るための60章**
峯陽一 編著

80 **エルサルバドルを知るための55章**
細野昭雄、田中高 編著

81 **チュニジアを知るための60章**
鷹木恵子 編著

82 **南太平洋を知るための58章** メラネシア ポリネシア
吉岡政德、石森大知 編著

83 **現代カナダを知るための57章**
飯野正子、竹中豊 編著

84 **現代フランス社会を知るための62章**
三浦信孝、西山教行 編著

85 **ラオスを知るための60章**
菊池陽子、鈴木玲子、阿部健一 編著

86 **パラグアイを知るための50章**
田島久歳、武田和久 編著

87 **中国の歴史を知るための60章**
並木頼壽、杉山文彦 編著

88 **スペインのガリシアを知るための50章**
坂東省次、桑原真夫、浅香武和 編著

89 **アラブ首長国連邦（UAE）を知るための60章**
細井長 編著

90 **コロンビアを知るための60章**
二村久則 編著

91 **現代メキシコを知るための70章【第2版】**
国本伊代 編著

92 **ガーナを知るための47章**
高根務、山田肖子 編著

93 **ウガンダを知るための53章**
吉田昌夫、白石壮一郎 編著

94 **ケルトを旅する52章** イギリス・アイルランド
永田喜文 著

95 **トルコを知るための53章**
大村幸弘、永田雄三、内藤正典 編著

96 **イタリアを旅する24章**
内田俊秀 編著

97 **大統領選からアメリカを知るための57章**
越智道雄 著

98 **現代バスクを知るための50章**
萩尾生、吉田浩美 編著

99 **ボツワナを知るための52章**
池谷和信 編著

100 **ロンドンを旅する60章**
川成洋、石原孝哉 編著

101 **ケニアを知るための55章**
松田素二、津田みわ 編著

102 **ニューヨークからアメリカを知るための76章**
越智道雄 著

103 **カリフォルニアからアメリカを知るための54章**
越智道雄 著

104 **イスラエルを知るための62章【第2版】**
立山良司 編著

105 **グアム・サイパン・マリアナ諸島を知るための54章**
中山京子 編著

106 **中国のムスリムを知るための60章**
中国ムスリム研究会 編

107 **現代エジプトを知るための60章**
鈴木恵美 編著

エリア・スタディーズ

108 **カーストから現代インドを知るための30章**
金基淑 編著

109 **カナダを旅する37章**
飯野正子、竹中豊 編著

110 **アンダルシアを知るための53章**
立石博高、塩見千加子 編著

111 **エストニアを知るための59章**
小森宏美 編著

112 **韓国の暮らしと文化を知るための70章**
舘野晳 編著

113 **現代インドネシアを知るための60章**
村井吉敬、佐伯奈津子、間瀬朋子 編著

114 **ハワイを知るための60章**
山本真鳥、山田亨 編著

115 **現代イラクを知るための60章**
酒井啓子、吉岡明子、山尾大 編著

116 **現代スペインを知るための60章**
坂東省次 編著

117 **スリランカを知るための58章**
杉本良男、高桑史子、鈴木晋介 編著

118 **マダガスカルを知るための62章**
飯田卓、深澤秀夫、森山工 編著

119 **新時代アメリカ社会を知るための60章**
明石紀雄 監修　大類久恵、落合明子、赤尾千波 編著

120 **現代アラブを知るための56章**
松本弘 編著

121 **クロアチアを知るための60章**
柴宜弘、石田信一 編著

122 **ドミニカ共和国を知るための60章**
国本伊代 編著

123 **シリア・レバノンを知るための64章**
黒木英充 編著

124 **ＥＵ（欧州連合）を知るための63章**
羽場久美子 編著

125 **ミャンマーを知るための60章**
田村克己、松田正彦 編著

126 **カタルーニャを知るための50章**
立石博高、奥野良知 編著

127 **ホンジュラスを知るための60章**
桜井三枝子、中原篤史 編著

128 **スイスを知るための60章**
スイス文学研究会 編

129 **東南アジアを知るための50章**
今井昭夫 編集代表　東京外国語大学東南アジア課程 編

130 **メソアメリカを知るための58章**
井上幸孝 編著

131 **マドリードとカスティーリャを知るための60章**
川成洋、下山静香 編著

132 **ノルウェーを知るための60章**
大島美穂、岡本健志 編著

133 **現代モンゴルを知るための50章**
小長谷有紀、前川愛 編著

134 **カザフスタンを知るための60章**
宇山智彦、藤本透子 編著

135 **内モンゴルを知るための60章**
ボルジギン・ブレンサイン 編著　赤坂恒明 編集協力

136 **スコットランドを知るための65章**
木村正俊 編著

137 **セルビアを知るための60章**
柴宜弘、山崎信一 編著

138 **マリを知るための58章**
竹沢尚一郎 編著

139 **ＡＳＥＡＮを知るための50章**
黒柳米司、金子芳樹、吉野文雄 編著

140 **アイスランド・グリーンランド・北極を知るための65章**
小澤実、中丸禎子、高橋美野梨 編著

141 **ナミビアを知るための53章**
水野一晴、永原陽子 編著

142 **香港を知るための60章**
吉川雅之、倉田徹 編著

143 **タスマニアを旅する60章**
宮本忠 著

エリア・スタディーズ

144 パレスチナを知るための60章
臼杵陽、鈴木啓之 編著

145 ラトヴィアを知るための47章
志摩園子 編著

146 ニカラグアを知るための55章
田中高 編著

147 台湾を知るための60章
赤松美和子、若松大祐 編著

148 テュルクを知るための61章
小松久男 編著

149 アメリカ先住民を知るための62章
阿部珠理 編著

150 イギリスの歴史を知るための50章
川成洋 編著

151 ドイツの歴史を知るための50章
森井裕一 編著

152 ロシアの歴史を知るための50章
下斗米伸夫 編著

153 スペインの歴史を知るための50章
立石博高、内村俊太 編著

154 フィリピンを知るための64章
大野拓司、鈴木伸隆、日下渉 編著

155 バルト海を旅する40章 7つの島の物語
小柏葉子 著

156 カナダの歴史を知るための50章
細川道久 編著

157 カリブ海世界を知るための70章
国本伊代 編著

158 ベラルーシを知るための50章
服部倫卓、越野剛 編著

159 スロヴェニアを知るための60章
柴宜弘、アンドレイ・ベケシュ、山崎信一 編著

160 北京を知るための52章
櫻井澄夫、人見豊、森田憲司 編著

161 イタリアの歴史を知るための50章
高橋進、村上義和 編著

162 ケルトを知るための65章
木村正俊 編著

163 オマーンを知るための55章
松尾昌樹 編著

164 ウズベキスタンを知るための60章
帯谷知可 編著

165 アゼルバイジャンを知るための67章
廣瀬陽子 編著

166 済州島を知るための55章
梁聖宗、金良淑、伊地知紀子 編著

167 イギリス文学を旅する60章
石原孝哉、市川仁 編著

168 フランス文学を旅する60章
野崎歓 編著

169 ウクライナを知るための65章
服部倫卓、原田義也 編著

170 クルド人を知るための55章
山口昭彦 編著

171 ルクセンブルクを知るための50章
田原憲和、木戸紗織 編著

172 地中海を旅する62章 歴史と文化の都市探訪
松原康介 編著

——以下続刊

◎各巻2000円
（一部1800円）

〈価格は本体価格です〉

◆世界の教科書シリーズ◆

⑱ブータンの歴史
ブータン小・中学校歴史教科書
ブータン王国教育省教育部 編　平山修一 監訳
大久保ひとみ 訳
◎3800円

⑲イタリアの歴史【現代史】
イタリア高校歴史教科書
ロザリオ・ヴィッラリ 著　村上義和、阪上眞千子 訳
◎4800円

⑳インドネシアの歴史
インドネシア高校歴史教科書
イ・ワヤン・バドリカ 著　石井和子 監訳
桾沢英雄、菅原由美、田中正臣、山本肇 訳
◎4500円

㉑ベトナムの歴史
ベトナム中学校歴史教科書
ファン・ゴク・リエン 監修　今井昭夫 監訳
伊藤悦子、小川有子、坪井未来子 訳
◎5800円

㉒イランのシーア派イスラーム学教科書
イラン高校国定宗教教科書
富田健次 訳
◎4000円

㉓ドイツ・フランス共通歴史教科書【現代史】
1945年以後のヨーロッパと世界
ペーター・ガイス、ギヨーム・ル・カントレック 監修
福井憲彦、近藤孝弘 監訳
◎4800円

㉔韓国近現代の歴史
検定韓国高等学校近現代史教科書
韓哲昊、金基承 ほか著　三橋広夫 訳
◎3800円

㉕メキシコの歴史
メキシコ高校歴史教科書
ホセ＝デ＝ヘスス・ニエト＝ロペス ほか著
国本伊代 監訳　島津寛 共訳
◎6800円

㉖中国の歴史と社会
中国中学校新設歴史教科書
課程教材研究所 綜合文科課程教材研究開発中心 編著
並木頼寿 監訳
◎4800円

㉗スイスの歴史
スイス高校現代史教科書〈中立国とナチズム〉
バルバラ・ボンハーゲ、ペーター・ガウチ ほか著
スイス文学研究会 訳
◎3800円

㉘キューバの歴史
キューバ中学校歴史教科書
先史時代から現代まで
キューバ教育省 編　後藤政子 訳
◎4800円

㉙フィンランド中学校現代社会教科書
15歳 市民社会へのたびだち
タルヤ・ホンカネン ほか著　髙橋睦子 監訳
ペトリ・ニエメラ、藤井ニエメラみどり 訳
◎4000円

㉚フランスの歴史【近現代史】
フランス高校歴史教科書
19世紀中頃から現代まで
マリエル・シュヴァリエ、ギヨーム・ブレル 監修
福井憲彦 監訳　遠藤ゆかり、藤田真利子 訳
◎9500円

㉛ロシアの歴史
【上】古代から19世紀前半まで
ロシア中学・高校歴史教科書
A・ダニロフ ほか著　吉田衆一、A・クラフツェヴィチ 監修
◎6800円

㉜ロシアの歴史
【下】19世紀後半から現代まで
ロシア中学・高校歴史教科書
A・ダニロフ ほか著　吉田衆一、A・クラフツェヴィチ 監修
◎6800円

〈価格は本体価格です〉

「社会分裂」に向かうフランス
政権交代と階層対立　尾上修悟著　◎2800円

カタルーニャでいま起きていること
古くて新しい、独立をめぐる葛藤
エドゥアルド・メンドサ著　立石博高訳　◎1600円

リトアニアの歴史
世界歴史叢書　アルフォンサス・エイディンタスほか著　梶さやか、重松尚訳　◎4800円

独ソ占領下のポーランドに生きて　祖国の誇りを貫いた女性の抵抗の記録
世界人権問題叢書 99　カロリナ・ランツコロンスカ著　山田朋子訳　◎5500円

バスク地方の歴史　先史時代から現代まで
世界歴史叢書　マヌエル・モンテロ著　萩尾生訳　◎4200円

BREXIT 「民衆の反逆」から見る英国のEU離脱
緊縮政策・移民問題・欧州危機　尾上修悟著　◎2800円

黒海の歴史　ユーラシア地政学の要諦における文明世界
世界歴史叢書　チャールズ・キング著　前田弘毅監訳　◎4800円

ギリシャ危機と揺らぐ欧州民主主義
緊縮政策がもたらすEUの亀裂　尾上修悟著　◎2800円

現代スペインの諸相　多民族国家への射程と相克
坂東省次監修　牛島万編著　◎3800円

評伝 キャパ　その生涯と『崩れ落ちる兵士』の真実
吉岡栄二郎著　◎3800円

東方キリスト教諸教会　研究案内と基礎データ
三代川寛子編著　◎8200円

イスラーム信仰概論
水谷周著　◎2500円

チュニジア革命と民主化　人類学的プロセス・ドキュメンテーションの試み
鷹木恵子著　◎5800円

中東・イスラーム研究概説　政治学・経済学・社会学・地域研究のテーマと理論
私市正年、浜中新吾、横田貴之編著　◎2800円

中東・イスラーム世界の歴史・宗教・政治
多様なアプローチが織りなす地域研究の現在
高岡豊、白谷望、溝渕正季編著　◎3600円

現代中東を読み解く　アラブ革命後の政治秩序とイスラーム
後藤晃、長沢栄治編著　◎2600円

〈価格は本体価格です〉